EDITORA DO CONHECIMENTO

Auxiliando a humanidade a encontrar a Verdade

História da Umbanda no Brasil

Volume 10

História da Umbanda no Brasil – Vol. 10

Diamantino Fernandes Trindade (Org.)

CONHECIMENTO EDITORIAL LTDA.
Fone/Fax: 19 3451-5440
www.edconhecimento.com.br
vendas@edconhecimento.com.br

Projeto gráfico: Sérgio Carvalho
Ilustração da capa: Banco de imagens

ISBN 978-65-5727-036-3
1ª edição – 2020

• Impresso no Brasil • *Presita en Brazilo*

Produzido no Departamento Gráfico de
CONHECIMENTO EDITORIAL LTDA
Rua Prof. Paulo Chaves, 276 – 13485-150
Fone: 19 3451-5440 — Limeira – SP

Dados Internacionais de Catalogação na Publicação (CIP)
(Angélica Ilacqua CRB-8 / 7057)

Trindade, Diamantino Fernandes.
História da Umbanda no Brasil - Memórias e retratos - Vol. 10 : / Diamantino Fernandes Trindade (Org.) — Limeira, SP: Editora do Conhecimento, 2020.
340 p. : il.

ISBN: 987-65-5727-036-3

1. Umbanda - História - Brasil I. Trindade, Diamantino Fernandes

20-2279 CDD – 299.672

Índice para catálogo sistemático:
1. Umbanda - História

Diamantino Fernandes Trindade
(organizador)

História da Umbanda no Brasil

Memórias e retratos

Volume 10

1ª edição – 2020

EDITORA DO CONHECIMENTO

Logo da Casa de Cultura Umbanda do Brasil.

Os direitos autorais desta obra são totalmente revertidos para as atividades da Casa de Cultura Umbanda do Brasil.

A Casa de Cultura Umbanda do Brasil possui um acervo de 2000 imagens, livros, discos, quadros e objetos ritualísticos e vários documentos históricos. Promove diversos eventos no sentido de resgatar a Grande e Sagrada Diversidade Religiosa Brasileira.

Ronaldo Linares e Diamantino Fernandes Trindade
15 de novembro de 2019.

Dedicatória

Para todos os irmãos umbandistas que pavimentaram o caminho, com muita luta, para que hoje possamos praticar nossos ritos livremente.

É impossível ao historiador a imparcialidade. Desde a coleta de documentos até a redação do trabalho são feitas escolhas, que não são causais. Qualquer tentativa de escrever sobre um fato ou período histórico envolve seleção, julgamento e pressupostos metodológicos. A História não pode ser nunca puramente descritiva, pois sempre haverá elementos de avaliação em qualquer relato. Sendo assim, o máximo que um historiador pode fazer no seu trabalho é alcançar uma face da verdade, que não é absoluta e sim variável de acordo com as condições que se apresentam no momento da escrita.

Agradecimentos

À **EDITORA DO CONHECIMENTO** pelo valioso apoio dado a publicação desta obra.

Ao Senhor Gabriel Abreu, assistente técnico de Diários Associados Press S. A., pelas autorizações de utilização de matérias do *Diário da Noite* e revista *O Cruzeiro*.

À Pau Brasil e Edicard pela autorização da publicação dos cartões postais.

Aos irmãos amigos pesquisadores: Cristian Siqueira, Adão Lamenza, Padrinho Juruá, Nicolas Kasprzak, Alberto de Oliveira, João Dias, Alberto Camarero e Tatiana Giustino pelas preciosas colaborações e compartilhamento de informações.

A luz não foi feita para ficar escondida embaixo do congá!

Senhor! Semear eu semeei. As árvores deram frutos. Mas receio que poucos queiram prová-los!

W. W. da Matta e Silva

Tudo mundo quer Umbanda
Quer, quer, quer Umbanda
Mas, ninguém sabe o que é Umbanda
Mas quer, quer, quer Umbanda
Umbanda tem fundamento
Mas quer, quer, quer Umbanda
Mas, ninguém sabe o que é Umbanda

Pai Antônio

Sumário

APRESENTAÇÃO

Prezados leitores e leitoras!

Em 1986, quando publiquei a obra *Iniciação à Umbanda*, fiz os primeiros registros sobre a História da Umbanda. No ano seguinte publiquei o livro *Umbanda e sua história* e, em seguida, *Umbanda - um ensaio de ecletismo*, as primeiras obras da saga histórica da Umbanda (esgotadas). Em 1990 recebi do Astral a tarefa de resgatar a memória da nossa religião.

Quando do centenário da Umbanda, em 2008, munido de mais documentos, trouxe a público o livro *Umbanda Brasileira - um século de história* e algum tempo depois *Memórias da Umbanda do Brasil*. Estes dois livros podem ser considerados como introdutórios para quem pretende conhecer a nossa história. Todos estes cinco livros foram publicados pela Ícone Editora.

Passei a aprofundar minhas pesquisas, fazendo várias incursões à Biblioteca Nacional, sebos e terreiros. Por interferência do Astral muitos amigos e irmãos foram contribuindo para a concretização de algo mais substancial. Livros, revistas, jornais, fotos e documentos que eu não imaginava que poderiam chegar às minhas mãos, acabaram chegando.

Depois de uma procura, por mais de vinte anos, consegui um exemplar do livro *No Mundo dos Espíritos*, de Leal de Souza, de 1925. Este não é o primeiro livro de Umbanda, mas é o primeiro que fala de Umbanda em alguns capítulos, onde o autor conta, por exemplo, como ele conheceu a Tenda Espírita Nossa Senhora da Piedade. Encaminhei e fiz a apresentação da obra para a **EDITORA DO CONHECIMENTO** que a publicou, em 2012, após quase noventa anos decorridos desde a primeira edição.

Anteriormente já tinha feito o mesmo processo para o outro livro de Leal de Souza: *O Espiritismo, a Magia e as Sete Linhas de Umbanda*. Este sim, o primeiro livro da Umbanda e o primeiro resgate histórico da religião.

Em 2009 foi lançado o meu primeiro livro por esta editora: *Antônio Eliezer Leal de Souza - o primeiro escritor da Umbanda*, fruto de várias pesquisas e fundamentado em diversos livros raros e documentos originais. Pouco se sabia, até o lançamento desta obra, sobre Leal de Souza, poeta parnasiano, jornalista, crítico literário, dramaturgo e tabelião. Veio em seguida, 2010, a obra *A construção histórica da literatura umbandista*, que mostra as principais obras e autores que fazem parte do universo literário umbandista.

Mais quatro anos de pesquisas me levaram a escrever o livro *História da Umbanda no Brasil*, obra de fôlego, com quase seiscentas páginas, e publicada em 2014 pela **EDITORA DO CONHECIMENTO**.

Como a História da Umbanda é uma grande pesquisa em construção, fiz novas incursões na Biblioteca Nacional e, contando sempre com a valiosa ajuda de irmãos e amigos pesquisadores, chegamos a nove volumes desta obra. Tive também nesta empreitada a colaboração de diversos autores que escreveram alguns capítulos para enriquecer e abrilhantar a obra.

Ainda, pela **EDITORA DO CONHECIMENTO**, foram lançados os livros *Feitiços e feitiçaria no Segundo Império do Brasil*, *A Tenda Espírita Mirim* e *O Capitão Pessoa e a Tenda Espírita São Jerônimo*.

Quando pensei que a tarefa havia chegado ao final, pois não tinha mais material disponível, fui orientado pelo Astral que ainda havia muitos textos e documentos que precisavam ser resgatados. Assim, em pouco tempo, foram chegando mais e mais documentos, textos e imagens que deram origem a este e outros livros que dão continuidade ao resgate da memória da Umbanda e dos Cultos Afro-Brasileiros.

Iniciamos esta obra com dois belos textos de Paulo Gomes de Oliveira: "Bendita Umbanda" e "Amor à Umbanda". Em seguida fazemos uma correção histórica sobre o uso dos atabaques na Tenda Espírita São Jorge.

Uma série de matérias aborda as perseguições aos médiuns que se destacaram, nas décadas de 1960 e 1970, pela sua ação caritativa em prol dos necessitados do corpo e da alma. Estamos falando de: Mestra Yarandasã, Isaltina Cavalcanti, Zé Arigó e Mãe Cacilda de Assis, médium de Seu Sete da Lira.

Mestra Yarandasã fundou a Ordem Mística Espiritualista Agla-Avid. Mostramos alguns trechos da revista *O Aglasofista*, periódico publicado pela Ordem, bem como o hino da Ordem, além de diversas imagens.

Sobre a Mestra e a Ordem apresentamos, também, a matéria *Sudário a enxugar as lágrimas dos tristes,* publicada, em 1957, pelo periódico *O Semanário*, onde Mestra Yarandasã dá explicações sobre os fundamentos e atividades da Ordem Mística Espiritualista Agla-Avid. O mesmo periódico apresenta a palestra de Lauro Neiva na Ordem, falando em nome do Capitão José Alvares Pessoa. Apresentamos a Ata da Assembleia Geral de Associados da Ordem Mística Espiritualista Agla-Avid e Fraternidade Nova Era. Transcrevemos ainda o capítulo "Livre arbítrio", escrito por Mestra Yarandasã e publicado no livro *Umbanda Religião do Brasil*, Editora Obelisco, 1968. A Ordem Mística Agla-Avid tinha ritos da Igreja Católica, de Umbanda, Maçonaria, Espiritismo, e Alta Magia.

O jornal *Luta Democrática* foi o que mais divulgou a saga de Isaltina Cavalcanti, sua ascensão e queda. Seus "milagres" e sua dependência e exploração e chantagem por parte do Pai de Santo Sebastião Pedra D'Água. Apresentamos várias matérias, geralmente sensacionalistas, veiculadas em periódicos cariocas sobre a saga de Isaltina dos milagres.

Seu Sete da Lira foi o maior fenômeno de massa da Umbanda. Suas giras, aos sábados em Santíssimo, tinham a presença de milhares de fiéis. Após apresentações, no final de agosto de 1971, nos programas de Chacrinha e Flávio Cavalcanti, um forte massacre foi deflagrado pela Igreja, entidades federativas da Umbanda e pela imprensa. Sua médium, Cacilda de Assis, desencarnou no dia 21 de abril de 2009, aos 92 anos. Apresentamos algumas matérias, geralmente sensacionalistas, dos periódicos da época.

Adiante mostramos o Projeto de Lei nº 267/16, que inclui o dia do Exu Rei Seu Sete da Lira no Calendário de Datas Comemorativas e de Conscientização de Porto Alegre. De autoria do vereador Claudio Janta (SD), a proposta prevê a celebração da data de 12 de agosto.

Adão Lamenza, que durante muitos foi um dos cambonos de Seu Sete da Lira, explica o que é "firmeza da Lira". Cristian Siqueira, pesquisador da vida e obra de Seu Sete, explica o que é a Corrente Sagrada da Lira.

Temos ainda uma matéria sobre o médium curador de Congonhas do Campo, Zé Arigó, no periódico *Luta Democrática*.

Destacamos, também, a Umbanda gaúcha, particularmente uma das Tendas de Umbanda mais tradicionais do Rio Grande do Sul: a Fraternidade Espiritualista Cavaleiros de São Jorge, fundada por Dorval Ketzer. Matérias jornalísticas sobre a Fraternidade foram publicadas pelos periódicos: *Jornal de Umbanda* (entre fevereiro de 1955 e julho de 1958) e *Diário de Notícias*, de Porto Alegre, (entre maio de 1966 e agosto de 1969).

O Sr. Joaquim Mendes Furtado, da Fraternidade Espiritualista Cavaleiros de São Jorge, publicou, em 1958, em *O Semanário*, uma carta aberta a Dom Vicente Scherer, Arcebispo Metropolitano de Porto Alegre, que desferia ferozes ataques à Umbanda. Transcrevemos a fala do deputado Frederico Antunes (PP) que prestou homenagem aos 60 anos da Fraternidade Espiritualista Cavaleiros de São Jorge. Publicamos o texto da Lei Municipal de Pelotas que tornava de utilidade pública a União de Umbanda da Princesa do Sul. Mostramos, também, um texto da revista *Umbanda Centenária*, com o título *A Umbanda no Rio Grande do Sul*.

Em 1972 a Arquidiocese de São Paulo, ignorando a liberdade de culto prevista na Constituição Federal, resolveu investir contra os cultos cristãos que não seguiam a sua doutrina no Boletim *Ecclesia*. Em resposta, a União Espiritista de

Umbanda do Brasil distribuiu nota aos periódicos para defesa da liberdade de culto. Mostramos a nota que foi publicada no jornal *Luta Democrática*.

Apresentamos uma matéria do jornal *Gazeta de São João* (de São João da Boa Vista, no Estado de São Paulo) sobre o desencarne de W. W. da Matta e Silva. Em seguida fazemos uma abordagem sobre o famoso Babalorixá Pai Edu, Edwin Barbosa da Silva, do Palácio de Yemanjá e que foi o primeiro Pai de Santo de Clara Nunes.

Os jornais cariocas das décadas de 1920 até 1990 exploraram de forma sensacionalista as macumbas e seus derivados, principalmente as perseguições policiais que varejavam e fechavam os terreiros. As delegacias de costumes eram as responsáveis por essas ações.

Em São Paulo essas perseguições policiais, da imprensa e da igreja, eram menos intensas nas primeiras décadas do século XX. Na década de 1930 tudo isso ficou mais intenso. Mostramos uma matéria do *Diário da Noite*, de 1933 e três matérias do periódico *Correio Paulistano* que tratam do tema em questão.

Na primeira, de 1935, Dalmo Belfort de Mattos analisa a magia sob o aspecto de entrelaçamento entre o homem e as forças sobrenaturais, além da relação entre a magia e religião. A segunda matéria, também do mesmo ano, faz uma abordagem da responsabilidade penal e as macumbas, mostrando também a perseguição policial em São Paulo. A terceira, de 1941, escrita por Geraldo Barros Mendes, aborda o estudo da macumba feito por escritores, jornalistas, cineastas e pesquisadores. Mostra, ainda que a polícia resolveu acabar com a exploração do povo por parte dos "macumbeiros", a bem da higiene mental da população. Numerosas tendas e cabanas foram varejadas, descobrindo-se que os exploradores possuíam engenhosa organização comercial para extorquir o público ignorante.

Em 1944 o *Diário da Noite* apresentou uma matéria sobre o famoso terreiro de Orlandino Cobra Coral. Nessa matéria fica patente o desconhecimento do repórter sobre a Umbanda, que é classificada por ele como folclore afro-brasileiro. Na década de 1940 instaurou-se, no Rio de Janeiro, um desacordo litúrgico com os seguidores do Caboclo das Sete Encruzilhadas defendendo o embranquecimento da Umbanda (Linha Branca de Umbanda) e os seguidores de Tata Tancredo (Omolokô) defendendo a africanização da Umbanda. Rachel de Queiroz, a primeira mulher admitida na Academia Brasileira de Letras, escreveu o belíssimo texto intitulado "Ogum" e que foi publicado pela revista *O Cruzeiro*, em 1949.

A *Revista da Semana*, em 1950, por intermédio de Abdias Rodrigues, fez uma ampla reportagem mostrando os meandros de um importante terreiro em São Mateus, dirigido por Tia Lúcia, onde prevaleciam os aspectos africanos da Umbanda. Percebem-se, na reportagem, as influências da Macumba e do Candomblé no terreiro. Tia Lúcia dá ao repórter uma importante e bem estruturada concepção da hierarquia dos Orixás e das Sete Linhas da Umbanda.

O mesmo periódico publicou, em 1952, um artigo sobre a atuação do Bispo de Maura, excomungado pelo Vaticano, na Umbanda e sua ação política. Em 1954, o jornal *Luta Democrática* falava sobre o famigerado "Caboclo Mamador" que denegria a imagem da verdadeira Umbanda. Iemanjá foi tema de matéria na *Revista da Semana*, no início de 1955. O texto fala da mudança de perfil das pessoas que frequentam a Umbanda e suas festas, apontando para a grande quantidade de carros de luxo nas praias nos dias de festa e também da maioria branca que frequentava os terreiros.

Coisa rara era encontrar matérias sobre Umbanda nos periódicos mineiros. A revista *Alterosa* publicou, em fevereiro de 1955, uma reportagem feita no Rio de Janeiro onde transparece o preconceito contra a religião, afirmando que todos os movimentos dos médiuns eram apenas algo físico que a ciência ainda não havia explicado. João Alvarenga escreveu para a *Revista da Semana*, em abril de 1955, o texto sobre a devoção a São Jorge por parte de duas celebridades da época: a radialista Iara Sales e o jogador de futebol Ademir de Menezes.

Nas décadas de 1940, 1950 e 1960 a perseguição policial, através das delegacias de costumes, foi intensa, com o varejamento e destruição de centros, tendas e terreiros. Os comissários queriam a qualquer preço fazer sucesso em cima da Umbanda. O comissário Lírio, que se dizia umbandista, foi um dos que deflagrou ataques impiedosos aos terreiros, chegando a ameaçar de fechar todos eles. Tata Tancredo, Presidente da Confederação Espírita Umbandista publicou, em julho de 1956, na *Luta Democrática*, um manifesto contra o comissário Lírio.

Nas décadas de 1940 e 1950 eram comuns as manchetes jornalísticas policiais sobre a exploração da boa fé do povo por parte dos chamados macumbeiros que se escondiam por trás da capa de "Terreiros de Umbanda".

Em abril do mesmo ano, a *Última Hora* registrou a tradicional Festa de Ogum, realizada no Ginásio do Pacaembu, conduzida por Pai Jamil Rachid, em São Paulo. *O Semanário*, em janeiro de 1960, trazia o belíssimo poema de Dilah Maria, intitulado Yemanjá. *Última Hora* apresenta uma reportagem, de 1963, falando sobre o desenvolvimento da Umbanda em Paranaguá e o respectivo ataque da Igreja Católica.

O escritor Decelso foi responsável por muito tempo por uma coluna, no jornal *Luta Democrática*, denominada *Nos Domínios da Fé*. Apresentamos a coluna de 13 de janeiro de 1966. *Umbanda sem demanda* era o nome de um programa radiofônico do Rio de Janeiro veiculado semanalmente pela Rádio Difusora, dirigido por Rodolfo Gonçalves e Coronel Vitor Hugo de Brito Veiga. A partir de 30 de janeiro de 1966 passou a ter, também, uma coluna no jornal *Luta Democrática*. Apresentamos a matéria dessa primeira coluna.

Apresentamos notícias publicadas pelos periódicos *O Dia* e *Correio da Manhã*, sobre o desencarne de Byron Tôrres e Freitas. Fato curioso foi registrado pelo *Correio da Manhã* onde um comissário de polícia incorporou Exu para prender macumbeiros que também incorporaram Exus na delegacia. *Gira da Umbanda* era uma coluna do periódico *Correio da Manhã*, escrita por Átila Nunes Filho nos anos de 1969 e 1970. A coluna apresentava notícias das tendas e entidades federativas, lançamento de livros e discos e artigos sobre a Umbanda. Apresentamos alguns trechos da coluna versando temas interessantes sob o ponto de vista histórico

Em seguida abordamos a visita das curimbeiras da Associação Templo de Umbanda Pai Oxalá (ATUPO), de Braga – Portugal, ao Brasil.

Durante décadas a Igreja Católica atacou a Umbanda, os cultos Afro-Brasileiros e as ordens místicas. O jornal *Diário da Noite* publicou uma reportagem, em 1952, sobre o tema, que transcrevemos na íntegra.

Destacamos um texto sobre o Centro Espírita Assistencial Nossa Senhora da Glória, o templo umbandista mais antigo de Brasília. Fazemos, em seguida, uma abordagem da obra rara *Alvorada de Umbanda*, de Silvio Pereira Maciel. Este livro retrata a prática dos terreiros de Umbanda segundo a ótica da época e do autor, que classifica os trabalhos de Umbanda em três sistemas: corimá, rodado e tabla (mesa). Transcrevemos dois capítulos do livro sobre essa terminologia, pouco conhecida dos umbandistas de São Paulo e do Rio de Janeiro da época.

"Feitiçaria" é um poema de Luiz Antonio Pimentel, publicada na *Gazeta de Notícias*, em 1935. O mesmo periódico publicou uma notícia sobre a festa de Yemanjá, em 1954. O periódico *Luta Democrática* foi publicado pela primeira vez em 3 de fevereiro de 1954. Nos dois primeiros números, o escritor João de Freitas escreveu sobre a etimologia das palavras Umbanda e Quimbanda. Mostramos também, desse mesmo jornal, uma matéria sobre a criação do Círculo de Escritores Umbandistas.

No *Jornal de Umbanda*, 1956, encontramos uma matéria sobre as eleições da União Espiritista de Umbanda do Brasil para o biênio 1956-1957. Interessante notar a presença, na chapa eleita, de W. W. da Matta e Silva como Vice-Presidente das Obras Sociais. No mesmo ano, o periódico apresentava uma matéria sobre Zélio de Moraes. A *Folha da Noite*, de São Paulo, pulicou reportagem sobre a inauguração de um novo terreiro.

Destacamos algumas matérias de O *Semanário*, de 1957: uma do aclamado repórter Ubiratan de Lemos sobre a Umbanda; o aniversário da Tenda Espírita Santo Agostinho, dois textos de Zilah Monteiro sobre o crescimento vitorioso da Umbanda e outro sobre a expulsão da Umbanda da Rádio Mauá. O *Jornal de Umbanda* publicou, em 1958, uma matéria sobre a fundação do Templo Espiritual Ogum Timbiri, presidido por João Severino Ramos, antigo dirigente e fundador da Tenda Espírita São Jorge.

Frei Boaventura Kloppenburg foi um dos grandes críticos ferozes da Umbanda. O *Diário da Noite* publicou um texto do sacerdote católico onde explicava que a Umbanda utilizava santos católicos para confundir a Igreja com o Terreiro. O periódico *O Jornal do Rio de Janeiro* publicou, em 1967, uma matéria sobre o primeiro dia oficial de Iemanjá e outra sobre a comemoração dos trinta anos da Tenda Africana São Sebastião.

"Casamento na Nação Bantu" e "Primeiro Encontro de Curimbas" são artigos publicados pelo *Diário do Paraná*, em 1979. Mostramos, ainda, *A gira dos velhos*, uma matéria do jornal *A Luta Democrática*, de 1981. Em seguida duas matérias do mesmo jornal sobre a Ordem Espiritualista do Brasil. Nossa última matéria versa sobre José Manoel Alves e o Hino da Umbanda, temas não abordados no primeiro volume do livro *História da Umbanda no Brasil*, publicado pela **EDITORA DO CONHECIMENTO**.

Encerramos com a tradicional Galeria de Imagens e a Galeria dos Orixás.

Recorremos às notas de rodapé para explicar palavras e termos pouco conhecidos dos leitores.

Diamantino Fernandes Trindade
Hanamatan Ramayane
O pena inquieta!

Saravá!

BENDITA UMBANDA

Paulo Gomes de Oliveira

Jornal de Umbanda, nº 34, setembro de 1953

Quando as vestes de fortes desventuras
Ameaçam o esplendor das nossas alegrias

E as nuvens de negras amarguras
Arrastem nossa alma em rudes agonias

Quando os avatares, as misérias duras
Lutas tremendas, angústias sombrias
Estiolam, sufocam em nossa alma as puras

Virtudes que aclaram nossos dias

Ó Umbanda! O teu seio procuramos
E em tua força e esperança encontramos

Como refrigério à nossa dor

Abrigados em teu regaço santo
Teus mestres enxuguem o nosso pranto
Na doçura inexcedível do teu amor!

AMOR À UMBANDA

Paulo Gomes de Oliveira

Jornal de Umbanda, n. 59, outubro de 1955

Vinde e ouvi todos quantos desejais conhecer a Umbanda.
Ela é a vereda por onde passa aquele que sustenta as almas!
Seu Templo é imenso, gracioso, belo e magnífico.
É a Natureza, onde o Espírito de Deus opera sem desfa-

lecimento!

Seus Mestres possuem a alvura dos lírios, e são enviados Por Aquele que nos dá vida, e que não permite que os nossos corações sejam inquinados!

A Umbanda é a Ordem Sublime dos apóstolos da renúncia,
Dos que na terra padeceram os efeitos da falsa fraternidade,
E que, hoje, têm os olhos voltados para todos os que sofrem!

Alegrem-se os justos e os simples de coração, pois a Umbanda
É o tabernáculo que serve a oferenda vinda das alturas,
A caridade!

Nela levantou-se Deus e dissipou os vaidosos e todos aqueles que aborrecem o Bem e o Belo!

Vinde, ó vós que cansados passais pela estrada contingente da vida;

A Umbanda é o eterno oásis, onde a água da fraternidade abranda a sede e acalma o coração dolorido!

Cantai a Deus, cantai às Potestades dos Céus, aos Orixás que são as portas da Sabedoria do Eterno!

Bendito seja o Senhor que dia a dia, faz crescer a árvore da esperança, em meio àqueles que o amam em sinceridade de espírito!

Bendito seja Deus que não rejeitou a oração do umbandista,
E em seu seio fez brotar o veio da água da vida!

CORREÇÃO HISTÓRICA

Escrevi, baseado em relatos orais, no primeiro volume da obra *História da Umbanda no Brasil*, que a Tenda Espírita São Jorge utilizava atabaques com autorização do Caboclo das Sete Encruzilhadas bem como a incorporação de Exus. Ressaltei também o fato em uma entrevista com o irmão Alexandre Cumino.

Uma conversa do Senhor Wanderson Cruz com Pai Pedro Miranda, dirigente da Tenda Espírita São Jorge, esclarece o fato.

Segundo Pai Pedro Miranda um médium, Antônio dos Santos Filho, vindo de outra tenda, gostava de tocar atabaque e em uma gira festiva de Oxóssi foi autorizado a tocar o atabaque e também em outras giras festivas. Com o tempo o atabaque foi sendo incorporado a todas as sessões.

Pai Pedro Miranda ressalta que não houve autorização do Caboclo das Sete Encruzilhadas.

A bem da verdade histórica fica feito este registro.

PERSEGUIÇÕES

Por motivos que só o Astral conhece, alguns médiuns das décadas de 1960, 1970 e 1980 encarnaram com tarefa de praticar curas mediúnicas. Podemos citar alguns fenômenos de massa: Isaltina Cavalcanti, médium do Doutor Scovsk; Zé Arigó, médium do Dr. Fritz, Cacilda de Assis, médium de Seu Sete da Lira e Dora Olga Gomes, médium do famoso Marinheiro (Vide três capítulos no terceiro volume da obra *História da Umbanda no Brasil*, publicada pela **EDITORA DO CONHECIMENTO**).

Neste livro apresento matérias sobre Zé Arigó e Seu Sete da Lira, no entanto dou destaque para a saga de Isaltina Cavalcanti.

Em 1935, nasceu a médium Isaltina Cavalcanti, natural de Natal, filha de Genésio Cabral de Lima, Coronel da Polícia Militar do Rio Grande do Norte, e Maria das Mercês Cavalcanti. Ainda jovem começou a trabalhar nos Correios e Telégrafos. Casou-se, em 28 de maio de 1958, com Esdras Alves Cordeiro e tiveram um menino, George Rivus.

Depois de algum tempo passou a se sentir esquisita, com muitas dores que lhe consumiam as noites de sono. Começou a ter visões, pesadelos e outros sintomas mediúnicos. A sua saúde começou a se deteriorar rapidamente causando angústia e apreensão de todos os familiares e amigos.

Esdras, já em desespero, procurou um centro espírita onde lhe contaram que um famoso babalaô carioca se encontrava em Natal. Era Sebastião dos Santos, mais conhecido como Sebastião Pedra D'Água. Depois de muita relutância, Isaltina pegou o endereço que Esdras havia escrito em pequeno pedaço de papel, e foi procurar o babalaô. Algumas horas de espera na fila e finalmente foi atendida.

Depois de uma longa conversa, Pedra D'Água aplicou-lhe alguns passes e mandou-a para casa dizendo que aguardasse ser chamada por ele. Alguns dias depois Sebastião foi até a casa dela. Depois de rápida conversa ele disse: "Isaltina, você me deixou impressionado. Em meus trabalhos espirituais nunca encontrei ninguém como você". Explicou-lhe o que era mediunidade e da necessidade do seu desenvolvimento.

Isaltina ficou de dar uma resposta em três dias. Apesar do medo, sentia-se segura. Contou à família que iria seguir aquele caminho e escandalizou a todos.

Isaltina quase desencarnou alguns dias depois. Quando teve alguma melhora foi com a mãe até a casa de Pedra D'Água. Mesmo a contragosto da mãe, aplicou-lhe passes e explicou da tarefa que a aguardava. Continuou a frequentar os trabalhos espirituais e, em pouco tempo, estava curada.

Isaltina havia sido "escolhida" para servir de médium a um médico alemão, Dr. Artz Scovsck, e logo começaram a fazer cirurgias espirituais com bastante sucesso. Assustada, recebeu a notícia de Pedra D'Água de que iriam para o Rio de Janeiro. Sebastião conversou com a família e duas semanas depois viajavam de avião para o Rio de Janeiro.

Foram recebidos pelo Major Lari de Brito, da famosa Tenda Espírita Santo Antônio de Pádua, em Engenho de Dentro. Em breve, Isaltina, com a orientação de Sebastião, começou os atendimentos na Tenda e muitos "milagres" ocorreram. Gradativamente milhares de pessoas procuravam a médium em busca de uma cura para os seus sofrimentos. Caravanas de diversos Estados chegavam diariamente ao Rio de Janeiro.

Todos os médiuns curadores, fenômenos de massa, sofreram verdadeiro massacre por parte da Igreja Católica, imprensa e da polícia. Vale ressaltar que as mais importantes entidades federativas da Umbanda do Rio de Janeiro deram todo apoio, inclusive jurídico, a Isaltina, com exceção da União Espiritista de Umbanda do Brasil (fundada por Zélio de Moraes) que, além de lavar as mãos no caso, ainda teceu várias críticas ao trabalho de Isaltina e às entidades federativas que a apoiaram. Vale lembrar que alguns anos antes, o presidente da UEUB, Jaime Madruga, alto funcionário do Banco do Brasil, foi preso por corrupção e desvio de dinheiro público, formando verdadeira quadrilha para suas ações nefastas.

Esses médiuns foram submetidos a um processo desumano de trituração de imagem e violentação da personalidade orquestrados pela Igreja Católica e veiculados pela imprensa sensacionalista e hipócrita. A polícia se incumbiu da execução. Várias federações e organizações espíritas, umbandistas e dos cultos afro-brasileiros contribuíram para essa devastação.

Zé Arigó ficou preso alguns meses pela prática de curandeirismo. Cacilda de Assis foi perseguida pela Igreja Católica, pela imprensa e pela Receita Federal.

Ainda muito jovem e durante alguns anos Isaltina Cavalcanti foi a médium curadora que mais se destacou no Brasil, junto com Arigó e outros que ainda hoje são lembrados pelas cirurgias espirituais que conduziram.

Na página *http://blogderobertoguedes.blogspot.com.br* podemos ler:

> O Supremo Conselho Sacerdotal Afro-Brasileiro, órgão máximo religioso da Federação Espírita Umbandista do Rio de Janeiro, e a União Afro-Brasileira, promoverem campanhas visando atenuar o impacto de acusações que a incompreensão e a intransigência religiosas assacavam contra ela.
>
> O mesmo apoio lhe chegou também do Instituto Cultural Afro-Brasileiro e da Federação Nacional das Sociedades Religiosas da Umbanda. Por último, vários médicos, inclusive profissionais sem nenhuma vinculação com o espiritismo, fizeram questão de acompanhar seu trabalho e atestaram os resultados e a ausência de prejuízos para as pessoas a quem ela assistia.

Isaltina foi proibida de fazer operações espirituais. Teve *Habeas Corpus* indeferido duas vezes pela justiça. Junto às perseguições foi explorada e chantageada pelo Pai de Santo Sebastião Pedra D'Água, que acabou sendo preso por alguns delitos. Isaltina retornou para Natal e parou com os trabalhos espirituais.

O jornal *Luta Democrática*, dirigido pelo Deputado Tenório Cavalcanti, foi o periódico que mais divulgou, de forma sensacionalista, o trabalho e as perseguições sofridas por Isaltina. Apresentamos nos próximos capítulos algumas matérias sobre o tema.

MESTRA YARANDASÃ

Diva Freitas Veloso nasceu no Amazonas em 1920. Fundou, no Rio de Janeiro, a Ordem Mística Agla-Avid que realizava ritos de Umbanda, Maçonaria, Espiritismo e Alta Magia. Os pesquisadores Alberto de Oliveira e Alberto Camarero apresentam no blog *http://memoriaaglaavid.blogspot.com.br* uma matéria publicada em *A Noite Ilustrada*, em 1949:

De acordo com entrevistas dadas à imprensa a partir de 1948, Diva teria sido criada "no interior agreste" de seu Estado natal, onde passou a infância e a adolescência convivendo mais com os bichos do que com gente, amiga de macacos, cobras e jacarés, desfrutando das matas e dos rios como se fossem seus domínios, sem medo e sem jamais ter sofrido qualquer dano.

De natureza antissocial desde menina, costumava passear por horas pelos corredores de um cemitério perto de sua casa. Voltando dali, dizia que estivera conversando com Seu João, companheiro invisível de outros episódios de sua vida.

As primeiras manifestações espirituais de Diva teriam acontecido ainda nessa época, quando ela começou a sofrer desmaios frequentemente. Ao recuperar a consciência, contava sobre lugares lindos por onde passara, sempre acompanhada por Seu João.

Sobre sua família, muito pouco se sabe. Aqueles que constam em sua certidão de óbito como seus pais, Vicente Rosana da Silva e Raimunda Pires da Silva, nem mesmo tinham seu sobrenome de solteira, Freitas Veloso.

Em algumas versões, Diva seria filha de índios amazonenses ou de um príncipe indiano.

Ao longo de um período no qual parece não ter se dedicado a nenhuma atividade espiritual, Diva teria viajado por diversos estados brasileiros e também por alguns países da

América do Sul, instalando-se por fim no Rio de Janeiro.

Em meados da década de 1940, depois de um desmaio, Diva teria perdido a memória por alguns meses. Ao recuperar-se, estava transformada. Foi seu despertar espiritual.

Mostramos a seguir alguns dados mais detalhados coletados pelos pesquisadores Alberto de Oliveira e Alberto Camarero.[1]

Seguindo orientações que teria recebido de espíritos com os quais passara a conviver como se fossem pessoas de carne e osso, Diva trocou de nome – tornou-se Yarandasã (mistura de tupi e sânscrito, a partir de yara – senhora das águas – e dasã – serva de Deus: "uma deusa do rio a serviço de Deus", conforme ela mesma definia) – e fundou a Ordem Mística Espiritualista Agla-Avid.

Agla é um acrônimo cabalístico composto por Atah Gibor Le-olam Adonai, cujo significado é algo como "Todo-Poderoso, Eterno Senhor, Deus, Amor e Força" ou "Tu, oh! Deus, és Todo-Poderoso para sempre". Avid, além de ser o contrário de Diva, é anagrama de Vida e Davi.

Confome Alberto de Oliveira e Alberto Camarero:

> A Ordem Mística Espiritualista Agla-Avid foi fundada em 1° de agosto de 1948. Funcionou inicialmente na Tijuca, bairro carioca no qual foi instalada em vários endereços ao longo da década de 1950, e em 1960, estabeleceu-se em São Cristóvão, na Rua Carneiro de Campos, 35. Nesse último endereço, funcionaram também as duas Aliadas da Agla-Avid, ambas criadas pela Mestra Yarandasã: Fraternidade Nova Era e Universidade Espiritualista do Brasil. Juntas, as três formavam o Supremo Oriente da Nova Era e a SIEEDU (Suprema Inteligência Energia Eterna Dirige o Universo).

A Ordem criou a revista *O Aglasofista*, que versava sobre filosofia, doutrina e Espiritismo. Mestra Yarandasã escreveu a obra *Umbanda Religião do Brasil*, em parceria com José Alvares Pessoa, Carlos de Azevedo e Nelson Mesquita Cavalcanti, livro publicado pela Editora Obelisco em 1968. Em 1955, a Ordem foi declarada de utilidade pública como podemos ver a seguir:

[1] Autores do blog http://memoriaaglaavid.blogspot.com.br

DECRETO N° 37.385, DE 25 DE MAIO DE 1955.

Declara de utilidade pública a Ordem Mística Espiritualista Agla-Avid, com sede nesta Capital Federal.

O PRESIDENTE DA REPÚBLICA, atendendo ao que requereu a Ordem Mística Especialista Agla-Avid, com sede nesta Capital a qual satisfaz as exigências do art. 1° da Lei n° 91, de 28 de agosto de 1935, e usando da atribuição que lhe confere o art. 2° da citada Lei, DECRETA:

Artigo único. É declarada de utilidade pública nos termos da mencionada lei, a Ordem Mística Espiritualista Agla-Avid, com sede no Distrito Federal.

Rio de Janeiro, 25 de maio de 1955; 134° da Independência e 67° da República.

JOÃO CAFÉ FILHO

O que é Agla-Avid?

Conforme os pesquisadores Alberto de Oliveira e Alberto Camarero, a Ordem foi fundada no dia 1° de agosto de 1948 e funcionou inicialmente na Tijuca, bairro carioca no qual foi instalada em vários endereços ao longo da década de 1950, e em 1960, estabeleceu-se em São Cristóvão, na Rua Carneiro de Campos, 35.

Nesse último endereço, funcionaram também as duas Aliadas da Agla-Avid, ambas criadas pela Mestra Yarandasã: Fraternidade Nova Era e Universidade Espiritualista do Brasil. Juntas, as três formavam o Supremo Oriente da Nova Era e a SIEEDU (Suprema Inteligência Energia Eterna Dirige o Universo).

Em 1952, descoberta pelos Diários Associados após uma matéria apresentada pela TV Tupi no final de 1951, a Mestra Yarandasã esteve em grande evidência na imprensa carioca em matérias de primeira página em jornais como o *Diário da Noite* e em duas longas reportagens publicadas na revista *O Cruzeiro*.

Além de seus trabalhos místicos, a Agla-Avid oferecia ao grande público diversos serviços de auxílio, sem fazer qualquer distinção entre os que deles usufruíam, como assistência médica, atendimento odontológico, creche, orfanato e escola.

A Agla-Avid chegou a editar vários números de uma revista denominada *O Aglasofista*, e manteve diversos programas de rádio no ar entre os anos 1950 e 1960, quase sempre na Rádio Copacabana, como *A Voz Aglasofista*, *Luz do Terceiro Milênio* (esse na Rádio Rio de Janeiro) e *Mensagem de Amor à Humanidade*.

No dia 28 de fevereiro de 1959, a Mestra Yarandasã, até então conhecida como "a Renunciada Solitária", casou-se com Euler Pinto de Mesquita, mais conhecido como Instrutor Sálvio Suryananda. Era um casamento diferente, que aconteceu sob misteriosas circunstâncias.

Ao longo dos anos 1960, o casal esteve envolvido com questões agrárias e o endereço da Agla-Avid em São Cristóvão abrigou também a Cooperativa Agrícola-Mista Fazenda Paraíso.

Em 1967, seguida por trinta famílias aglasofistas, a Mestra Yarandasã fundou uma extensão da Agla-Avid em Brasília, na Área 7 do Núcleo Rural do Alagado, na região do Gama, hoje cidade-satélite.

Ali, o grupo foi aos poucos construindo a comunidade SIEEDU, que seguia a proposta de uma nova forma de vida. Na mesma época, outros projetos parecidos também se concretizavam naquela área, como a Cidade Eclética, do Mestre Yokaanam, fundador da Fraternidade Eclética Espiritualista Universal, e o Vale do Amanhecer, de Tia Neiva.

No dia 09 de setembro de 1969, porém, uma tragédia pôs fim àquele sonho: na ermida que ocupava na chácara em Brasília, a Mestra Yarandasã faleceu com um tiro na cabeça. O inquérito policial não foi conclusivo. Existem as hipóteses de suicídio e de assassinato.

Durante alguns anos, seu esposo esforçou-se por manter a Agla-Avid em funcionamento, porém, no dia 06 de abril de 1975, um incêndio devastou o prédio em São Cristóvão e Sálvio Suryananda encerrou as atividades da Ordem.

Mostramos a seguir alguns trechos do primeiro número da revista *O Aglasofista*.

O Aglasofista

Abril de 1957

Capa do primeiro número da revista *O Aglasofista*

Editorial

Sempre se fez sentir entre nós, da família Aglasofista, a necessidade de um veículo impresso que servisse de meio de congraçamento e também de difusão da vida de nossa Ordem Mística Espiritualista Agla-Avid.

No dizer, aliás, muito acertado, de nossa Venerável Mestra, surge agora *O AGLASOFISTA*, sob a nova roupagem desta sua forma de apresentação, como uma pequenina criança que, mercê de Deus e dos Sublimes Mentores desta Ordem, com colaboração de todos os nossos irmãos, há de crescer vigorosa em utilidade e amor ao próximo.

Tudo faremos para que esta publicação seja o retrato fiel do espírito que anima nossa Ordem e que seja também um raio vívido de Luz para todos aqueles que com ela tenham contato.

Conformados de que não há unidade na variedade e de que diferem os gostos das pessoas, esta publicação apresentará várias seções que esperamos sejam janelas abertas, onde cada um se debruce em busca do mundo de seu interesse.

Esta não é a primeira tentativa que fazemos neste sentido. As dificuldades encontradas não têm sido de pequena monta e o que a muitos poderia parecer uma derrota, foi apenas, para nós, uma pausa para melhor avançar sobre a estrada das realizações superiores.

Aceitaremos com a mais grata satisfação, todas as colaborações e críticas de sentido construtivo que nos apresentem, pois sabemos certamente acatando estas, e recebendo aquelas, caminharemos para o triunfo desta iniciativa.

Creiam todos, que se melhor não o fizemos, houve, no entanto de nossa parte, o desejo ardente de acertar.

Editorial do primeiro número da revista *O Aglasofista*

O AGLASOFISTA

REVISTA MENSAL

PROPRIEDADE DA ORDEM MÍSTICA ESPIRITUALISTA AGLA-AVID
Fundadôra M.·. YARANDASA

Diretor Responsável
Dr. Antonio Fernandes

xxx

Redator Secretário
Dr. Castro Neves

xxx

Gerente
Dr. Hermano Afonso Neumann

xxx

Publicidade
Olivia Coelho Freire

xxx

Redação e Administração
RUA URUGUAI, 397
Tijuca

PREÇO Cr$ 10.00

EDITORIAL

Sempre se fêz sentir entre nós, da família Aglasofista, a necessidade de um veículo impresso que servisse de meio de congraçamento e também de difusão da vida de nossa Ordem Mística Espiritualista Agla-Avid.

No dizer, aliás muito acertado, de nossa Ven∴ M∴, surge agora "O AGLASOFISTA", sob a nova roupagem desta sua forma de apresentação, como uma pequenina criança que, mercê de Deus e dos Sublimes Mentores desta Ordem, com a colaboração de todos os nossos Irmãos, há de crescer vigorosa em utilidade e amor ao próximo.

Tudo faremos para que esta publicação seja o retrato fiel do espírito que anima nossa Ordem e que seja também um raio vívido de Luz para todos aquêles que com ela tenham contato.

Conformados de que não há unidade na variedade e de que diferem os gostos das pessoas, esta publicação apresentará várias seções que esperamos sejam janelas abertas, onde cada um se debruce em busca do mundo de seu interêsse.

Esta não é a primeira tentativa que fazemos neste sentido. As dificuldades encontradas não têm sido de pequena monta e o que a muitos poderia parecer uma derrota, foi apenas para nós, uma pausa para melhor avançar sôbre a estrada das realizações superiores.

Aceitaremos com a mais grata satisfação, tôdas as colaborações e críticas de sentido construtivo que nos apresentem, pois sabemos certamente acatando estas, e recebendo aquelas, estaremos caminhando para o triunfo desta iniciativa.

Creiam todos, que se melhor não o fizemos, houve no entanto de nossa parte, o desejo ardente de acertar.

A seguir, mostramos o significado do nome e do emblema da Ordem, também publicado na revista *O Aglasofista*.

Significado do nome da Ordem

A palavra ORDEM quer dizer comunidade religiosa, ou ainda, a conveniente disposição dos meios para obter segurança, lei e disciplina.

A palavra MÍSTICA significa o cultivo e o estudo das leis divinas; todo místico tem vida contemplativa que o impulsiona à união direta com a Divindade.

A palavra ESPIRITUALISTA significa o conjunto de sistemas filosóficos, sociológicos e esotéricos que conhecem um mundo além da matéria e tem por base a existência de Deus e a alma Humana, reconhecendo a evolução dos seres viventes por meio da encarnação.

A palavra AGLA, de origem hebraica, significa DEUS; compõe-se de quatro letras hebraicas: Atha, Gabor, Leolam e Adonai, que significam: VÓS SOIS PODEROSO E ETERNO SENHOR.

Esta palavra pronunciada com suas notas musicais tem o poder de repelir as forças negativas.

A palavra AVID é um triângulo de anagramas dos nomes: DAVID, DIVA E VIDA.

DAVID – O maior dos patriarcas, rei e místico, que legou à humanidade os Sagrados Salmos. DIVA – deusa, divina e beleza, em idioma romano. VIDA – Deus, Absoluto, Eternidade e Força.

Estes anagramas formam o Código Iniciático de Agla-Avid, para o mundo.

O emblema

O globo terrestre, com a palavra PAX no centro significa: UNIÃO UNIVERSAL DOS SERES HUMANOS PELA FRATERNIDADE.

A balança significa: Justiça, Equilíbrio e Equidade.

A serpente significa: Ciência, Evolução e Sabedoria.

Os raios significam: Luz, Crença e Poder Celestial.

O significado da legenda A VERDADEIRA LUZ É A QUE

ILUMINA TODO O HOMEM é o seguinte:

Sendo Agla-Avid uma Universidade Mística Espiritual e tendo como Patrono do Colégio Iniciático – São João Batista, adotou como legenda uma das sentenças mais divinas que o Mestre aplicou, quando em Suas palavras referiu que: "O homem se torna luz intermitente, quando adquire por si próprio conhecimentos e exemplos capazes de torná-lo um sagrado imã, com forças suficientes para atrair a verdadeira Luz que o ilumina, vinda do Deus Universal e Cósmico".

Emblema da Agla-Avid – *O Aglasofista*, abril de 1957

Da mesma revista apresentamos um texto de Mestra Yarandasã.

Ave, São Jorge!

No dia 23 de abril é celebrada a data que reverencia a memória de São Jorge. Multidões de seres rendem tributo ao homem que foi santificado pelo heroísmo que evidenciou a Vitória da Fé.

Príncipe nascido em Capadócia foi martirizado ao tempo de Deocleciano no ano 303, e o célebre pintor italiano Rafael, imortalizou o grande guerreiro em sua famosa tela por todos conhecida, e que se acha no histórico museu do Louvre, na França, onde o mártir foi representando o dragão que significa a vitória alcançada sobre o paganismo da época. Venerado de forma especial na Inglaterra que o tomou por patrono desde o ano 800 da nossa era, tornou-se figura exemplar que é feste-

Mestre Tiago das Sete Luas, que teria se materializado diante de seis pessoas no templo da Agla-Avid – https://www.facebook.com/Movimentoespiritualista

jada na Escócia e na Grã-Bretanha, notadamente nas forças militares e na Ordem Maçônica, além de constar como Cavaleiro da Ordem da Jarreteira. Na Rússia é o patrono dos soldados desde o ano 800, e a Imperatriz Catarina II, tendo fundado em 1769, a Ordem Russa de São Jorge, estabeleceu a data festiva que até hoje é celebrada com grande pompa. Também na Baviera, Alemanha, Carlos Alberto, Duque da Baviera, fundou a Ordem de São Jorge em 1729, e a ela são filiados os militares. No Brasil o dia de São Jorge é festejado não só pelo povo mas também pelas classes militares, e a ele são atribuídas grandes virtudes em razão do valor que demonstrou na luta pela defesa do Cristianismo.

A Igreja Católica o festeja na qualidade de um santo militar, e os umbandistas o celebram como o defensor da Justiça. De qualquer forma, a História da Humanidade lhe reservou uma página especial de glorificação, apontando-o como um dos muitos e valorosos mártires que bem souberam defender a sementeira do Cristianismo. Ao ensejo da grande efeméride, nós que somos tarefeiros nas letras de imprensa, não poderíamos deixar de render o nosso tributo de admiração ao bravo príncipe que saiu a pelejar em razão da fé que nutria o ideal de sua alma.

É bem certo que os heróis não devem ficar esquecidos, principalmente quando os seus feitos visaram a Liberdade de Crença e o banimento das sombras de um lamentável fetichismo, cuja semente lança a loucura e o homicídio sobre a terra. Que o bravo e digno patrono dos que lutam pelas boas causas, receba as vibrações de todos quanto sonham com o advento da Ordem, da Justiça e da Fraternidade entre os homens!

Casamento de Mestra Yarandasã com o instrutor Suryananda no Templo Agla-Avid – http://memoriaaglaavid.blogspot.com.br

Mestra Yarandasã no dia do casamento
http://memoriaaglaavid.blogspot.com.br

Mestra Yarandasã durante a apresentação do programa radiofônico "Luz do Terceiro Milênio" – *Diário Carioca*, 23 de novembro de 1960

Foto, tirada na reunião da Agla-Avid, com dedicatória de Mestra Yarandasã, a João Severino Ramos, à esquerda na foto, (dirigente da Tenda Espírita São Jorge) – 19 de dezembro de 1955 – http://memoriaaglaavid.blogspot.com.br

SIEEDU – Suprema Inteligência Energia Eterna Dirige o Universo – http://memoriaaglaavid.blogspot.com.br

A NOVA RELIGIÃO DA DEUSA DA TIJUCA

Diário da Noite, 8 de janeiro de 1952

No templo misterioso da sacerdotisa Yarandasã

A reportagem colheu novos elementos em torno da Ordem Mística Espiritualista Agla-Avid, cujo templo funciona na Rua Aguiar, 23, Tijuca.

Já apresentamos aos nossos leitores a criadora da nova religião, que, em suma, se define por uma forma eclética; Umbanda, Maçonaria, um pouco do ritual cristão, Espiritismo, Esoterismo etc., constituindo um todo complicado e de uma variedade exuberante de símbolos.

Foi a sacerdotisa Yarandasã que, há coisa de dois anos, criou a nova seita, batizando-a com o nome Ordem Mística Espiritualista Agla-Avid. Yarandasã, que é considerada como deusa para os aglasovistas, é uma mulher relativamente jovem (pouco menos de 30 anos), bonita e esbelta, uma mulher que se declara semianalfabeta, mas que fala, sem nunca ter aprendido na escola, vários idiomas, quando sobre ela pairam os espíritos de luz. Diz-se dotada de qualidades espantosas:

faz móveis caminharem e possuiria, além disso, os dons da onisciência e onipresença. Deslocar-se-ia, com facilidade, de um extremo a outro, permanecendo, em pessoa, em um deles. E promoveria outros atos assombrosos.

Ontem, a deusa da Tijuca voltou a falar à reportagem, abordando os preceitos mais fundamentais de sua religião.

– Agla-Avid – explica-nos a sacerdotisa – é uma instituição espiritualista soberana e independente, que tem a sua personalidade civil firmada em lei e que opera no sentido da evolução da humanidade.

E adiante:

– A Ordem funciona segundo as normas que adota ou segundo deliberação do poder supremo, que, por sua vez, se inspira nos ensinamentos dos Evangelhos de Cristo.

O plano esotérico

Quanto à parte esotérica da seita, esclareceu a sacerdotisa de balandrau branco:

– No plano esotérico de Agla-Avid acentua-se a existência da maçonaria esotérica, que não tem ligações com o Grande Oriente do Brasil e nem com nenhum outro. Trata-se de uma loja independente, a única no mundo, em seu gênero. A nossa maçonaria – adianta-nos a deusa – é regida pelo esoterismo universal e apresenta rituais litúrgicos que tem a finalidade de autopreparação espiritual e moral, buscando dar a cada iniciado o estudo sobre todas, e, sobretudo, o amor ao próximo e ao Grande Arquiteto do Universo.

O que é necessário para uma pessoa filiar-se à nova seita

A este respeito, acrescentou-nos Yarandasã:

– Em nossa religião poderão ingressar pessoas de ambos os sexos: emancipadas, nacionais, estrangeiras, ricas, pobres, pretas, brancas e ainda as que pertençam a outra religião, desde que tenham sentimentos humanos, exigindo-se informações de seus antecedentes sociais e morais.

O quadro social é ilimitado e divide-se em dois grupos harmônicos, com as seguintes categorias: a) Grupo ou classe, sócios leigos, remidos e beneméritos: b) Grupo de adeptos e iniciados.

São sócios leigos todos os irmãos profanos associados, que não pertençam ao grupo esotérico, acima mencionado. São sócios remidos os que contribuem com certa importância, mensalmente, e beneméritos os que prestam relevantes serviços à Ordem.

A seguir a sacerdotisa abordou aspectos gerais da organização, falando também da hierarquia. Os mestres são, em seu conjunto, a autoridade máxima da Ordem, abaixo somente da deusa, a única figura de sétimo grau. Ninguém poderá desobedecê-la: sua palavra é lei, e deve ser seguida sem controvérsias.

Curas milagrosas

Yarandasã declarou-nos que a Ordem tem feito curas verdadeiramente assombrosas. Intervenções cirúrgicas, através do Espiritismo. Tuberculosos têm sido curados e pessoas tem sido curadas portadoras de outros males.

– A nossa terapêutica tem sido comprovada pelo Raio X. A infecção que comprometia determinada zona do corpo, desaparece logo nos primeiros dias do nosso tratamento, conforme documentação das radiografias.

Pessoas ilustres que frequentam o templo aglasovista

A sacerdotisa passou à mão do repórter uma lista de pessoas ilustres, que frequentam o templo aglasovista. São eles: – Senhores Álvaro Maia, ex-senador da República; João Simplício de Souza, advogado; Alarico Paes Leme de Abreu, jornalista e advogado; Antônio Fernandes, advogado; Geraldo Gesteira, médico; Eurico dos Santos, dentista; Valdir Malveira, médico; Nísio Borges, médico; Umberto Ricardo, médico; Manuel Bandeira, professor, poeta e jornalista; Severo Barbosa, coronel do Exército; Augusto Francisco dos Reis, tenente do Exército; comandante Carlos de Carvalho Silva, da Marinha; Aluísio Teles de Menezes, professor; José Reis de Paula, médico; Jorge Rocha, advogado; Haroldo Manfredo Mendes, aviador; João de Deus, funcionário da Câmara Municipal; César Cruz, jornalista e compositor; Nelson Ferreira Viana, dentista e Júlio Bernard Guerra, também dentista, além de inúmeras outras figuras.

INTERVEM A IGREJA

Diário da Noite, n. 5307, 1 de março de 1952

Semelhança da missa branca com a missa católica

Há tempos *Diário da Noite* publicou uma série de reportagens sobre uma nova seita que é praticada, regularmente, em um velho casarão da Rua Aguiar, n. 23, Tijuca. A religião, criada e dirigida pela Madre Yarandasã, apresenta aspectos ecléticos, aproximando-se, particularmente, do ritual da Igreja Católica Apostólica Romana. A Agla-Avid – esse é o nome da seita – celebra missa, com os detalhes do ato cristão do santo sacrifício, com a diferença de que é uma mulher que oficia e a versão é portuguesa e não latina, muito embora as frases sejam traduzidas literalmente do Missal.

Há santos da Igreja Católica – como São Sebastião – e outras particularidades, como o turíbulo, o coro, enfim, todas as passagens mais solenes do santo ofício.

A Madre Yarandasã, que funciona como o "padre", usa balandrau branco e, celebrando a missa branca, faz a "elevação", completando o ato sacro com todos os pormenores do ritual católico.

Além dessas práticas, que ora ensejam um protesto da Igreja Católica, movido pelos meios competentes, a "madre" pratica o Espiritismo, através do qual declara que tem consumado curas surpreendentes, fazendo desaparecer males que a ciência médica não conseguira remover.

Duas notificações judiciais

Ontem, a Madre Yarandasã – que veio do Amazonas com a missão de fundar uma religião – recebeu uma notificação judicial, eivada de citações latinas e farta de artigos e preceitos do Código Canônico, intimando-a a fechar as portas do seu templo. A alegação é de que a madre estaria profanando o ritual cristão e os sagrados sacramentos, uma vez que a missa aglasovista seria uma deturpação grosseira do santo ofício, portanto um atentado a Deus e ao povo católico.

Essa notificação foi expedida pelo juiz da 17ª Vara Criminal, onde transita a ação movida contra a Agla-Avid e encaminhada pelo Sr. Cesar Augusto da Fonseca, curador da Igreja do Bonfim, em Alegria, e figura de grande projeção nos círculos católicos da capital federal.

O Sr. Cesar Augusto da Fonseca, paralelamente a essa iniciativa, encaminhou uma ação de despejo, deferida pelo mesmo magistrado, contra a Agla-Avid, que funciona em um prédio de sua propriedade.

Essa última notificação foi encaminhada ao sacerdote Uranos, um dos graduados da seita, o qual, falando à nossa reportagem, sobre o assunto, declarou o seguinte:

– Desconheço as intenções do Sr. Cesar Augusto da Fonseca. Sei, apenas, que eu pagava de aluguel três mil cruzeiros, por mês, muito embora estivesse a casa arbitrada em apenas 800 cruzeiros. Acresce, também, que, há dois anos, o senhorio não nos fornecia recibo, o que constitui uma irregularidade prevista em lei. E quando a Agla-Avid propôs a compra do imóvel, foi surpreendida com uma proposta de um milhão e cem mil cruzeiros, soma fabulosa por um casarão carcomido, e que evidencia o propósito do proprietário em provocar o despejo friamente premeditado.

Mestra Yarandasã – *Diário da Noite*, n. 1 de março de 1952

HOJE O DESPEJO DA ORDEM ESPIRITUALISTA

Diário Carioca, n. 7443, 7 de outubro de 1952

Termina hoje o prazo concedido à Ordem Mística Espiritualista Agla-Avid, na pessoa da sacerdotisa Yarandasã, guia espiritual da seita, para que desocupe o prédio onde funciona.

Interpôs recurso

A reportagem do D. C., que esteve ontem na sede da referida Ordem, à Rua Aguiar, 23, teve oportunidade de falar com a sacerdotisa Yarandasã, que apoiada pelo Senhor Antonio Fernandes, advogado da Ordem nos disse:

Segundo a ordem de despejo que nos foi entregue no dia 28 de setembro findo, ficamos na obrigação de deixar o prédio amanhã. Ora, como esse prazo de dez dias é por demais exíguo, e uma vez que não nos é possível sair daqui para o meio da rua – pois, além de termos sob cuidados médicos quatro doentes adultos e cinco crianças desajustadas, possuímos alguns bens materiais que nos foram doados e que não podem ser despachados assim sem mais nem menos. Interpusemos recurso para o juiz competente, solicitando-lhe prorrogação do prazo.

O aluguel: três mil cruzeiros

A uma pergunta do repórter, asseverou:

Não há nenhum contrato entre a Ordem e o proprietário do prédio, para a sua locação. Aqui estamos desde 1949 por concessão espontânea e verbal do mesmo, sendo que naquela ocasião, a título de caridade, isentou-nos dos aluguéis. Isso, contudo, não ficou assim, visto como tempos depois passamos a pagar-lhe aluguel de três mil cruzeiros, sem recibo, e apenas sob o testemunho dos veneráveis da Ordem.

Pormenores

A Ordem Agla-Avid, fundada em 1° de agosto de 1948, é uma organização reconhecida como de utilidade pública e subvencionada pelo Governo Municipal. A dotação inicial (vinte mil cruzeiros) foi majorada, ultimamente, para cem mil cruzeiros, a vigorar no próximo ano.

Realiza essa Ordem a prática dos ritos e o aproveitamento dos ensinamentos espirituais, da escola kardecista, da linha de Umbanda e da Alta Magia; o estudo do Esoterismo, mediante a Sabedoria dos Instrutores Orientais e Iniciáticos – concluiu a jovem Yarandasã.

DIVA MARIA OU A JOVEM SACERDOTISA DE AGLA-AVID

Diário Carioca, n. 7444, 8 de outubro de 1952

Não sou uma santa! Sou apenas uma mulher caridosa, disse-nos a sacerdotisa Yarandasã, diretora espiritual da Ordem Mística Espiritualista Agla-Avid; ou seja a moça amazonense Diva Maria de 28 anos.

Possuo inúmeros defeitos, mas espero que juntamente com os meus fiéis alcance a perfeição espiritual.

Culto da moral

Vestindo uma comprida túnica lilás, de corte impecável, cordão amarelo de quatro voltas em torno da cintura, trazendo ao pescoço um longo crucifixo e calçando leves sandálias trançadas, Yarandasã, chefe espiritual da Ordem Agla-Avid, recebe o repórter na sede daquela entidade, à Rua Aguiar, 23, onde todas as noites, às 20:15 horas, preside as sessões ordinárias da mesma.

Sobre a história da sua seita, Yarandasã nos conta:

A Ordem, que foi fundada em agosto de 1948, é uma entidade eclética, e tem como objetivos primordiais, o culto da Moral e a prática da caridade; a unificação das correntes espiritualistas; a dedicação ao serviço contínuo da evolução humana; o estudo sistemático do Ocultismo e suas aplicações; o estudo e desenvolvimento normal dos poderes criativos e latentes do homem, no sentido de assegurar a todos o bem estar e a saúde física e espiritual.

A minha história

Depois de enumerar as finalidades da Ordem, acrescenta, evocando os anos que antecederam à sua atual condição de chefe espiritual:

Nasci no Amazonas, de pais católicos, e lá vivi até meus

19 anos, em contato direto e exclusivo com a natureza exuberante daquelas paragens, de quem bebi, naqueles tempo, sublimes ensinamentos da vida. Aos 16 anos perdi minha mãe, sendo que aos 19, ainda ressentida com aquele golpe, vim para o Rio.

Yarandasã, que fala de maneira fluente e com serenidade, prossegue, após uma pausa:

Aqui no Rio, obtive vantajoso emprego em determinada repartição pública (declina a sacerdotisa de revelar qual), e creio mesmo se nela estivesse até hoje, excelente seria a minha situação financeira.

Depois de atender a um "irmão" que lhe fora comunicar o início do ato denominado "círculo de fogo", continua:

Fui muito amiga das diversões, dos passeios e dos folguedos, tendo sido, mesmo, frequentadora das boates e dos clubes sociais.

A transformação

O repórter ouve atentamente Yarandasã (palavra que vem do sânscrito e que significa "Serva de Deus"), que assim revela como se deu sua transformação para o bem:

Cansada das futilidades do mundo, abandonei aos 24 anos as faceirices e as vaidades da vida. Senti que dentro do meu ser se processava uma transformação radical, à qual não sei dar uma explicação satisfatória. Nasceu, assim, em meu íntimo, o propósito de fazer o bem aos humildes e aos desprotegidos da sorte, e então resolvi vender tudo o que possuía para dedicar-me de corpo e alma a essa meritória obra que hoje é a Ordem Agla-Avid.

A nossa religião – se é que a temos – prosseguiu – consiste em fazer o bem a todas as criaturas, como nos ensinou Nosso Senhor Jesus Cristo, sem olhar condições nem credos religiosos. Prezamos e praticamos o culto da moral e a prática da caridade visto como, só assim – no nosso entender – poderemos assegurar a todos o bem estar e a saúde física e espiritual.

E Yarandasã termina a entrevista:

O que choca profundamente, é ver como essa gente cheia

de pergaminhos – digamos assim – sempre se esquiva, sempre foge todas as vezes que a procuramos para fazer o bem ao próximo, aos necessitados.

SUDÁRIO A ENXUGAR AS LÁGRIMAS DOS TRISTES

Mestra Yarandasã

O Semanário, n. 53, 11 de abril de 1957

A Ordem Mística Espiritualista Agla-Avid, fundada a 1° de agosto de 1948, pela mestra Yarandasã, tem como programa o estudo do Espiritismo, das filosofias, das religiões e suas aplicações, o estudo da medicina em seu tríplice alopatia, homeopatia e naturismo – e culto da moral e a unificação da ciência ao Evangelho.

Mestra Yarandasã – *O Semanário*, n. 53, 11 de abril de 1957

Sua fundadora e mentora, mestra Yarandasã, a "Renunciada Solitária", desde o ano de 1947 entregou sua existência às mãos do Senhor e passou a pertencer única e exclusivamente ao serviço dos Guias da Humanidade, destes distribuindo a consolação ao próximo, quer no campo espiritual, que no campo social. Eis o seu depoimento sobre a Umbanda, na enquete que a respeito vem fazendo *O Semanário*, nos meios espiritualistas desta capital:

Universalista por princípio e por escola sou espiritualista, e por tão positiva razão não sigo a esta ou aquela doutrina sectarista.

Gosto imensamente de apreciar todas as gamas da espiritualidade revelada através dos esforços humanos, e a cada um dos ramos ou escolas que surgiram das cogitações dos seres em correlação aos princípios básicos do espírito dedico de bom grado uma boa parte do meu tempo em apreciações e observações.

Já o grande apóstolo Paulo dizia à guisa de conselho útil: "Examinai todas as coisas e guardai o que for útil e bom"... Ora, sabemos nós que a Umbanda tem o seu valor incontestável e, assim sendo, muito de bom tem para oferecer aos que a procuram compreender e vivê-la à luz do Evangelho.

Os senhores me fazem lembrar neste momento um voto de alma que as mulheres africanas fazem ao Senhor, quando abrem as portas da habitação em que vivem: – *Na nzi kari nzi vulula libai la ymdiu ya mina, nza kombela. O Hosi, lazaku U ta vulula kambe ni libati la mbilu ya mina, kasi U ia engena wena Hosi, U rsama zinwe na mina*. E isto tudo, que falei na chamada língua geral da África quer dizer:

"Quando abro a porta de minha casa, rogo-te, ó Senhor, que abras também a porta do meu coração, para que tu entres e fiques comigo".

Como veem, as coisas são simples na vida espiritual.

Quando um Templo umbandista abre as suas porta, o faz orando ao Pai para que a Sua presença seja real e plena em cada coração. Quando se fala assim e assim se procede, está claro e fora de dúvidas que só não acharão consolação e graças espirituais aqueles cujo corações endurecidos pelas vaidades humanas, não concebem a presença de Deus nos corações simples, mas sinceros e grandes para amar.

H. Chatelain, na página 268 do seu livro intitulado *Folk-Tales of Angola*, afirma e prova como bom filólogo que o termo Umbanda provém da palavra KRIM e quer dizer: "faculdade, ciência, arte; veículo de outras por meio de vibrações naturais ou sobrenaturais; contato com as força da divindade pela consulta com os espíritos, relações ou intercâmbio entre encarnados e desencarnados". Dessa opinião o autor de *Umbanda Sagrada e Divina* valeu-se para enveredar por um caminho bastante interessante em relação ao assunto, estendendo-se longamente na história e tradição da Umbanda.

A meu ver, toda doutrina, credo ou religião que tenha por

princípio o Cristo e busque combater o rude e improdutivo materialismo que corrompe e avassala o mundo, levando a humanidade a degradar-se de maneira trágica e vergonhosa, deve ser defendida, resguardada e respeitada por todos quantos acreditam na existência de uma força Divina incomensurável que a tudo e a todos dirige.

Certo sábio afirmou, e a vida confirmou, que onde se reunirem criaturas honestas não importa a sua religião ou o nome de Deus que adoram, o que importa é o estado de consciência em que cada um se encontre.

Se o indivíduo vive às claras e às direitas, naturalmente viverá tranquilo e com força moral para vencer qualquer atribulação ou adversidade, por mais terrível o aspecto em que se apresente.

Se o contrário ocorrer, então teremos o terrível drama do subconsciente: o indivíduo vive assombrado, apavorado, horrorizado, assustado com a própria sombra.

Do exame de todas estas coisas, e pelo que tenho podido concluir em razão do que vi pessoalmente em diversas Tendas e Cabanas, tenho que declarar que a Umbanda, sob o ponto de vista espiritual é uma escola bastante original e mesmo bonita.

Sua escola perde-se em um passado distante, entre os vedas africanos. Sabemos que o Orodere é a mais antiga prática de "mesa" de que se tem notícia. Sua origem angolesa obedeceu aos métodos da escola chinesa e difundiu-se por toda a África.

O Bantuísmo que apareceu alguns séculos depois, fundamenta-se na Bíblia, e os Centros Bantus nas cidades do Cabo e Natal estiveram e estão em grande evidência neste período histórico do mundo, porque participam ativamente do movimento libertador da África, sem o emprego da violência.

Existem aqui no Brasil alguns ramos umbandistas, mas o que mais terreno vai ganhando é a Umbanda que fez do Evangelho de Jesus a sua pedra angular. Escola de magia que é, porque estuda os fenômenos e as causas, ela tem como código moral o Evangelho e por princípio a prática da caridade.

Não há a meu ver coisa mais deliciosa que assistir com

devotado interesse às práticas trazidas por esses espíritos abnegados e humildes que são os Pretos Velhos e os Caboclos. Que doçura de linguagem! Que exatidão na exposição dos problemas que afligem os homens! Que paciência em tolerar os que pretendem tudo conhecer e tudo conquistar sem empregar nenhum esforço! Eu os considero verdadeiros gigantes na fé, porque as lições que deixam são excelentes e preciosas.

Entrar em apreciações doutrinária sobre a Umbanda é empresa a meu ver temerária, porque é preciso que s saiba de antemão que o estudo das religiões demanda prudência e positividade na maneira de concluir-se.

Não se pode inquinar nenhuma escola porque todas tem um caminho percorrido e cheio de experiências.

O que se deseja conhecer é relativamente a capacidade moral que cada uma tem em seus métodos, para levar os seus iniciados à senda que conduz à Verdade Una.

A meu ver, a Umbanda tem qualidades superiores para realizar tão grande objetivo. Os espíritos que predicam na Umbanda, quando encarnados, passaram por provas perfeitamente humanas e que os emanciparam de forma indiscutível. Deixaram sobre o pó da terra, bagas de suor e grumos de sangue. Se, de um lado, fizeram germinar a semente da qual se tira o pão que nutre o corpo físico, de outro lado, deixaram aquela humildade e paciência que bem representa a semente que germinou para melhor conceituar-se a FRATERNIDADE ENTRE OS HOMENS.

Gostaria de me alongar sobre o assunto, não fora a pergunta feita objetivamente no sentido de conhecer a minha opinião sincera. Nada mais confortador para mim, que não sou umbandista, declarar que a Umbanda é um coração imenso e belo que sempre tem uma esperança e uma consolação para dar ao que se esbate contra os penhascos do infortúnio.

Se outras ocasiões surgirem, possivelmente direi para vocês e para os leitores que acompanham o assunto em pauta alguma coisa mais sobre tão singular ramo do espiritualismo.

Vocês não acham estupenda a manifestação desses espíritos generosos que na terra viveram uma de suas encarnações como pretos escravizados ou não, e como todos dessa adorável terra de Pindorama?

Quem não se comoverá ao ouvir as palavras mansas e sábias de um desses espíritos que pacientemente nos ouvem e em seguida nos apontam o rumo por onde seguiu o Senhor das Virtudes, Jesus, o filho de Maria?

Devo acentuar que, quando falo em Umbanda, não falo nos deturpadores da Umbanda, mas naquela gostosa escola que escreve em páginas de simplicidade o heroísmo da fé em Cristo Jesus.

Eis o que vos tenho a dizer neste momento, para que seja transmitido aos vossos leitores. Que o Senhor nos guarde e ampare os que em simplicidade humana invocam o Seu Santo Nome.

À MARGEM DE UMA ORDEM MÍSTICA

Lauro Neiva

O Semanário, n. 65, 4 de julho de 1957

Mestra Yarandasã,

Senhoras e senhores:

Aqui estamos, a convite da Ordem Mística Espiritualista Agla-Avid, representando o Sr. José Alvares Pessoa, ilustre e venerável presidente da Tenda Espírita São Jerônimo. Vimos trazer do altar das entidades umbandistas, o perfume daquela rosas vivificadas pela caridade que de fato socorre a alma e o corpo; fé, isto é, força, energia, ação, dínamo cerebral que anima as células do córtex; e amor, que é o próprio Deus. Vimos trazer igualmente o aplauso, a solidariedade e o coração daqueles que, ajoelhados bem no recesso do ser, contribuem, pela palavra, pelo exemplo e pela prática para o aperfeiçoamento integral da humanidade.

Já existem, indubitavelmente, no espaço, anunciando a intervenção de Cristo na evolução humana, as vibrações magnéticas que irão afugentar as trevas da ignorância e que irão implantar, com eficiência, a compreensão e a veracidade da Lei. Alguns milhares de auxiliares invisíveis orientados e guiados pelos protetores deste planeta estão joeirando os ódios e os miasmas da atmosfera, que provocam os crimes, as guerras e as doenças, a fim de prepararem o ambiente para o milagre da redenção.

Oportuno haverá de ser, então, o clima para receber as grandes descobertas em todo os setores de atividade, aliviando os nossos males físicos e espirituais.

A eliminação dos criminosos se fará naturalmente, mesmo que eles se julguem ignorados ou se escondam nos abismos mais profundos. As nossas células registram as nossas faltas. As nossas faltas perturbam as funções vitais. As funções vitais, se entrarem em anarquia fisiológica, podem levar o espírito à loucura, ou castigar o corpo inapelavelmente. Não desejeis, pelos erros às vezes fúteis do vosso pensamento, levar o castigo mais além, destruindo física e psiquicamente, a vida que se inicia ao ventre sagrado das mulheres grávidas. Daí ao menos esta oportunidade às crianças que nascerão amanhã, fazendo-as sentir que vieram ao mundo pela anuência de desejos e de afetos de seus pais. Destarte, as crianças do futuro poderão salvar a humanidade!

As sociedades religiosas, bem assim todas as religiões, devem contribuir, – unidas, reajustadas, congraçadas – para a elevação mental e moral do homem, que não poderá dispensar, entretanto, um corpo físico bem hígido, bem desenvolvido. Não podemos compreender, afiançados nas ciências médicas, que se descuidem os preceitos de higiene na aquisição de faculdades mediúnicas, na postura mansa das concentrações e na contemplação sublimes das divindades.

Os médiuns, isentos de granulomas dentários, de intoxicações e infecções, educados e instruídos, saberão purificar os seus pensamentos e as suas ações, fazendo, assim, uma rigorosa autocrítica, não mistificando e impedindo a aproximação de fluídos maléficos, deletérios.

Vimos observando e estudando, na prática e nos livros, e com a melhor das intenções, os fenômenos espíritas, as forças ocultas, enfim os chamados enigmas do universo. Já fomos certa vez, advertidos, quando trocávamos ideias com um espírito de luz, sobre uma sentença de morte iminente, que nos abstivéssemos diante das comunicações irredutíveis, infalíveis, que muitas vezes saltam da subconsciência de médiuns achacadiços. Não nos descuidemos, pois, desses conceitos tão judiciosos, que nos alertam, que nos avivam a consciência e que reacendem em nós o fogo instintivo da esperança!

Agla-Avid, meus senhores, é uma ordem espiritualista que temos o prazer de saudar. A palavra Agla resume, pelo que temos lido, mistérios e ações e é a chave das maravilhas. Diz o próprio Eliphas Levi, que "pronunciar, cabalísticamente, o nome Agla, é sofrer todas as provas da iniciação e terminar todas as obras". Queremos, pois render à Madre Yarandasã – que, como uma deusa das águas, nasceu às margens solitárias e misteriosas do Solimões – as nossas mais sinceras homenagens ao seu esforço, à sua coragem e ao seu destino essencialmente místico e, quiçá, profético!

ATA DA ASSEMBLEIA GERAL DE ASSOCIADOS

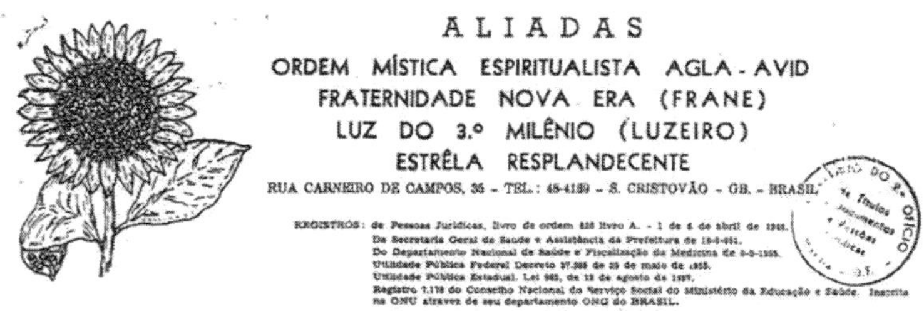
ALIADAS
ORDEM MÍSTICA ESPIRITUALISTA AGLA-AVID
FRATERNIDADE NOVA ERA (FRANE)
LUZ DO 3.º MILÊNIO (LUZEIRO)
ESTRÊLA RESPLANDECENTE
RUA CARNEIRO DE CAMPOS, 35 – TEL.: 48-4189 – S. CRISTOVÃO – GB. – BRASIL
REGISTROS: de Pessoas Jurídicas, livro de ordem [illegible] livro A. – 1 de [illegible] de abril de [illegible].
Da Secretaria Geral de Saúde e Assistência da Prefeitura de [illegible].
Do Departamento Nacional de Saúde e Fiscalização da Medicina de [illegible].
Utilidade Pública Federal Decreto [illegible] de [illegible] de maio de [illegible].
Utilidade Pública Estadual. Lei [illegible], de [illegible] de agosto de [illegible].
Registro [illegible] do Conselho Nacional do Serviço Social do Ministério da Educação e Saúde. Inscrita na ONU através de seu departamento ONG do BRASIL.

Cabeçalho da Ata de Assembleia Geral dos Associados

Ata da Assembleia Geral dos Associados da ORDEM MÍSTICA ESPIRITUALISTA AGLA-AVID E FRATERNIDADE NOVA ERA, realizada em Brasília, no Núcleo Rural do Alagado, chácara número sete (7), aos vinte (20) dias do mês de outubro de mil novecentos e sessenta e oito (1968), às vinte horas (20:00) em ponto. A Venerável Mestra Yarandasã, após recitar uma prece para a proteção espiritual do ambiente, dirigiu a palavra à Diretoria e demais associados presentes, dizendo ser esta reunião de grande importância para os destinos da Instituição, pois pretendia tomar uma atitude séria. Falou a seguir da grande luta que tem empreendido na Fundação Sieedu, pela dificuldade de dinheiro e de assistência moral das criaturas humanas, e que se tornou ainda mais difícil, agravado pelo afastamento sucessivo das famílias que vieram com a Obra para sua realização. Isso se deve – explicou a Mestra Yarandasã – à incompatibilidade das esposas e familiares dos irmãos para com a disciplina e vivência interna, uma vez que, apenas os irmãos chefes de família, pertenciam à corrente espiritual, na Guanabara, e quando suas famílias os acompanharam para cá, houve o inevitável choque de convivência com o Poder Espiritual; daí, os irmãos se sentirem forçados a abandonar a Fundação Sieedu, e voltarem às suas atividades da vida profana. A seguir, dona Diva Veloso de Mesquita, Venerável Mestra Yarandasã, falou sobre o trabalho que a instituição tem que realizar em Goiás – apesar de tudo e de todos – o qual exige a sua presença como Fundadora, Mestra e Delegado Geral da Ordem, e que, em virtude de ter que estar se ausentando, temporariamente, confirma a necessidade de o cargo de Delegado Geral ser outorgado ao Subdelegado ou substituto eventual, em caráter definitivo, ao Senhor Euler Pinto de Mesquita. A Senhora Diva Veloso de Mesquita, Venerável Mestra Yarandasã, disse as seguintes palavras: De acordo com os artigos trinta e seis (36) e trinta e sete (37) dos Estatutos em vigor, nomeio para a Magna responsabilidade de Delegado Geral, o Senhor Euler Pinto de Mesquita, que responderá pela ORDEM MÍSTICA ESPIRITUALISTA AGLA-AVID, ativa e passivamente, judicial e extrajudicial, conforme o artigo trinta e sete (37) administrando-a e estabelecendo as diretrizes da ação Técnico-Administrativa, as gestões dos negócios e as operações financeiras da Ordem, podendo tomar todas as providências necessárias para assegurar a perfeita concessão dos fins da Instituição. De acordo com os poderes que me são conferidos, na qualidade de Fundadora, Organizadora e Orientadora da ORDEM AGLA-AVID, transfiro todas as responsabilidades que me estão afeitas no Plano Jurídico da Instituição, para o Senhor Euler Pinto de Mesquita, que além do dever natural de representá-las em qualquer eventualidade na qualidade de Subdelegado que é, impõem-se-lhe ainda o dever moral dada a condição de meu esposo (legítimo) e sacerdote dedicado aos serviços da Ordem por devotamento ao bem, há onze anos consecutivos. Espero que a posição de liberdade que hoje Euler Pinto de Mesquita assume, seja de absoluto êxito para a felicidade de todos. Desejo que fique esclarecido, que só voltarei a reassumir o cargo de Delegado Geral, em caso de desencarne ou de absoluta emergência ou premência. A minha posição daqui por diante, será apenas aquela que me impõe o dever de Orientadora e Mentora Espiritual da Ordem. Após a palavra da Senhora Diva Veloso de Mesquita, Venerável Mestra Yarandasã, todos os presentes saudaram cordialmente o Senhor Euler Pinto de Mesquita, Delegado Geral da ORDEM AGLA-AVID, que agradeceu sensibilizado. Nada mais havendo a tratar, a Senhora Diva Veloso de Mesquita, Venerável Mestra Yarandasã, Presidente da casa, deu por encerrada a reunião às vinte e duas horas (22:00) pontualmente, Eu, Theresinha Nunes de Sousa Santos, secretariei, lavrei a presente Ata e assino por ser verdade. Brasília, 20 de outubro de 1968.

Assinou também,

Euler Pinto de Mesquita
– Instrutor Suryananda,
Delegado Geral da Ordem.

LIVRE ARBÍTRIO

Mestra Yarandasã

Do livro *Umbanda Religião do Brasil*
Editora Obelisco, 1968

Frontispício do livro
Umbanda, religião do Brasil

ECCE ego creo coelos, et terram novam.[2] Profeta Isaias.

O apóstolo São Pedro, experimentado na fé e nas contingências da vida terrena, mui judiciosamente escreveu em sua epístola que é uma longa carta de conselhos salutares e de preciosas advertências: – "A palavra do homem é como a flor da erva; hoje é e amanhã não é; mas a palavra do Senhor permanece para sempre"

Estamos vencendo uma idade positivamente séria para os destinos da família humana sobre a face da terra, uma vez que o Evangelho difundido através de mais de 835 idiomas, abriu brechas na "milenar cidadela" dos preconceitos humanos, cujas consequências foram a rigor desastrosas e trágicas.

A maioria, senão todas as religiões, envolveu em mistério o período *post mortem* do ser, e "tabus" os mais diversos foram levantados para que o profitente ignorasse o verdadeiro destino da alma.

Dogmas de todos os matizes teológicos foram prolatados para que estabelecidos fossem preceitos que a guisa de proibição impedissem a profligação entre os comungantes ou crentes.

[2] Ia criar o Céu e uma nova Terra.

Mas em todas as épocas sempre existiu um pró-homem disposto a sacudir a frondosa árvore das concepções humanas no terreno filosófico e religioso, arrojando à terra o fruto mal gerado e, por conseguinte inadequado para uma perfeita nutrição da alma.

Muitos têm sido os Mestres aparecidos na face da terra, e que viveram as mais belas e significativas missões, e mesmo em nosso século temos tido à frente dos grandes movimentos de reforma social vultos que nos inspiram o mais profundo respeito, e a mais elevada admiração.

Todos eles outra coisa não visaram, e não visam, senão à libertação do mecanismo pensante do homem, e a disciplinação da vontade.

Quase todos evidenciaram a fragilidade dos feitos humanos, quando fundamentados e ferrados pela vaidade; Han Ryner, em seu interessante trabalho intitulado – *Les Fils Du Silence* – vem ao encontro daquelas palavras de São Pedro, que constituem o proêmio a este nosso modesto esforço, dizendo: – "Tudo que construímos na terra efêmera é como se escrevêssemos na areia; o furacão da ignorância humana apaga as borás dos homens".

"A Humanidade de hoje faz, e a Humanidade seguinte destrói..." – E argumentando em busca de uma justificativa capaz de revigorar a vontade dos iniciadores e dos construtores, conclui desta forma: – "Atiremos, entretanto, toda a beleza que pudermos, sobre o penhasco fatal, e que as nossas obras sejam fugas de harmonia na Luz Eterna".

E assim, o homem começa a viver dentro de si, para depois refletir por toda a parte, os frutos amadurecidos da experiência adquirida em sua alma mental, a fim de produzir já não mais com a preocupação de sobrepor-se a outrem, mas por cumprimento de dever superior, a parte que lhe cabe realizar sobre a terra que o hospeda.

Uma das coisas mais notáveis que Deus revelou e prometeu por intermédio dos antigos profetas foi que ainda havia de criar um novo céu, e uma nova terra.

Assim o disse pela boca do grande profeta Isaias: *Ecce ego creo coelos novos, et terram novam* (Eu criarei novos céus e nova Terra). É certo e fora de dúvidas que o céu e a terra foram criados no princípio deste mundo que habitamos: – *In principio creavit Deus coelum, et terram* (No princípio criou Deus o céu e a terra); e também é certo que todos os estudiosos, físicos, teólogos e filósofos afirmam que depois daquela primeira criação, Deus não criou nem cria substância alguma material e corpórea, porque a Natureza, tanto da Terra quanto dos mundos e dos seres, obedece ao fluxo e refluxo de leis sábias que regulam a manutenção e reforma das espécies.

Logo, que Terra e que céus serão estes de que nos dá conta Isaias? Outros poderão entendê-lo das mais diversas maneiras, não sei bem literalmente ou não.

Da minha parte e seguindo a tradição das palavras onde está a incógnita, avaliando o que elas simplesmente soam e significam, e assim dizendo, afirmo que estes novos céus e esta nova terra, dão a terra e os céus de um novo estado da humanidade, após a descoberta do supremo objetivo – IMORTALIDADE.

De fato se observarmos bem o assunto, teremos forçosamente que admitir não por simples hipótese, que a alma mental e intelectiva, à proporção que se alarga e aprofunda, forma novos céus onde os pensamentos puros e elevados fazem surgir astros grandiosos e belos, que são as ideias superiores e organizadas que criam e orientam a atividade no sentido melhor e mais exato.

Quanto à Terra, mundo carnal em que vivemos, dotados de sentidos os mais preciosos e magníficos, passará também a um novo estado, porque será a HUMANIDADE ILUMINADA PELA FÉ E PELA RAZÃO, de posse do seu autogoverno.

E assim, vivendo novos céus, nova Terra, o planeta que habitamos verá surgir a *"gleba humana dourada"*, porque a consciência purificada encherá de assombro os séculos passados, e de louvores a ETERNIDADE!

E o início ou o proêmio da construção desses novos céus e dessa nova terra começou quando o Evangelho Vivo desceu aos abismos da alma humana, revelando a grandeza de Deus e o Poder da Sua Misericórdia! Jesus, ao encetar a sua missão na terra protegeu a nova e extraordinária construção!

É possível que encontre objetores as minhas afirmações, mas não me convencerão a pensar de forma diferente, não porque seja teimosa, mas pelo muito que estimo as conclusões tiradas do espírito de verdade que reveste todas as revelações, dadas por Deus aos homens.

Nos meios da ciência profana há quem duvide que o Evangelho trazido por Jesus, não formará veículo sério e protetor por onde possa circular livremente o pensamento humano, impedindo que se torne destruidor e, por conseguinte, provocador de "erosões" nas marginais do órgão pensante que abrangem os centros psicossomáticos do ser.

No entanto, e por analogia, lembraremos que a moderna engenharia, inspirada por Deus, só pode ter sido, conseguiu forrar de concreto o fundo do rio Mississipi, em uma apreciável extensão de duzentos quilômetros!

Idealizaram a fabricação de retângulos em cimento armado, e que ligados uns aos outros, formavam uma grande rede de concreto, que presa ao bordo de uma das margens, por ela desceria e como desceu margem abaixo, e passando por sobre o leito do grande rio, subiu pela margem oposta afixando-se na sua parte superior.

Diversas seções foram articuladas e mergulhadas, ligadas umas às outras e cobrindo uma extensão de duzentos quilômetros como dissemos acima.

Podemos calcular o labor imenso daqueles idealistas no preparo não só da rede, mas do leito e das margens do rio.

E o resultado? Perguntareis.

O resultado é que não havendo mais erosões das margens do rio, as suas águas não mais constituirão perigos; continuarão atendendo as necessidades humanas e farão aumentar o progresso, além de despertar novos intelectos para novas empresas.

Da mesma sorte a alma mental do homem.

Necessariamente temos que pensar em forrar essa alma sensitiva e extraordinária com algo que lhe seja inerente, e parece-nos fora de dúvidas, que o lastro ou revestimento assegurado para tal empresa, é a educação moral e espiritual do homem.

Uma longa rede de preceitos Evangélicos deverá descer da parte imaterial passando pelo fundo de emoções e subir para fixar-se na margem oposta do material e assim assegurar a veiculação das ideias e dos pensamentos por um canal devidamente protegido e que dando maior utilidade a força mental, impeça a um só tempo que a mente se torne indefinidamente, em brutal agressora da LEI MORAL!

Que cuidados são exigidos aos que creem na mortalidade da alma? Linguagem pacífica. Isenta de insultos, de reticências, de anomalias que determinem sentido dúbio às palavras; gestos prudentes, olhares sábios e justos, sentidos disciplinados em suma, e que não impeçam a emanação responsável dos pensamentos que se engendram na mente para projetarem-se pelas ideias adquirindo a forma do perfeito, do belo e do justo.

Aqui começaremos a compreender que o livre arbítrio é qualquer coisa de grande e assombroso que jaz no fundo da nossa consciência, sob o peso das nossas faltas e atitudes desarrazoadas.

O livre arbítrio só existe realmente em estado patente, no homem que alcançou estatura mental, e que sabe conduzir seus passos sobre terreno sólido e que transporte na alma à convicção sobre a moral, sobre a vontade, sobre o saber e sobre a justiça para que em verdade seja sábio e prudente.

Fora isso, o livre arbítrio é perigoso porque tal qual as águas desordenadas de um rio cujas margens são inseguras, oferecem constantes ameaças de destruição aos feitos humanos e as vidas dos seres que residem em suas adjacências.

Ao iniciarmos as considerações desta parte do nosso trabalho, aludimos às palavras do apóstolo Pedro quando disse: – "A palavra do homem é como a flor da erva, hoje é e amanhã não é".

É que o homem inseguro do seu destino, nem sempre suporta as agonias que lhe maltratam a alma no curso da sua caminhada pela matéria.

O desgraçado sofre e punge a dor violenta das desídias humanas!

O triste e abatido pelos desenganos, sofre a dolorosa contenção de espírito que o faz concentrado.

O caluniado e perseguido, sofre a inigualável mágoa que o transpassa: o fogo, que lhe presta vida e forças, e a desesperação!

Múltiplas são as modalidades e também as causas do sofrimento humano e por isso não convém julgar as causas das dores: deixemo-los seguir, e de joelhos saudemos a majestade da dor e do infortúnio!

Todavia quando alcançarmos o uso da razão, e sem pretendermos ocupar o lugar de juízes, mas deixá-lo tão somente para Deus, então difícil nos será permanecermos cortados pelas emoções que afligem a alma e passaremos a nos ocupar com afinco dos problemas educacionais, que fugindo às medidas e regras de imposições, são oferecidos por exemplos e palavras convincentes e não agressivas.

Nas almas frias e presunçosas, insatisfeitas de glórias e honrarias, o coração vale menos que a vontade, e a fera que se nutre dos desejos inferiores espuma pela boca da soberania enquanto as pernas (os dois polos em que se firma o ser – argila e luz) tremem, vergam e resvalam arrastando aos abismos da inconsequência aquele que não soube precatar-se contra a letal das vaidades terrenas.

Nas almas generosas e sensíveis, os ouvidos recolhem a palavra da ira ou da mágoa, e manipulando a matéria mais necessária, transformam-na em lição magnífica que redimindo a fonte de origem, ilumine a consciência obscurecida que dissipa as trevas da maldade e do erro!

Já vimos de que forma o apóstolo Pedro conceituava a palavra e agora ouviremos Pitágoras, o filho do silêncio – "A palavra é a tampa sonora que oculta o pensamento verdadeiro do homem." – Triste condição a do homem! Mais triste ainda quando alardeando virtudes excepcionais cai nas mesmas faltas que os menos aparelhados cometem, muito embora sem os requintes de perversidade que vestem as faltas dos mais capacitados...

Infelizmente dentro do peito humano, o coração chora mais do que ri, e a causa reside na falta de educação moral, espiritual e intelectual, cuja ausência gera a inveja, a ira e todas as demais manifestações inferiores que conduzem à ignomínia.

O homem cego mentalmente vive cercado de trevas que somente a bondade de outrem poderá dissipar.

Feliz do ser que tem olhos para chorar as faltas dos seus irmãos, e nunca para se acenderem em ira que avilta e mata todas as virtudes latentes da alma humana.

Aos que vivem na estreiteza gerada pela cobiça e pela concupiscência, falar-se em tolerância e regras de direito igualitário, é lançar provocações e levar a lutas sangrentas a humanidade, porque entendem que somente eles é que estão certos e que por isso são os únicos que merecem viver como bem entendem e sem restrições a voluntariosa manifestação do egoísmo que os torna cervizes da ignorância.

Falar-se em livre arbítrio aos moralistas profissionais, a filósofos improvisados e de títulos, ou ainda a teólogos, é suscitar as mais sérias complicações de ordem mental e as mais profundas preocupações.

É sabido que por via de regra, a alma humana contém em seu íntimo uma espécie de depósito onde se pode ir ajuntando lentamente e através do tempo, as pequenas ou grandes ações quer no sentido do mal, quer no sentido do bem, e salvas as circunstâncias excepcionais, e por não ficarem inertes às vibrações que passam a esconder-se na alma ao fim de algum tempo, o ser terá diante dos olhos e da consciência a expressão exata contida naquele depósito que outro não é que a maneira astral, trama reticular que registra todos os nossos feitos.

A expressão será de crédito ou débito, ou seja, MÉRITO OU DEMÉRITO.

Com a razão se tem apontado a utilidade moral e espiritual da educação cristã, porque não abominando o uso da inteligência não criou tapumes para a mente intelectual, mas ao contrário, convida o homem a estudar consoante o conselho de Paulo de Tarso – "Estudei e examinei todas as coisas e procurei reter o que for em realidade bom".

Jesus ao falar no Templo quando apenas contava 12 anos, se confundiu os doutos da ciência, é porque os excedeu em ciência, e isto parece afirmar de forma categórica o valor inestimável da educação cristã que entendeu acertadamente que não se pode semear nas trevas.

A mente esclarecida é propícia à germinação da moral no seu mais rigoroso sentido.

O trabalho dos que lutam pela difusão do evangelho de Cristo em todo o mundo tendo alcançado o mais absoluto sucesso, veio justificar as previsões feitas por grandes moralistas que se bateram pela tríplice educação do homem – ESPIRITUAL – MORAL E INTELECTUAL. E para acréscimo e ao mesmo tempo como consequência lógica, a disciplinação física por exercícios adequados e honestos.

Os fatos dão testemunho à verdade.

Os homens deseducados permanecem em um estado de incompatibilidade com a LEI MORAL, porque suas prescrições para ele, o eterno claudicador, são excessivamente rigorosas.

Se bem examinarmos assim não é e para maior facilidade do homem em relação à boa e decente vivência sobre a terra, o Senhor Deus Distribuidor e Criador dotou-nos de um sentido altamente significativo, que se chama livre arbítrio.

Ele nada mais é que o conciliador da vontade e da liberdade de pensar do homem com as leis naturais e a vontade divina, através de uma relativa sistematização de exercícios mentais conscientes, que resultam na escolha acertada do necessário à cobertura dos naturais objetivos da alma.

A princípio poderá parecer insubsistente a presente tese, mas há que pensar-se que o assunto somente se afigura demasiadamente difícil se teimarmos em conceituá-lo em um determinado amorfo e doentio, que pressupondo a fatalidade, leva a cegueira mental os que ociosamente não pretendem viver as comoções da inteligência em busca de saber, e assim sendo, foge à realidade impossível ao homem pesar em relação ao seu próprio destino.

A razão divina desce aos homens por caminhos rigorosamente normais e legais, e assim sendo, os espíritos de luz, servindo-se de uma extraordinária dialética filosófica, esclarecem positivamente esse transcendental problema.

Quando a luz da razão se projeta na alma humana e os

conhecimentos gerais enriquecem a mente intelectual, a vida moral desenvolve-se calmamente sem ruídos e violentações, e a fatalidade, esse revestimento criado pela indulgência humana, que semeia males de toda espécie pelos caminhos da vida, passa a representar tão somente a consequência do nosso passado, de nossas vidas ou existências pretéritas e um efeito sequente que paira sobre a nossa causa.

É, em poucas palavras, a escolha de um programa que nos foi apresentado entre outros, e que ao aceitarmos, deu-nos a certeza de tudo quanto deveríamos encontrar à guisa de experimentações após o nosso renascimento na carne.

Enclausurados na matéria, teremos que nos servir da mente para penetrarmos a senda pela qual temos que passar em cumprimento de nossa missão; se durante o período de aprendizagem, soubermos regular a nossa vontade e entrarmos em relação com o plano direto da Espiritualidade os conselhos dos Guias Espirituais não nos faltarão, contribuindo de maneira efetiva e benéfica para a nossa maior elevação, e melhor estado íntimo de alma.

Se nas camadas inferiores da Natureza a alma ainda não se conhece, o mesmo não sucede no plano hominal onde o homem tendo passado por diversas idades, e, por conseguinte, adquirindo maior grau de experiência na vida, conseguiu penetrar os umbrais do silêncio para tomar conhecimento do seu Eu.

O homem, à proporção que supera os instintos, surge como o despontar de uma aurora em busca da pradaria imensa e bela, que é a liberdade moral, onde um dia irá livrar-se em definitivo.

Seu discernimento cresce em proporção ao vigor da consciência, e percorre com naturalidade e bom humor, a longa estrada da vida, procurando vencer os laços que o prendem à alma coletiva do plano nominal no reino animal, para encontrar a sua alma individual.

Desta forma coloca-se entre o bem e o mal, e passa a comparar e a escolher livremente.

Tal situação ainda não constitui de todo um bem excepcional, mas sim um bem relativo, porque permanecerá dependente do amadurecimento espiritual do ser.

Com o correr do tempo e através do vai e vem histórico da sua existência, o ser vai encontrando esclarecimentos por determinação das decepções vividas e dos sofrimentos experimentados, e assim, ao contato com a dor, face ao desenrolar das provas que passou obtém como prêmio a consciência elevada e pode então firmar a sua força moral.

Preparada a alma ao sabor da vida moral e da liberdade, não poderá mais cair nos planos da vida interior, das solicitações estritamente animais.

Daí por diante suas reencarnações terão lugar na escala dos mundos até que convenientemente evoluído, possa alcançar em definitivo os bens imortais que nobilitam a alma, e que resumem o grande objetivo da sua vontade liberada – o AMOR, a CIÊNCIA e a LIBERDADE que um dia lhe dará a SABEDORIA DE ESPÍRITO e que lhe franqueará o ingresso no plano da vida celeste.

Não há fantasias ou ficções em nossas afirmativas; não existe a menor sombra de infantilidade ou de pretensão, mas uma verdade límpida e pura que pode penetrar o íntimo de qualquer um, sem perturbar a serenidade própria da alma que investiga e pensa.

Pelo exercício e uso do livre arbítrio, o homem pode fixar os seus ideais, os seus pendores e o seu destino, preparando-se para merecidas alegrias ou tristezas.

O que convém que se saiba, todavia, é que no curso de suas experiências e no passar das idades carniças, envolto em pesares ou mergulhado na dor não lhe faltará o remédio salvador vindo através do socorro divino.

Tão sábia providência de Deus Todo Poderoso e Misericordioso, impede-nos de desfalecimentos, e nos faz viver em constante atividade, por mais indignos que nos tornemos perante a LEI MORAL, porque no fundo da nossa alma permanece, como aviso permanente, aquela voz amiga vinda da memória e que excita a nossa vontade de voltar ao bom caminho.

É por isso que existe a palavra arrependimento, e tão somente por isso teve lugar a parábola do Filho Pródigo de todos tão conhecida.

O livre arbítrio é a afirmativa da Divina e Suprema Razão, presente no HOMEM; por ele é que se manifesta a PROVIDÊNCIA DO SENHOR, desencurvadora da alma, e libertadora do jugo das trevas.

A Misericórdia sendo a fonte Divina de onde promana a Providência envia a cada um o juízo necessário, esse anjo de guarda que velando por nós na hora da nossa queda moral, consola-nos com a esperança de novas ações mais justas e acertadas, dando-nos inspiração que nos reaquece o coração gelado pelas decepções, pelos constrangimentos e pelo desespero.

Da nossa consciência, seio profundo onde se agita o livre arbítrio, descem sobre as nossas chagas morais os fluidos vivificantes que nos reanimam e soerguem, induzindo-nos a novas e mais ponderadas escolhas.

Quanto mais aprendemos a escolher, mais banhados seremos pelo amor divino que nos envolverá na luz necessária que iluminará o nosso caminho para a emancipação dos instintos inferiores, para a grande Vitória da Alma, só então nos apercebemos da extraordinária providencia que regula o livre arbítrio.

Deus não estabelece cativeiros.

Os astros correm vertiginosamente pelos espaços afora, em uma fuga eterna, que bem simboliza a música das esferas!

Ao homem é que não daria limitações, e para tanto, deu-lhe o universo para pensar, e o fez microcosmo para suportar em sua mente os problemas que lhe dão características de um ser que contém a imagem e a semelhança do seu Criador!

Gerado na luz do verbo criador, surgiu para a felicidade este ser grandioso que se denomina HOMEM, e para que pudesse conhecer por si mesmo, por seu esforço e mérito o justo e grandioso valor da felicidade dotou-o o Senhor da Razão que o leva a lutar sem tréguas na conquista do BEM IMENSO, DA GRANDIOSA FELICIDADE QUE É A SABEDORIA.

O livre arbítrio, desde o aparecimento do HOMEM na Terra até seu renascimento nos planos celestes, é um imperativo da DIVINA MENTE que dá ao homem o senso da responsabilidade individual e que lhe confere ao mesmo tempo, a força para conduzir-se pela vida afora sem temer os ardis engendrados pela astúcia dos teólogos ao criarem um inferno – local ígneo de eternos suplícios – ou um céu para onde se destinam os que foram tomados pelo tédio ou pela covardia de viverem os trâmites legais da experiência.

O livre arbítrio é uma faculdade preciosa que Deus nos deu porque nos levando a discernir entre o bem e o mal, situa a nossa ação mental por caminhos preciosos, por onde a moral elevada circula como aragem e também como orvalho que amenizam a alma na sua jornada em busca da evolução em planos superiores.

Nossa liberdade de ação e nossa responsabilidade aumentam, à proporção que usamos o nosso livre arbítrio, porque pelo seu uso constante e sistemático, nos esclarecemos e nos conformamos com os ambientes a serem experimentados e nos alegramos com as lutas travadas com a eliminação dos opostos, confortando-nos e conformando-nos também na luta pessoal em que nos empenhamos para vencer nossas falsas inclinações, regulando as nossas forças com as leis que regem a Natureza e o Universo.

Para finalizarmos essa parte do nosso trabalho, diremos ainda que o livre arbítrio são páginas que recebemos em branco das mãos dadivosas de Deus, e nelas escrevemos a história da nossa vida individual, para ser lida pelos olhos do ETERNO VIGILANTE DAS HARMONIAS DAS VIDAS essa JUSTIÇA INFALÍVEL E EXATA, que nunca tarda, mas que vem à hora certa para nos dizer onde acertamos para melhorar ainda mais, e onde claudicamos, para nos conformarmos com a prática de mais fecundos esforços, que nos livrem do mal das sombras, e nos elevem ao BEM DA LUZ!

Mestra Yarandasã
O Cruzeiro, n. 22, 17 de março de 1956
Autorização de D. A. Press

Mestra Yarandasã e seus discípulos, na década de 1950
http://memoriaaglaavid.blogspot.com.br

Fachada da sede da Ordem Agla-Avid
http://memoriaaglaavid.blogspot.com.br

Mestra Yarandasã com o ostensório
O Cruzeiro, n. 6, 29 de março de 1952

Mestra Yarandasã sentada em frente ao altar
http://memoriaaglaavid.blogspot.com.br

ROMARIA DE ENFERMOS EM BUSCA DE MILAGRES

Luta Democrática, n. 3694, 26 de fevereiro de 1966

Centenas de pessoa continuam frequentando o Centro Espírita Santo Antônio de Pádua, na Rua das Oficinas, 157, Engenho de Dentro, para se submeterem a "operações invisíveis" da telegrafista Isaltina Cavalcanti, que se transformou em "médium operadora", "recebendo" o espírito de um médico alemão.

Em meio a observações de curiosos desconfiados, que se aproximam do Centro Espírita, observando Isaltina "operar", ao pé do altar do Centro Espírita, vestida de branco e usando uma linguagem ininteligível, segundo os quais "mais vale a fé do que o pau da barca,"[3] cerca de 15 pessoas pertencentes à direção do Centro encaminham as pessoas e avisam que procurem Isaltina para curar suas doenças: paralisia, câncer uterino de mais de um ano de progressão, tromboses, espinhelas caídas e toda sorte de lesões internas. E recebem a informação de que serão curadas graças "ao iluminado Dr. Artz Scovsk, grande cirurgião alemão morto há muitos anos, que resolveu baixar em Isaltina".

Exagero e esclarecimento

Ao contrário do que foi noticiado, não houve caso de nenhuma pessoa vítima de paralisia que chegasse carregada e saísse andando após as "operações" de Isaltina. Isso foi constatado através de informações das próprias pessoas que trabalham no Centro.

Ontem, dois telegrafistas do Rio Grande do Norte, pedindo para omitir seus nomes, temendo complicações, disseram à LUTA DEMOCRÁTICA, no Centro Espírita, que ficaram surpresos com as qualidades da Sra. Isaltina Cavalcanti.

Fomos colegas dela em Natal e até um ano atrás nunca se soube que ela fosse médium – afirmaram.

Membros da Associação Médica da Guanabara informaram ontem à LUTA DEMOCRÁTICA que a entidade vai divulgar nota a respeito do assunto, esclarecendo os ingênuos que

[3] Na página: http://www.recantodasletras.com.br/contos/3510408 há uma explicação para esse ditado popular em Portugal.

estão se influenciando com fatos sem nenhuma base científica e completamente absurdos. É até indigno de comentários a possibilidade de uma pessoa que nada entende de medicina curar câncer e operando na base do espiritismo – afirmaram.

Abordando o mesmo assunto, o médico psiquiatra David Ackstein disse à LUTA DEMOCRÁTICA que esses fenômenos ocorrem constantemente "às vezes com finalidades de vigarice, às vezes com boa fé de pessoas altamente sugestionáveis que confundem com problemas de psicologia com milagres".

– O que é triste – concluiu – é constatar-se que estes fenômenos refletem os dramas socioeconômicos da época em que eles ocorrem, pois as pessoas que aceitam facilmente tais "milagres" são econômica ou psicologicamente inseguras.

UMBANDISTAS TESTARÃO ISALTINA TERÇA FEIRA

Luta Democrática, n. 3697, 02 de março de 1966

A Confederação Espírita Umbandista, o Primado de Umbanda e a Escola Superior Iniciática de Umbanda do Brasil, informaram que não têm qualquer restrição a fazer quanto à médium Isaltina Cavalcanti, mas, no próximo dia oito, suas qualidades mediúnicas serão testadas na Confederação, na Rua General Canabarro, pelos conhecedores da Umbanda e da mediunidade.

Por sua vez, Isaltina reiniciará hoje, em Morro Agudo, a atender aos seus seguidores já inscritos da ordem de cinco mil que procuram a cura dos seus males através dos "milagres" do espírito do médico alemão Artz Scovsck, segundo as afirmações da médium.

Sinal dos tempos

Falando à reportagem da LUTA o Senhor Tancredo da Silva Pinto, da Confederação Espírita Umbandista, esclareceu sobre o caso de Isaltina, que "se trata de médium temporão". Explicou que não há nenhuma novidade no aparecimento da referida médium, tudo não passando de "sinal dos tempos".

Isaltina Cavalcanti foi descoberta pelo babalaô Pedra

D'Água no Rio Grande do Norte e convidada por ele para dar provas de sua mediunidade excepcional no Rio de Janeiro. Pedra D'Água já programou, para Isaltina, visitas a várias instituições.

Por outro lado, o Primaz de Umbanda, Benjamim Figueiredo, fundador e diretor da Tenda Mirim, afirmou ontem à LD que Isaltina, de fato, poderá morrer a qualquer momento, pois as curas que vem realizando provocam grande perda de energia fluídica o que lhe causará esgotamento total. Explicou também acreditar nos milagres, pois na Tenda Mirim tais fatos ocorrem, constantemente. Entretanto, somente dará a última palavra sobre as qualidades da médium, depois que for realizado o teste.

MULTIDÃO DE AFLITOS EM DELÍRIO, DIANTE DA MÉDIUM EM TRANSE

Luta Democrática, n. 3698, 03 de março de 1966

A médium Isaltina Cavalcanti foi procurada ontem por milhares de pessoas que se comprimiam na Rua Carlos Frederico, onde está localizada a Tenda Espírita Santo Antônio de Pádua, em Morro Agudo, mas só pode "operar fluidicamente" cerca de 50 pessoas, dentre as quais cegas, mudas, paralíticas, leucêmicas e cancerosas, todos se dizendo curados depois da "intervenção". Enquanto isso, doze mil inscritas aguardam sua vez e o local torna-se cada vez menor para atender à grande massa de romeiros, vindos de todo o país, podendo o *bureau* de curas ser transferido para o Maracanãzinho. A exploração comercial, com litro da água mineral a Cr$ 700,00, foi o outro lado do acontecimento que tornou Morro Agudo o centro de todas as atenções.

Perante milhares de pessoas e as que se comprimiam ontem na Rua Carlos Frederico em Comendador Soares, antiga Morro Agudo, ao lado da Tenda Espírita Santo Antônio de Pádua, o médico alemão Artz Scovsck, incorporado em Isaltina Cavalcanti "efetuou dezenas de operações fluídicas", fazendo com que os "operados" paralíticos e cancerosos se dissessem curados.

O garoto Silvinho, de dois anos, residente na Rua Henrique Scheid, 1034, Engenho de Dentro, chegou à tenda nos braços de sua mãe, Senhora Nadir Teixeira Carvalho. Esquelético, branco como cera e com olhos amarelos e revirados pelo terrível mal, foi colocado na cama existente sob o altar.

O transe

Isaltina servindo de "aparelho" ao seu espírito, falando em alemão, fez alguns gestos com a mão sobre o pequeno e por fim, com ar triunfante e braços erguidos, disse em um idioma que todos os presentes entenderam: "Ele está curado!" Silvinho saiu andando normalmente e pedindo comida. Seus olhos estavam vermelhos, suas faces rosadas e suava bastante.

O contraste

A médium Isaltina, em seu normal, é uma jovem mulher como outra qualquer. Embora com 31 anos, aparenta bem menos. Residente em Alagoas, é prima do Senador Reginaldo Cavalcanti e casada com um funcionário dos Correios em sua terra natal onde também trabalha, estando atualmente de férias. Quando não está em transe, passa a maior parte do tempo chorando por não poder atender a todos que a procuram. Seu cambono, o babalaô Sebastião dos Santos (Pedra D'Água), embora analfabeto, diz entender o seu alemão e é seu guia espiritual.

Já o médico Artz Scovsck que baixa na médium tem uma personalidade completamente diversa de seu instrumento. É arrogante quando a leva para passear dentre os assistentes e seu timbre de voz é autoritário e agressivo. Sua arrogância, porém, cai por terra sempre que doentes estão em suas mãos. Quando isso acontece quase grita desesperado para a imagem do Cristo colocada acima do altar, apontando para o doente. E na sua súplica pelo necessitado grita, chora, põe as mãos na cabeça. Em seguida, como se ouvisse uma ordem, sorri levemente e passa a operar fluidicamente, fazendo com as mãos gestos de quem corta e costura. Após o sucesso, volta-se para os assistentes, triunfante, e obriga-os a agradecer a

Deus o "grande milagre". Vibra com as proclamadas curas de tal forma que quase sempre deixa Isaltina e sobe. Principalmente quando vão lhe agradecer, fica furioso e diz em alemão traduzido por Pedra D'Água que as glórias são para Deus.

Operações de ontem

A moça Terergina Sarzedas, residente em Jacarepaguá, era muda de nascença. De 21 anos e bonita, chegou em lágrimas à tenda, pedindo para ser atendida pelo Dr. Scovsck. Imediatamente foi colocada na cama. Dois minutos depois dizia emocionada para os presentes: "Graças a Deus".

Pouco antes de Isaltina penetrar na tenda fez uma prece coletiva ao lado de fora, atendendo aos pedidos da multidão. Do meio da massa, um homem começou a gritar alucinado. Era Valdir das Neves, residente na Rua Quebranto, 45, em Nova Iguaçu, que estava cego há dois anos.

Depois foi a vez da menina Débora, retardada mental, que veio com seus pais, Antônia e Pedro Valter dos Santos, de Porto Alegre, para consultar ao Dr. Scovsck. Após a operação, não enrolava mais a língua nem revirava os olhos, além de se portar de acordo com sua idade real.

Cego

Darci Jorge Rodrigues, cego há seis anos, foi outro que saiu dizendo enxergar após ser operado pela médium Isaltina. Mora na Rua Dr. Niemeyer, 154, apto 101, no Engenho de Dentro, e sua primeira providência foi correr ao bar para festejar a volta da visão. No auge de sua alegria, jogou longe sua bengala.

O menino Epitácio, de cinco anos, mudo de nascença, depois de operado por Artz Scovsck, saiu falando. Sua primeira frase, após alguma insistência, foi "mamãe, graças a Deus".

Dezenas

Daí por diante, como que querendo dar uma demonstração de poder, Artz Scovsck passou a fazer milagres por atacado, curando inúmeros cegos e mudos, fazendo aleijados andarem, fechando feridas cancerosas e culminando por tirar a moça Hilda Ribeiro Scoravitch, (23 anos, Rua Araguaia, 96) de um ataque epilético e corrigindo um defeito em sua coluna, mal de que sofria há dois anos.

Falando à nossa reportagem, Hilda disse que já consultara oito médicos diferentes e nenhum deles lhe dera esperanças de cura. No momento em que Isaltina, possuída, dava benção coletiva, a jovem caiu ao chão, vítima de um ataque e imediatamente foi operada com sucesso.

Desmaios

A medida que a médium esperava, a multidão emitia gritos de admiração, enquanto muitos desmaiavam de emoção. Face ao tumulto que então se verificou, o médico deixava Isaltina, praticamente de dez em dez minutos. Esta, por sua vez, embora não se mostrasse abatida, demonstrava estar cansada e repetia a todo instante que "só Deus sabe como poderei atender a toda essa gente".

Inscrições

As inscrições de pessoas que desejam audiência com o Dr. Scovsck, até às 12 horas de ontem, chegavam a 12 mil. Somente serão reabertas no próximo dia sete, quando o babalaô Sebastião Santos conseguir um lugar mais amplo e mais seguro. A gente que procura a médium, de todas as classes das mais humildes às mais elevadas. O General Herval da Paixão Gomes de Matos, do lado de fora da tenda, suplicava de joelhos para entrar. Não pôde ser atendido porque o prédio já não comportava mais ninguém. Muitos doentes tiveram de ser levados em macas e ambulâncias de hospitais particulares.

Ver para crer

No próximo sábado pela manhã, no Hospital IAPETC,[4] o Dr. Scovsck operará o canceroso Domingos Moreira de Sousa, diante dos médicos da autarquia, Antônio Elias Freitas e Rafael de Almeida Domingos. Está internado naquele hospital, com câncer no reto, sem qualquer possibilidade de cura.

O sistema de inscrições, segundo Armando dos Santos,

[4] Instituto de Aposentadorias e Pensões dos Empregados em Transportes de Cargas.

é condenável. Para ele, o atendimento deveria ser feito, primeiramente, para os casos mais graves, como cegos, mudos, aleijados e cancerosos. Da forma que está sendo feito, pessoas atacadas de males sem importância deixam milhares de doentes mais graves esperando sob o sol e com fome.

Exploração

A romaria de fiéis à Rua Calos Frederico transformou o local em uma autêntica feira livre, com pastéis, sanduiches e doces vendidos a preços extorsivos e sem qualquer medida preventiva de higiene. Também no interior da própria tenda, a água mineral estava sendo vendida a C$ 700,00 o litro. Tão logo tomou conhecimento do fato, o babalaô Sebastião e Isaltina quiseram se retirar, por entender que o fato era um abuso e que muitos poderiam pensar que o negócio fosse deles. Por nosso intermédio, avisa que nada tem a ver com a tenda e que ali se encontram a convite de seu presidente, por ser local de espaço suficiente para abrigar os milhares de romeiros e atendendo também a uma "ordem do Além".

Mesmo assim insiste em ir para o Maracanãzinho, onde, com mais disciplina, poderá dar assistência a todos.

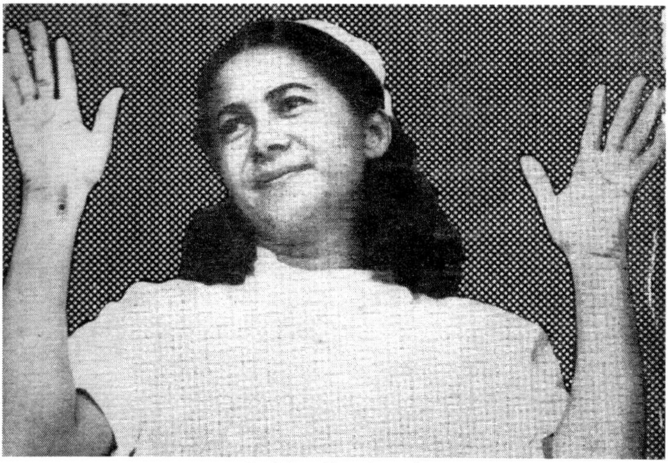

Isaltina Cavalcanti
Isaltina - O Caminho dos Milagres (Rossini Rossi e Costa Cotrim), 1966

Multidão em frente à Isaltina em momento de prece.
Luta Democrática, n. 3698, 03 de março de 1966.

ISALTINA ABRE CRISE NA UMBANDA

Luta Democrática, n. 3702, 08 de março de 1966

Enquanto a médium Isaltina fazia quatro paralíticos andarem, ontem, na Tenda Espírita Santo Antônio de Pádua, em Morro Agudo, diante de milhares de pessoas atônitas, na Guanabara o ex-Deputado Attila Nunes, Presidente da Liga Umbandista do Brasil, afirmava taxativamente que "ela e o babalaô Sebastião Pedra D'Água poderão ser presos pela farsa que montaram, usando a Umbanda e com uma *gang* organizada".

Enquanto o Presidente da Liga Umbandista do Brasil, em declarações à LUTA, reitera a acusação de que o fenômeno Isaltina é farsa, quatro pessoas paraliticas, que entraram de muletas e cadeiras de rodas, ontem, na Tenda Espírita Santo Antônio de Pádua, em Morro Agudo, depois de operadas pela médium Isaltina, saíram andando, ante o espanto de milhares de pessoas, muitas das quais à beira da morte, que se encontram alojadas nas adjacências do prédio há vários dias, em busca de cura.

Outras curas foram processadas, segundo o babalaô Sebastião Pedra D'Água, guia espiritual de Isaltina e auxiliar direto do Dr. Artz Scovsck, o médico morto que vem fazendo as "operações fluídicas" através da médium.

Os que andaram

A moça Norma da Silva, 30 anos, residente na Rua Álvaro Leme, 363, em Rocha Sobrinho, não andava há seis anos vítima de paralisia nas duas pernas provocada por envenenamento. Colocada na "mesa de operações" por Sebastião Pedra D'Água, submeteu-se à médium Isaltina, que incorporada com o Dr. Scovsck, ordenou-lhe que andasse. Hesitante, Norma ficou de pé e arriscou alguns passos, para depois andar com firmeza e de braços abertos dando "Graças a Deus!". Na ocasião, a multidão iniciou tremendo vozerio de admiração, fazendo com que a sessão fosse suspensa por uma hora. As muletas de Norma foram doadas, na hora, a um mais necessitado.

Depois foi a vez de Marlene Reis Silva, moradora na Rua Piratu, 768, que não andava há nove anos e tinha as pernas inertes. Após ser operada fluidicamente por Isaltina, pôs-se de pé e deixou a tenda sozinha, esquecendo até de sua cadeira de rodas, tão emocionada estava.

Outro que se disse curado da paralisia foi o senhor Belmiro Duarte, residente na Rua Gustavo Riedel, 59, casa 1, que não andava há quatro anos. Chegou de muletas e, assim mesmo, amparado por seu filho. Saiu elevando as muletas ao céu e andando.

Finalmente, veio o jovem José Antônio Loureiro dos Santos, de 16 anos, que sofrera fratura da coluna, há quatro anos, em um mergulho na Praia de Sepetiba (mora na Rua Cardoso de Melo, 446, em Santa Cruz). O pai do rapaz, Senhor Antenor Loureiro, disse que daí por diante não só o rapaz ficou paralitico como também nervoso, necessitando de drogas para dormir. Após a operação feita por Isaltina, o babalaô Sebastião Pedra D'Água disse que o jovem andará, informando que não o fez na hora porque os entorpecentes tomados prejudicaram sua cura imediata. Deu prazo de poucos meses para seu completo restabelecimento, contudo.

Tumultos

Os tumultos como não podiam deixar de ser, são inevitáveis onde existe grande aglomeração. Milhares de pessoas, a maioria carregada no colo, em macas, estendem as mãos em súplica para penetrar no interior da tenda. Alguns estão à beira da morte, como era o caso do operário Juvenal de Almeida Tersan, residente na Rua Macabu, 45, em Noiva Iguaçu, que estava a três dias – sob sol e chuva – atirado junto ao muro, com uma borracha ligada entre os pulmões e o estomago, para que respirasse. O homem foi quase que jogado por cima do muro para o interior da tenda e operado pela médium Isaltina. Saiu respirando, sem a bomba – jogada fora no mesmo instante – cabendo agora ao hospital, onde fez a ligação, a retirada do aparelho, segundo disse o babalaô Sebastião Pedra D'Água.

Colaboradores

O que mais vem tumultuando os trabalhos, e poderá inclusive provocar a retirada de Isaltina e Sebastião da tenda para o Maracanãzinho provavelmente, são os "colaboradores gratuitos", gente que a pretexto de colaborar com a direção da casa e aproveitando a boa-fé de seu presidente, Major Iari Ferreira, dá vazão aos seus instintos violentos, não respeitando nem mesmo a Imprensa. A equipe da LUTA DEMOCRÁTICA, que desde que o fenômeno foi descoberto vem dando total cobertura aos fatos, além de barrada por um elemento que se dizia major do Exército, foi ainda agredida à porta da tenda por um maconheiro conhecido como Paulinho, residente em Jacarepaguá, elemento totalmente desconhecido pelos dirigentes da casa mas que portava uma credencial de "colaborador". Não satisfeito, quase matou uma velhinha paralitica que entrou empurrada pela multidão condoída com sua doença, embora preferisse aguardar serenamente sua vez.

Iam embora

Tão logo tomou conhecimento da covarde agressão, Sebastião Pedra D'Água e Isaltina disseram que iam embora naquele mesmo instante, pois não admitiam agressão a ninguém. Também o Major Iari, falando na ocasião, disse que se alguém tiver de ser agredido "somos nós".

Aliás, a ida de Isaltina para outro local é iminente, embora o Major Iari venha dando tudo que pode para manter a ordem no local.

Como é

O radiestesista João Cool, também vidente, tornou a assistir às operações feitas por Isaltina, revelando: "Vejo o médico perfeitamente. É alto, forte e tem cabelos caídos sobre as faces. Maneja muito bem os instrumentos, principalmente as agulhas".

O babalaô Sebastião confirmou em parte a visão do professor João Cool, prometendo para breve toda a verdade sobre o misterioso médico que se sabe ser o terceiro da Convenção dos Sete Médicos Invisíveis, presidida por Frei Fabiano.

Attila Nunes acusa

Afirmando que o sensacionalismo em torno da médium Isaltina poderá levá-la às grades, o Senhor Attila Nunes, ex-deputado e atual presidente da Liga Umbandista do Brasil, disse que o mesmo destino poderá ter o falso babalaô Sebastião Pedra D'Água e os outros elementos que compõem o grupo de Isaltina, aos quais classificou de farsantes e exploradores do povo e organizados em verdadeira *gang*.

O ex-deputado revelou que vem acompanhando o caso desde seu início e anteontem, no programa Melodias de Terreiro, que mantém diariamente na Rádio Rio de Janeiro, relatou as inúmeras irregularidades que já constatou no caso, tudo levando a crer – disse – que Isaltina e seus seguidores estão realmente enganando os incautos e infelizes portadores de doenças físicas e mentais, quase todos incuráveis.

Em seu programa, o presidente da Liga Umbandista do Brasil chamou a atenção dos adeptos da Umbanda para a farsa engendrada por Isaltina e as consequências funestas que isto poderá reverter para a Umbanda em todo Brasil.

Exploração

Depois de comparar a médium Isaltina a outros farsantes que apareceram no Rio e no interior, tais como o falso Profeta da Gávea, a Santa dos Coqueiros[5] (Minas), o Nero de Cavalcante e ainda o não menos conhecido Zé Arigó, preso e condenado por exercer a medicina, o Senhor Attila Nunes afirmou à nossa reportagem que o que "impera na Rua das Oficinas e no Morro Agudo é a exploração comandada pelos perigosos elementos que cercam Isaltina e talvez por ela própria".

Cr$ 50,00 por um copo de água

O presidente da Liga Umbandista do Brasil afirmou que não tomou essa atitude – condenando Isaltina – sem antes verificar no local o que está acontecendo. Afirmou que compareceu à Rua das Oficinas, acompanhado de vários dirigentes umbandistas e na qualidade de presidente da Liga, sendo mal recebido.

Registrou que ficou em uma fila das 03 às 22 horas, junto com uma ouvinte que reside na Tijuca e que foram obrigados várias vezes a tomar um copo de água natural, pagando Cr$ 50,00 e quando queriam um copo de água mineral, o preço era de Cr$ 200,00.

Contaminação

O líder umbandista alertou as autoridades sanitárias para o grave problema que se está verificando na Rua das Oficinas. Centenas de pessoas, todas doentes e a maioria com doenças transmissíveis, usando os mesmos copos e vivendo na maior das promiscuidades. Disse que daí poderá resultar graves transtornos à administração. Ainda com relação aos exploradores afirmou que nenhum policial foi destacado para vigiar os comerciantes das imediações que estão cobrando os preços mais incríveis. Tampouco os ambulantes são vigiados.

Principal culpado

O presidente da Liga dos Umbandistas do Brasil disse finalmente que o principal culpado e principal farsante é o

[5] Vide a página http://www.patriamineira.com.br

babalaô Sebastião Pedra D'Água e é sobre ele que cairá a responsabilidade do que de ruim resultar para a Umbanda. A lebre que se levantou e o sensacionalismo que está fazendo em torno de Isaltina, poderá fazer voltar, com o que estão realizando na Rua das Oficinas, os tenebrosos tempos do delegado Padilha, que queria fechar à força todas as tendas espíritas.

Nada poderá fazer

Afirmando que agora que já não é mais Deputado não poderá enfrentar novamente como enfrentou uma campanha nos moldes da intentada por Padilha, o Senhor Attila Nunes, concitou os umbandistas a refletirem sobre o que está acontecendo e terminou dizendo que sobre o caso Isaltina, proferia as últimas palavras do poeta inglês, Byron, muito conhecido de todos os umbandistas:

"Faça-se a Santa Vontade de Deus, já que não é possível fazer-se a minha".

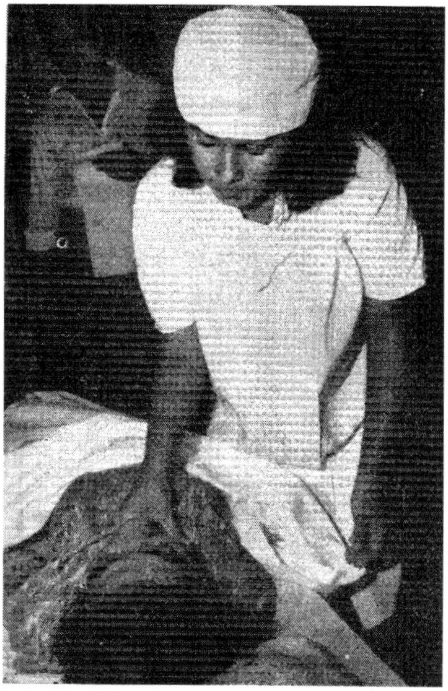

Dona Maria das Mercês, mãe de Isaltina, sendo atendida pelo médico alemão Dr. Scovacks. Disse ter sido curada da surdez permanente. – *Isaltina - O Caminho dos Milagres* (Rossini Rossi e Costa Cotrim), 1966.

TATA DE UMBANDA DIZ QUE BABALAÔ FUGIU AO TESTE

Luta Democrática, n. 3703, 09 de março de 1966

"Esse Sebastião Pedra D'Água, que acompanha Isaltina, não é nem nunca foi babalaô, atuando, para nós, como uma espécie de empresário: fugiu ao compromisso que assumiu com a Confederação Umbandista, onde teria que provar, hoje, as faculdades mediúnicas de Isaltina, escapulindo para São Paulo em avião a jato".

Foi o que disse, ontem, ao redator de *Nos Domínios da Fé*, seção da LUTA DEMOCRÁTICA, o conhecido Tata Tancredo da Silva Pinto, dirigente espiritual de mais de 100 mil umbandistas e fundador de federações em mais de 15 Estados, do Norte ao Sul do pais.

O compromisso

O Famoso Tata da Confederação Umbandista esclareceu à LUTA que tudo estava preparado para a prova: Sebastião Pedra D'Água empenhara sua palavra a um do diretores da Confederação, como também a outros órgãos dirigentes da Umbanda, inclusive à Escola Superior Iniciática de Umbanda, onde uma reunião foi convocada, exclusivamente para isso, e com a presença de um médico.

A fuga

Disse o Senhor Tancredo da Silva Pinto que Sebastião Pedra D'Água, sendo babalaô como afirma, não poderia jamais fugir ao compromisso assumido para com os umbandistas de todo o Brasil, representados nos dirigentes da Confederação e no Conselho de Sacerdotes convocado para o natural testemunho das qualidades de médium que dizem ter Isaltina. Narrou que ontem foi informado de que Sebastião Pedra D'Água voaria para São Paulo, em avião a jato, para outras atividades do tipo que se empenharam até agora, na Guanabara.

ISALTINA OPEROU O "REI DA CACHAÇA"

Luta Democrática, n. 3703, 09 de março de 1966

A médium Isaltina "operou" ontem, na Avenida Rui Barbosa, apto 401, a úlcera do Senhor José Moutinho, conhecido como o "Rei da Cachaça", presidente da fábrica que produz a cachaça mais famosa do mundo, atendendo a um pedido do Senhor Pedro Maciel, secretário do assessor de imprensa da Presidência da República, e, depois também a sobrinha do industrial, Marilene Sampaio Moutinho, que após a intervenção fluídica, confessou-se livre das dores que vinha sentindo há tempo na coluna vertebral.

Ainda no apartamento do "Rei da Cachaça" Isaltina, sempre ajudada pelo babalaô Sebastião Pedra D'Água conferiu a "operação" que havia feito na semana passada no cantor Orlando Dias, tendo o D. Artz Scovsk, que usa Isaltina como "aparelho" declarando-se satisfeito com o estado do cantor, acrescentando o babalaô que "ele está pronto para outra".

Passeio por Copacabana

Em seguida, Isaltina e sua comitiva deixaram a Avenida Rui Barbosa, rumando para Copacabana, onde iria operar o sobrinho de conhecido figurão, cujo nome foi omitido aos jornalistas que a acompanhavam, indo, depois para Morro Agudo onde a aguardavam milhares de pessoas que há vários dias se encontram acampadas na Rua Carlos Frederico, nas adjacências da Tenda Espírita Santo Antônio de Pádua, em busca de curas miraculosas.

Por outro lado, a Senhora Mercês Cavalcanti mãe de Isaltina, tão logo leu na LUTA que sua filha poderia ser presa como charlatã, segundo o ex-deputado Attila Nunes, recolheu-se ao leito, traumatizada, afirmando que "agora mais do que nunca levo minha filha de volta para Natal de qualquer maneira". A revelação foi feita por Isaltina, que se mostrou propensa a atender sua genitora, pois também ficou bastante apreensiva com o rumo dos acontecimentos.

– "Eu não esperava que minha atuação em favor dos necessitados fosse interpretada dessa forma – disse. Nunca liguei para o espiritismo porque sou católica. Submeto-me a tal situação por amor aos necessitados e por entender que Deus assim o quer".

Libelo

O babalaô Sebastião Pedra D'Água, por sua vez, lançou tremendo libelo[6] ao ex-parlamentar a quem devolveu todas as acusações que lhe foram feitas ontem, através da LUTA, desafiando-o a enumerar o que fez de bem pra a Umbanda e lembrando que o Senhor Attila Nunes foi cassado por corrupção, não sendo portanto, fonte digna de crédito.

Charlatão é ele – disse ainda – que vive apregoando em seu programa radiofônico que faz milagres também, mas não chama a imprensa por não querer sensacionalismo, embora diga isso gritando em 1.500 Kw. Isaltina não pode ser presa porque não opera cortando, nem receita remédio, nem cobra consulta e, portanto, não exerce a medicina ilegalmente.

Desafio

Por fim, veio desafio de Sebastião Pedra D'Água, ao ex-Deputado: "O Senhor está convidado a comparecer à Tenda Espírita Santo Antônio de Pádua, onde em seu interior terá cadeira especial para assistir às ações e contestá-las na hora, se tiver motivo. Antes, porém, quero frisar que o Senhor Attila Nunes não precisa temer qualquer represália de nossa parte. Será recebido com toda dignidade e lhe dispensaremos nosso melhor tratamento, ou seja, aquele que damos a todos que nos procuram.

MÉDICO FOI VER AS CURAS DE ISALTINA

Luta Democrática, n. 3704, 10 de março de 1966

O médico e Capitão de Fragata Armando Cavalcanti, que assistiu, ontem, às "operações" realizadas pela médium Isaltina, em Morro Agudo, manifestou-se "entusiasmado com o que viu", referindo-se em especial a melhoria na visão do aposentado José Marques da Silva, por ele examinado antes de

[6] Acusação.

submeter-se ao médico alemão tendo o facultativo[7] atestado que o paciente usava óculos de lentes grossas – 6, 0,5 – e deixou a tenda sem eles, lendo perfeitamente as inscrições em uma caixa de fósforos que lhe foi apresentada como teste.

Por outro lado, falando à LUTA, o Tata Tancredo Silva Pinto, presidente da Confederação Espírita Umbandista disse que apoia totalmente a médium Isaltina e o babalaô Sebastião Pedra D'Água, afirmando ainda que não há guerra na umbanda. O Senhor Osvaldo Tempone, 2º secretário da CEU, por sua vez disse ter assistido e atestado as curas feitas pela médium.

Movimento de ontem

Ontem, antes de submeterem-se a "operações" os pacientes eram examinados pelo médico Armando Cavalcanti, que é chefe do SAMDU[8] da Penha. O menor Hamilton Araújo, por exemplo, foi dado pelo facultativo como incapaz de locomover-se sem o auxílio das bengalas metálicas, tipo canadense, vítima que era de paralisia infantil. Após ser operado por Isaltina, o garoto andou – embora com certa dificuldade, sem as bengalas, enquanto sua mãe – Lurdes Araújo Vieira – em lágrimas, afirmava aos presentes – e tinha suas palavras gravadas por uma emissora carioca – que "meu filho está bom. Nunca andou sem as bengalas".

Depois foi a vez de Carlos Roberto Andrade, de seis anos, segundo o Dr. Armando Cavalcanti, tinha os nervos das pernas fracos e não poderia, clinicamente, andar sem muletas. Depois de "operado" saiu andando sozinho, enquanto seu pai, Sebastião de Andrade (Rua Santo Antônio, quadra B, lote 18, Nova Iguaçu), segurava suas muletas, afirmando que seu filho estava curado.

Maria do Socorro Dias, de oito anos (Rua Uiti, 103, Madureira) era surda e muda, conforme declarou sua mãe, Odete Dias, à nossa reportagem. Quando saiu da tenda foi examinada pelo médico, que deu o seguinte parecer: "Está ouvindo. Quanto à voz, articula sons de quem ainda não sabe falar, mas que não fazia antes da operação".

[7] Médico.
[8] Serviço de Assistência Médica Domiciliar e de Urgência.

Milhares de pessoas

Milhares de pessoas continuam acampadas na Rua Carlos Frederico, aguardando a vez de serem atendidas. O subdelegado de Nilópolis, Senhor Vitório Bekovit, estava ontem, chefiando um destacamento misto com trinta homens, atuando do lado externo do prédio, para evitar abusos dos ambulantes desonestos, conforme declarou. Disse a autoridade, que tão logo chegue o reforço do 6° BI, a situação se normalizará em Morro Agudo.

Adesão

O Senhor Jerônimo de Sousa, presidente da Federação Nacional das Sociedades Religiosas da Umbanda, foi ontem a Morro Agudo, a fim de dar seu apoio à médium Isaltina e ao babalaô Sebastião Pedra D'Água. Estava acompanhado do babalaô Flávio Costa e declarou à LUTA:

"Em virtude de havermos recebido correspondência vasta de vários Estados do Brasil, comunicando que caravanas estavam sendo organizadas para se avistarem com a médium, aqui, em Morro Agudo, tomamos todas as providencias cabíveis para que isso aconteça, pincipalmente constituindo uma corrente com chefes de terreiros, em compartimento à parte, para dar cobertura fluídica aos trabalhos, no regime de rodizio para que eles se realizem com normalidade".

ATTILA NUNES: "NUNCA OFENDI NINGUÉM, MAS NÃO CONSEGUI VER OS MILAGRES"

Luta Democrática, n. 3704, 10 de março de 1966

O Senhor Attila Nunes, presidente da Liga Umbandista do Brasil, em carta enviada à nossa redação, disse que "não pode emitir opinião sobre os milagres que os jornais dizem que Isaltina está realizando porque não teve oportunidade de se aproximar da médium para assistir o que desejava".

Disse que as curas, os milagres, as melhoras de pessoas enfermas, são fatos corriqueiros nos terreiros de Umbanda dando ênfase a que "os verdadeiros umbandistas encarem a

Umbanda como religião, não admitindo sensacionalismo, porque não são atores de espetáculos para o povo". Em sua carta, o Senhor Attila Nunes disse que não chamou o Senhor Sebastião Pedra D'Água de farsante, nem que Isaltina e seus seguidores estariam enganando os doentes portadores de doenças físicas e mentais quase incuráveis.

Curas comuns

Prosseguindo, em sua carta, diz ainda o Senhor Attila Nunes:

"Houve, evidentemente deturpação das minhas palavras no que tange aos acontecimentos da Rua das Oficinas ou de Morro Agudo. A bem da verdade e para que minha pessoa não seja envolvida em intrigas que possam surgir em face da reportagem publicada, esclareço o seguinte: pediu-me o repórter que externasse minha opinião e eu declarei que: as curas, os milagres, as melhoras das pessoas enfermas, são fatos corriqueiros, são comuns em numerosos terreiros de Umbanda. A diferença é que nós, umbandistas, que encaramos a Umbanda como religião, não admitimos o sensacionalismo, não levamos para as colunas dos jornais as graças obtidas pelos que batem às portas dos nossos terreiros, não divulgamos os milagres que as forças espirituais concedem aos que tem fé, aos que tem merecimento.

Prejudicial

"De fato – prosseguiu – estive na Rua das Oficinas na segunda feira, dia 30 p.p. e os amigos que me acompanharam não conseguiram ver Isaltina. Declarei, sim, ao repórter, que, a meu ver, o sensacionalismo em torno de casos como de Isaltina é sempre prejudicial à Umbanda. Citei vários exemplos, inclusive o que aconteceu com Nero Cavalcanti, cujas reportagens inicialmente favoráveis no final o levaram à cadeia. Fui uma das testemunhas no "caso Nero", meu depoimento foi inteiramente favorável ao médium, já que assisti várias reuniões nas quais presenciei o Nero fazer operações com absoluto êxito. Citei, sim, o exemplo de Zé Arigó (e reconheço que Arigó é um grande médium, opera mesmo), vítima, também, do sensacionalismo".

Exibição perigosa

Disse, enfim, ao repórter, que considero perigosas as exibições da Umbanda em público. Há longos anos venho me batendo contra atividades religiosas umbandistas fora dos templos. Não aprovo a exibição dos terreiros na televisão nem em campos de futebol e sou contra todo e qualquer movimento que faça do espiritismo (principalmente o culto religioso da Umbanda) um motivo de atração, como se nós umbandistas fossemos artistas sequiosos de cartaz. Em minha opinião – disse ao repórter – a Umbanda sempre se prejudica, quando alguém se apresenta em seu nome, se expõe e se deixa conduzir às manchetes ou aos estúdios da televisão.

Não posso emitir uma opinião definitiva sobre as curas que – segundo os jornais – Isaltina está realizando, pois não tive oportunidade de me aproximar da médium, não assisti o que desejava. Declarei ao repórter que, possivelmente, ela realizasse algo de positivo. Casos idênticos acontecem normalmente em muitas tendas de Umbanda. O milagre é um produto da fé. Conseguem obter a graça, aqueles que têm merecimento.

Repito mais uma vez: não ataquei pessoas, não ofendi, não chamei ninguém de farsante ou explorador, não falei em *gang*, não acusei, não julguei o que não vi. Umbandista convicto que sou, venho lutando há longos anos em defesa da minha crença e dos meus irmãos de fé. A Umbanda é uma religião tão digna e tão respeitável quanto as demais. Tenho sido muito atacado, muito perseguido, mas não desanimo em minha luta. Meu objetivo é ver a Umbanda respeitada, livre de chacotas, de pilhérias e de perseguições. Só compreendo a Umbanda como religião e defenderei meus irmãos de crença sempre que meus modestos préstimos possam ser uteis.

ISALTINA NÃO TEME AMEAÇA DE PRISÃO

Luta Democrática, n. 3709, 16 de março de 1966

Só está dependendo da conclusão do inquérito, cujas investigações já foram iniciadas em Morro Agudo, para que a médium Isaltina seja presa por charlatanismo, pois ninguém daquela região, até agora, afirmou ter sido curado, aparecendo somente afirmações de pessoas de fora, desconhecidas.

Estas palavras do delegado Wilson Jardim, titular da Delegacia de Costumes do Estado do Rio, quando informou à reportagem da LUTA DEMOCRÁTICA haver designado uma equipe de policiais com a missão de investigar, no local, as condições e os métodos usados por Isaltina e seu empresário Sebastião Pedra D'Água, em uma tentativa de confirmar que "tudo não passa de expediente para ludibriar a boa-fé dos incautos".

Com Montcarp

Informou que está aguardando que o delegado da 15ª Região Policial, Rogério Montcarp, a quem está subordinado Morro Agudo, conclua o inquérito já pedido, "para saber se de fato há milagres ou, como se vem confirmando, tudo não passa de puro charlatanismo".

Perguntado qual seria a medida a ser adotada por sua delegacia, caso o delegado Montcarp não concluísse o inquérito pedido, respondeu: Até o final da semana deverão ser tomadas providencias, caso o delegado de Nova Iguaçu não tenha concluído o inquérito competente ou não apresente qualquer solução. Neste caso, mandarei trazer à minha presença a médium Isaltina para ouvi-la juntamente com médicos de reconhecido conceito profissional, espíritas e pessoas que afirmam tenham sido curadas em Morro Agudo.

Não há milagres

O delegado de Costumes do Estado do Rio adiantou que, particularmente, até que se prove o contrário, não acredita que Isaltina ou quem quer que seja esteja operando milagres, pois os moradores de Morro Agudo, até o momento segundo está informado, não receberam nenhuma graça, mas somente os que chegam de fora.

Clima indispensável

A propósito, transitou ontem no Aeroporto do Galeão, de regresso para Porto Rico, procedente de Buenos Aires, Madre Josefina Rossi, que, trajando calças compridas e vistoso casacão de lantejoulas, declarou à reportagem que encontrou no Rio o clima espiritual indispensável para a instalação de uma das igrejas de sua organização. Madre Rossi, que há tempo esteve na Guanabara em propaganda de sua fundação, com matriz em Porto Rico, onde "realiza milagres com auxílio das forças cósmicas" perguntou por Isaltina e falou da repercussão que os milagres de Morro Agudo vêm tendo no exterior. Disse que realiza seus milagres, como Isaltina, informando que no próximo mês de abril voltará ao Rio, para estudar o local adequado onde se instalará também.

Providencias

O Dr. Lucio Costa, diretor do Serviço Nacional de Fiscalização de Medicina e Farmácia, falando à LUTA DEMOCRÁTICA, afirmou que as providencias ontem anunciadas para a prisão da médium Isaltina Cavalcanti e seu acompanhante, Sebastião dos Santos (Pedra D'Água), por exercício ilegal da medicina, já foram iniciadas e terão como primeira medida a apresentação de uma queixa pelo Dr. Rubens Araújo, diretor da Fiscalização da Guanabara, a ser feita nos próximos dias.

Não teme

Impassível ante as ameaças, Isaltina Cavalcanti disse à nossa reportagem, ontem pela manhã, antes de seguir para Morro Agudo, que confia na Justiça de Deus e que "nada faço que mereça a prisão".

Nada temo, acrescentou. A ideia de poder ser presa não me atemoriza porque vivo em paz com Deus e minha consciência. Sou católica e minha única mágoa é ser renegada pela Igreja de Cristo que tanto amo e respeito. Apesar de tudo, prosseguirei em minha missão, pois tenho a certeza de estar cumprindo um desígnio imposto por Deus. A multidão de infelizes que me procura com o coração cheio de fé e esperança mostra que nem tudo está perdido. Todos sentem e creem no Senhor.

Em Morro Agudo

Ontem, na tenda da Rua Carlos Frederico, em Morro Agudo, a médium atendeu a dezenas de pessoas, realizando o que muitos chamaram de "curas milagrosas". Apesar das notícias de sua prisão, um forte policiamento determinado pelo Major Paulo Biar acorreu ao local dando segurança à massa humana, enquanto a falta de água era superada com o envio de várias pipas do líquido, enviadas pelo prefeito de Nova Iguaçu.

Isaltina atendeu, ontem, em Morro Agudo, pela última vez. Voltará a "operar" hoje na Tenda Mirim.

A multidão de aflitos, que permanece em Morro Agudo há vários dias, somente foi atendida pela médium ao anoitecer, pois, como na véspera. Isaltina saíra pela manhã com o babalaô Pedra D'Água e só retornará por volta das 18 horas. O forte policiamento colocado na Rua Carlos Frederico, pelo 6° BI conseguiu, com alguma dificuldade, evitar tumultos.

Umbandistas na rua

Finalmente, com relação à prisão de Isaltina, o Senhor Jerônimo de Sousa, presidente da Federação Nacional das Sociedades Religiosas de Umbanda, disse que a entidade dará à médium toda assistência jurídica necessária. Acrescentou:

– Já esperávamos isso e tomamos as primeiras providencias no sentido de resguardar a médium de possíveis problemas. Contudo, caso seja concretizada a vileza – ajuntou – todas as entidades de Umbanda se unirão para colocar na rua cerca de 15 milhões de adeptos de todo o Brasil em defesa de Isaltina. Já basta o que aconteceu com Arigó. Ou o Brasil se prepara para tais fenômenos, criando leis especiais para tratá-los ou se esvairá toda a liberdade de culto prevista na Constituição.

POLÍCIA CASSOU ISALTINA

Luta Democrática, n. 3711, 18 de março de 1966

Chegando no momento exato em que a médium Isaltina se preparava para "receber" o médico alemão Artz Scovsk, o delegado Cícero Gomes, da 25ª Delegacia Distrital, suspendeu ontem a sessão que seria realizada na Tenda Mirim, na Rua Ceará, proibindo, em seguida, o atendimento às milhares de pessoas que desde a noite anterior formavam imensas filas nas adjacências do prédio.

Falando à Imprensa, a autoridade justificou sua atitude no inciso II do Artigo 384 do Código Penal, que considera crime "a prática do curandeirismo por meio de gestos ou palavras", garantindo que assim agia por entender que o fato era delito de ação pública. A medida provocou protestos dos presentes e o delegado só pôde deixar a tenda fortemente escoltado, quando todos os olhares se concentravam sobre a médium e o babalaô Sebastião Pedra D'Água.

Deixando Morro Agudo por imposição do Senhor Jerônimo de Sousa, presidente das Sociedades Religiosas de Umbanda, Isaltina foi para a Tenda Mirim, onde já estavam inscritas cerca de 23 mil pessoas. O início das "operações fluídicas" foi marcado para as 14 horas, tendo a médium aberto os trabalhos com a prece costumeira. Depois, "incorporada" pelo médico alemão, Isaltina realizou algumas "operações", durante as quais o tumulto no lado de fora do prédio tonava-se cada vez maior. Quando ia começar a segunda parte, deu entrada no recinto o delegado Cícero Gomes, acompanhado de outros policiais determinando o embargo da sessão, com base no Artigo 284 do Código Penal, inciso II, considerando ser o fato "crime de ação pública e, portanto, merecedora de minhas providencias, pois ele se desenvolve em minha jurisdição".

Os apelos que foram feitos à autoridade, em seguida, pelos Senhores Jerônimo de Sousa e Henrique Landi, presidente do Supremo Órgão de Umbanda e pela multidão, não foram atendidos, permitindo o delegado que Isaltina apenas fizesse uma prece coletiva da sacada do prédio, para acalmar a multidão, o que foi feito. Porém, quando a médium, de braços erguidos em lágrimas se dirigia ao povo, cenas indescritíveis se verificaram, com homens, mulheres e crianças jogando-se ao chão, em crise coletiva de desespero. O policiamento presente, constituído de 26 soldados do 1º BI da 1ª Companhia, sediada na Rua Barão de Mesquita, foi inoperante para conter a massa alucinada e a autoridade foi obrigada a permanecer no interior da tenda até que Isaltina a deixasse, e levasse com ela seus milhares de seguidores.

A defesa

Representantes de entidades espiritualistas, dentre os quais os Senhores Jerônimo de Sousa e Henrique Landi, ponderaram ao delegado Cícero Gomes que "a mímica e ou os gestos nasceram com o mundo", citando o exemplo dos demais terreiros de Umbanda, onde o gesto é uma constante. Acrescentaram que "tais casas também, inclusive a Igreja, pois até o Papa faz gestos com a mão quando dá benção ao povo".

Por outro lado, o advogado Ederbal Figueiredo, da Federação das Sociedades Religiosas de Umbanda, falando à LUTA, disse que sua primeira providência será um encontro com o delegado Cícero Gomes e depois com o Secretário de Segurança, General Dario Coelho e com o superintendente da Polícia Judiciária, Dr. Olavo Rangel.

Embora não revelasse, soube-se por fonte bem informada que o causídico[9] dará entrada na Justiça com um mandado de segurança em defesa de Isaltina e Sebastião Pedra D'Água, dando-lhe o direito de continuar as "operações". Contudo, até segunda ordem, ambos só farão preces coletivas, anunciando para o próximo dia 30, no Maracanãzinho, uma concentração monstro de fiéis. Até lá, descansarão, pois embora Isaltina tenha sido examinada e dada como com saúde, por uma junta médica solicitada pelo DCT,[10] onde trabalha, ela mesma confessa estar com grande estafa e bastante traumatizada com o rumo dos acontecimentos.

---

[9] Advogado.
[10] Departamento de Correios e Telégrafos.

Debate

O debate a respeito da legalidade ou não do embargo será iniciado amanhã, no escritório do advogado. Além das autoridades mencionadas deverão estar presentes parlamentares, que tão logo tomaram conhecimento do fato, iniciaram contatos com os responsáveis pela tenda. Isaltina e Sebastião Pedra D'Água não poderão realizar mais "operações" na Guanabara, pois o delegado Cícero Gomes disse que "meus colegas de outras delegacias tomarão a mesma atitude que tomei, pois, trata-se de manter intacto o que preceitua a lei".

Lugar não sabido

Após despedir-se do delegado "contra quem nada tenho", Isaltina e o babalaô rumaram a São Francisco Xavier e ali acertaram detalhes, na sede da FERU, da defesa que hoje se iniciará, bem como a reivindicação do Maracanãzinho para uma prece coletiva.

Causou espécie a permanência no local de uma guarnição do Corpo de Bombeiros, comandada pelo sargento Dioclécio, do Quartel da Praça da Bandeira. Perguntado sobre sua presença no local, respondeu que "nem mesmo sei a verdade e por que fui mandado para cá".

Sem segurança

A verdade é que, de qualquer forma, Isaltina não ficaria mais na Tenda Mirim, pois o local, cheio de escadarias e balcões não oferece qualquer segurança à multidão. Várias quedas de senhoras foram registradas e uma criança quase morreu esmagada entre a turba que desejava a todo custo ser atendida pela médium.

ISALTINA IMPETRA *HABEAS CORPUS*

Luta Democrática, n. 3712, 19 de março de 1966

O advogado Ederbal Figueiredo, da Federação das Sociedades Religiosas de Umbanda, impetrou *habeas corpus* preventivo, ontem, em favor de Isaltina Cavalcanti, após ter ouvido do delegado Cícero Gomes, da 25ª DD, que na véspera suspendera os trabalhos na Tenda Mirim, a garantia de que em seu relatório a autoridade citaria apenas a violação do Artigo 384, inciso II, do Código Penal, que dispõe sobre a pratica de curandeirismo através de gestos e palavras.

O delegado Cícero Gomes, por sua vez, informou à LUTA que nada viu ou assistiu de mais na Tenda Mirim, não passando de fantasiosas as declarações de que teria visto mudo falar ou cego enxergar.

Enquadrada

O delegado, em virtude do *habeas corpus* preventivo solicitado pelo advogado, para que Isaltina continue a trabalhar, informou ainda à nossa reportagem que aguarda qualquer pronunciamento para tomar providências, pois a médium está enquadrada no Código Penal por curandeirismo.

Desmentindo que tenha assistido o menino Sergio Tomás de Sousa falar, o titular da 36ª DD afirma que Isaltina infringiu o Código Penal, que é taxativo. Exercendo o curandeirismo por continuidade, passa por mistificação, sendo que o primeiro já está caracterizado. Quando chegou à Tenda Mirim – esclareceu – Isaltina não estava incorporada, fazendo apenas uma prece coletiva.

No Maracanã

O Senhor Abelardo França, administrador do Estádio do Maracanã, procurado ontem por nossa reportagem declarou que ainda não tomou conhecimento do pedido de Isaltina para promover ali uma concentração no dia 29. Se receber tal pedido, primeiro irá estudar a conveniência ou não de atendê-lo. Contudo, disse, o ginásio foi cedido à Federação de Atletismo.

Vago

A Divisão Operacional de Administração dos Estádios da Guanabara, por sua vez, informou à LUTA que o dia 29 está vago no calendário do Maracanãzinho. O Senhor Abelardo França disse ainda que a concessão ou não do ginásio dependerá das finalidades dos que o solicitam, "mesmo assim a concessão só é possível mediante pagamento de taxas do aluguel, com exceção de determinados casos". E acrescentou: "Se não houver cobrança de ingresso ou de qualquer modalidade de exploração, pode ser que os umbandistas consigam o Maracanãzinho. Dependerá do parecer de nossos procuradores, após as sindicâncias obrigatórias".

Direito de operar

A FERU, juntamente com outras entidades da Umbanda, pretende entrar na Justiça com um mandado de segurança em favor de Isaltina e do Sebastião Pedra D'Água e para garantir o livre exercício do culto, enquanto figura de destaque nos meios civis e militares, dentre as quais o General Mauro Porto, da Confederação Espírita Umbandista e do Senhor Pedro Maciel, da Assessoria de Imprensa da Presidência da República, garantiam que iriam recorrer às esferas mais elevadas do Governo, para dar à médium o direito de "operar".

Tranquila

Ao lado de seu filho George Rivus, Isaltina disse à reportagem da LUTA, ontem pela manhã, que estava tranquila e encarava a atitude do delegado Cícero Gomes como rotina de todo policial. Mostrou-se triste apenas com o fato olhada como anormal, frisando que "sou instrumento da Misericórdia Divina, nada mais". Mais adiante lembrou que estava necessitando urgentemente de uma pausa em seus trabalhos para poder descansar e que aproveitará para se dedicar mais a Deus e cuidar do espírito.

O babalaô Sebastião Pedra D'Água, por sua vez, não conseguia esconder a revolta de que estava tomado, repetindo a todo instante que "a ação policial foi um atentado ao próprio Deus". Repetiu que as reações do delegado Cícero Gomes são de um ridículo sem igual e que a autoridade, agora, terá de fechar todos os terreiros e igrejas, onde se realizam passes, tratamento de doentes e bênçãos, porque os sacerdotes fazem gestos com as mãos e assim estão também incursos no Artigo 384, inciso II, do Código Penal.

Pode voltar a operar

Com as providencias legais que vêm sendo tomadas por seus defensores, apesar de haver prometido que se limitaria somente às preces coletivas, como a do próximo dia 29, no Maracanãzinho, Isaltina poderá voltar a operar amanhã ou segunda feira, se uma voz mais elevada vier em seu favor, conforme declarou o Senhor Jerônimo de Sousa, presidente da FERU.

O Senhor Reinaldo Xavier de Almeida, presidente da União Espiritista de Umbanda do Brasil, enviou carta à LUTA DEMOCRÁTICA, esclarecendo sobre a posição da Umbanda nos acontecimentos. E ressalta:

"Desejo tão somente, fazer sentir ao grande público, que a médium Isaltina – que agora se confessa católica – deve ser poupada dos excessos publicitários que, muitas vezes, a transformação em proveitoso manancial pra aproveitadores e ainda, que acima de tudo, a sagrada Umbanda não seja amanhã responsável pelos êxitos nem pelos fracassos que porventura possam advir desse atropelado modo de se praticar a caridade".

Umbandista lava as mãos

Escolhendo nosso jornal para guarida dos seus pronunciamentos em defesa da sua religião, e ressaltando o papel reservado à Imprensa, de bem orientar o público, tudo que ocorre em todos os quadrantes da Terra e em todos os setores da vida humana, o Senhor Reinaldo Xavier declara, em outro trecho de sua carta: "... quero, hoje, na qualidade de presidente da União Espiritista de Umbanda do Brasil, fazer chegar ao grande público leitor da LUTA DEMOCRÁTICA a estranheza que tem causado à grande massa de umbandistas, formada pelos milhares de terreiros nossos terreiros espalhados por todo pais, a atitude de certos dirigentes responsáveis por agremiações filiadoras em querer envolver o nome da respeitável religião de Umbanda, no caso da médium Isaltina".

Não é Umbanda

Mais adiante, diz o Senhor Reinaldo: "Só os 'senhores' da Umbanda, em uma atitude afoita e um tanto irresponsável, levaram às manchetes dos jornais o nome da Umbanda em um caso em que esta religião não poderia servir de publicidade aos fatos registrados com uma médium que por ela se manifesta contraria as características comuns às que, de fato, são realizadas no recesso dos centros umbandistas, curas e operações fluídicas em forma de Pretos Velhos e Caboclos, mantendo com essa "roupagem" humilde a verdadeira origem de sua sabedoria".

MÉDIUM PEDE *HABEAS CORPUS* PREVENTIVO

Correio da Manhã, n. 22377, 19 de março de 1966

A médium Isaltina Cavalcanti, impetrou ontem junto ao Juiz da 16ª Vara Criminal, pedido de *habeas corpus* preventivo, tendo o Juiz Aristóteles de Freitas, titular daquela Vara determinado que o delegado Cícero Gomes, da 25ª DD, prestasse esclarecimentos ainda hoje, ao Juiz de plantão, o Dr. Paulo Roberto de Freitas da 12ª Vara Criminal, apontado como a autoridade coatora.

O requerimento deve-se ao fato de que o delegado Cícero Gomes ao saber que na Tenda Espírita Mirim, à Rua Ceará, 196, se realizaria trabalhos de curandeirismo, para lá se deslocou na quinta-feira passada, e ameaçou a médium de autuá-la em flagrante por crimes de curandeirismo, falsa medicina e crime contra a saúde pública.

ISALTINA VAI EMBORA SEM PRECE NO MARACANÃZINHO

Luta Democrática, n. 3720, 20 de março de 1966

Esteve ontem no Palácio Guanabara a médium Isaltina Cavalcanti, acompanhada do babalaô Sebastião Pedra D'Água e do advogado Rivadávia Maia, a fim de solicitar ao Govenador a liberação do Maracanãzinho para o dia de hoje, onde Isaltina pretendia fazer uma prece para cerca de 20 mil pessoas. Atendida pelo subchefe da Casa Civil, Senhor Almir Tavares, que declarou que ela poderia despedir-se do povo carioca em qualquer lugar da Guanabara, menos no Maracanãzinho, pois o mesmo se encontra completamente alagado em virtude das últimas chuvas na cidade.

Falando à reportagem, o Senhor Rivadávia Maia declarou que ainda hoje entrará em contato com a diretoria do Madureira, fim de que possa ser realizada a última prece da médium, pois ela deverá embarcar, ainda esta semana, para Natal, onde reside.

De acordo com as declarações do babalaô Sebastião Pedra D'Água, já foi concluído o filme "Isaltina a Caminho dos Milagres", que deverá estrear nos cinemas da Guanabara dentro de 20 dias.

Segundo a reportagem apurou, a filha do Governador, Senhora Jandira Negrão de Lima encontrava-se também no gabinete do subchefe da Casa Civil quando foi pedido às pressas um copo com água, pois Isaltina desejava homenageá-la com uma prece.

JUSTIÇA CONFIRMA CURANDEIRISMO DE ISALTINA: "*HABEAS*" NEGADO

Diário de Notícias, 23 de março de 1966

O Juiz da 16ª Vara Criminal negou a ordem de *Habeas Corpus* impetrada em favor de Isaltina Cavalcanti, a médium que vinha fazendo "curas milagrosas" em Morro Agudo, sob a alegação de que a jurisprudência dos tribunais já proclamou que a utilização do espiritismo para tratamento médico não é pratica religiosa, mas sim crime de curandeirismo. Isaltina e o babalaô Pedra D'Água invocaram em seu favor, através do advogado, a liberdade de culto, atribuindo aos seus atos mera pratica religiosa, a que vinham se dedicando, no Estado do Rio, e pretendiam fazer o mesmo no Rio, sendo impedidos pelo delegado Cícero Gomes, da 25ª Delegacia Distrital, que enquadrou as alegadas "curas", já desmentidas por médicos e estudiosos do assunto, no Código Penal. Com isto, caso Isaltina volte a tentar "operar" na Tenda Espírita Mirim, na Rua Ceará, em São Francisco Xavier, será imediatamente encarcerada com toda a sua equipe.

ISALTINA VOLTA À JUSTIÇA ACUSANDO POLÍCIA DE NÃO PROIBIR O JOGO E O LENOCÍNIO

Diário de Notícias, 24 de março de 1966

A médium Isaltina Cavalcanti revoltada com a polícia, que a mantém sob constante vigilância para impedir a reprodução no Rio, das "operações espiritas" que a fizeram famosa em Morro Agudo, no Estado do Rio, recorreu novamente à Justiça, impetrando outra ordem de *habeas corpus* para poder "operar" livremente nas sessões da tenda da Rua Ceará na Estação de São Francisco Xavier.

Disse Isaltina, em seu novo apelo à Justiça, que se estivesse praticando tais atos na Alemanha, estaria sendo tratada como "um Rei Pelé", enquanto aqui no Rio é perseguida pela polícia, que só dá "ao povo liberdade para a frequência tranquila às fortalezas de jogo de bicho ou casas de lenocínio".

Isaltina, natural do Rio Grande do Norte, é funcionária da Diretoria Regional dos Correios e Telégrafos de onde se acha em licença para tratamento de saúde. Liberada, assim, dos serviços da repartição, empreende uma viagem pelo país, segundo afirma "em missão religiosa" espírito-umbandista. Fez furor no Estado do Rio, reeditando os métodos operatórios de Arigó, e, no dia 16 do corrente, ia iniciar suas atividades mediúnicas no Rio, em sessões da Tenda Espírita Mirim. As autoridades da 25ª Delegacia Distrital, porém, proibiram-na de cumprir as tarefas programadas naquele centro, e, Isaltina, inconformada, impetrou *habeas corpus* denegado, entretanto, pelo Juiz da 16ª Vara Criminal.

Isaltina não se conformou com o insucesso do seu primeiro apelo à Justiça e impetrou nova ordem de *habeas corpus*, por sinal distribuída ao magistrado mais severo do Fórum Criminal, o Juiz Basileu Ribeiro Fialho, da 4ª Vara. Alega Isaltina, em seu novo recurso, que a polícia não a pode impedir de exercer o seu culto religioso em entidade devidamente licenciada para tais fins, nem confundir curandeirismo com práticas religiosas feitas em recinto fechado. Invoca o seu direito à proteção da Constituição e, depois de afirmar que se o fato ocorre na Alemanha estaria merecendo o régio tratamento ao maior craque do nosso futebol, terminou estranhando que a polícia, no Rio, só assegura ao povo o direito proibido por lei de jogar no bicho ou frequentar casas de tolerância.

ISALTINA PARTIU FALANDO EM ALEMÃO: COM MÉDICO NO CORPO

Diário de Notícias, 30 de março de 1966

Dez mil pessoas lotaram, na noite de ontem, o Jardim do Méier e adjacências, onde a médium Isaltina Cavalcanti, que durante algum tempo ocupou manchetes de jornais com suas consultas e possíveis milagres, fez sua despedida do Rio, por não ter conseguido, aqui, autorização das autoridades policiais para continuar o seu trabalho.

Sob as vistas de milhares, velhos, moças e crianças, cegos, surdos e aleijados, em macas ou levados nos braços de parentes e amigos, buscavam, nas suas preces um ponto final para o drama que viviam, tendo ouvido a jovem em transe, falar em alemão, ao receber o espírito do Doutor Scovsk.

Superlotado o Jardim

Embora marcado para as 20 horas, o adeus de Isaltina somente começou por volta das 21 horas. Desde cedo, porém, milhares de pessoas se deslocavam de inúmeros pontos da cidade para o Jardim do Méier. Caminhões, ônibus e carros chegavam a todo instante, levando centenas de pessoas, enquanto ambulâncias conduziam doentes em macas. Às 21 horas, quando Isaltina chegou, o público irrompeu em tremenda ovação e ameaçou retirá-la do interior de um taxi a força. Foi necessária a presença de 30 soldados da Polícia Militar, comandados pelo tenente Geraldo Delgado, para que o povo fosse controlado. Agentes misturavam-se entre a multidão, no sentido de evitar tumultos.

Recebeu o alemão

Do palanque, Isaltina dirigiu sua palavra ao povo, passando a rezar em seguida, no que era acompanhada por todos. Enquanto isso, milhares de braços levantavam ao alto garrafas contendo água. Outros tocavam as mãos, os pés e até mesmo os cabelos da médium. Isaltina entrou em transe e, segundo o babalaô Sebastião Pedra D'Água, ela havia incorporado o médio alemão Scovsk, passando, então, a rezar em alemão. Durante o episódio, centenas de pessoas acompanharam o transe, sendo que a jovem Maria Hosana Cecílio da Costa foi acometida de um acesso, gritando e empurrando a todos desesperadamente, querendo tocar em Isaltina. Foi dominada por sua mãe, tendo parte de suas vestes sido rasgadas. Depois das preces, a médium disse que não fazia milagres, pois quem os fazia era Deus, acentuando que não é ninguém na vida e que apenas cumpriu sua missão. Afirmou que sentia muito, mas tinha de partir, mas esperava um dia estar de volta a esta cidade, onde foi tão bem recebida.

Não deixarão

Quando Isaltina e seus acompanhantes entraram no carro, sob a proteção dos soldados, o povo acercou-se e, aos gritos de "não vai embora", Isaltina, impediram que o automóvel se movimentasse. A muito custo, os PMs, agindo com energia, afastaram a massa compacta e acompanharam o veículo, até a Rua Lucindo Lago, aonde o povo, também correndo, seguiu a marcha do taxi.

Teria feito milagres

Embora ninguém tenha confirmado o fato, inúmeras pessoas disseram que houve dezenas de milagres. Um menino aleijado das duas pernas foi visto andando, enquanto um cego começou a gritar que estava vendo. Uma senhora que passava mal disse que após tocar em Isaltina, ficou completamente boa. Os fatos não puderam ser confirmados e nem documentados, porque as pessoas que teriam sido curadas se perderam em meio à imensa multidão presente.

Embarca hoje

Isaltina Cavalcanti embarca hoje, às oito horas para Natal, onde reside. O avião sairá do Aeroporto Santos Dumont, onde deverão estar presentes representações de ligas umbandistas e espíritas da Guanabara, que prestarão à médium uma última homenagem, até o seu retorno ao Rio, o que deverá se dar brevemente. Isaltina leva consigo um saco pesando 10 quilos com cartas e bilhetes de pessoas pedindo consultas.

ISALTINA VOLTOU À GUANABARA EM SEGREDO

Luta Democrática, n. 3736, 17 de abril de 1966

Isaltina Cavalcanti já chegou à Guanabara, em segredo e a vigilância do babalaô Sebastião Pedra D'Água, enquanto um tal de Índio está organizando uma caravana para ir vê-la, de ônibus, em Natal, ao preço de Cr$ 100 mil por pessoa.

O propalado filme que seria feito sobre Isaltina não deverá sair porque, segundo fontes espíritas, não se obteve os Cr$ 2 milhões exigidos para as despesas da película, pelo seu organizador, Senhor Cotrim. Uma organização que seria denominada Fundação Isaltina Cavalcanti, idealizada por elementos ligados a Pedra D'Água, também não vai sair porque os organizadores queriam Cr$ 10 milhões para os custos.

Começou errado

O advogado Rivadávia Maia, o único da GB que tem procuração de Isaltina Cavalcanti desistiu dos *habeas corpus* em favor dela, na Justiça, por outros que não tinham procuração. O Senhor Rivadávia Maia afirma que o "caso Isaltina" foi mal encaminhado. Os *habeas corpus* impetrados eram de advogados sem procuração e não tinham razão de ser, segundo o Senhor Rivadávia Maia, "pois reivindicavam direito de cura, o que é absurdo juridicamente".

ISALTINA ROUBOU MEU MARIDO

Luta Democrática, n. 3737, 19 de abril de 1966

Setores da Polícia da Guanabara já estão se movimentando para que sejam detidos o babalaô Sebastião Pedra D'Água e sua amante Isaltina Cavalcanti, em face da acusação da esposa do mesmo, Dilma Maria da Silva, de que "ele é vigarista". Dilma é casada há dois anos e possui um filho de meses e diz que a médium lhe roubou o marido.

Sebastião Pedra D'Água e Isaltina Cavalcanti voltaram à Guanabara, "corridos" do Rio Grande de Norte, porque o babalaô, para sua primeira viagem ao Rio, aplicou o "conto do enterro" coletando com os seus amigos e os do sogro a importância de Cr$ 200.000,00, alegando que a sua mãe havia falecido no Rio de Janeiro e não havia dinheiro para os funerais.

Cheque sem fundos

Já vestido de terno preto, Sebastião Pedra D'Água veio à Guanabara deixando no Rio Grande do Norte vários cheques sem fundos, um dos quais de Cr$ 10.000,00, contra o Banco Mercantil da Guanabara. Foi pago pelo seu sogro.

Líderes espíritas da Guanabara e Estado do Rio, por outro lado, acreditam que Isaltina Cavalcanti vive sob coação de Sebastião, que se arvora em seu empresário, explorando as qualidades mediúnicas, que acreditam ela possuir. Além disso, ele tem tentado tomar dinheiro de várias entidades espíritas.

Vários delegados da Guanabara estão de sobreaviso, esperando que Isaltina e Sebastião "baixem" em suas jurisdições para então entrarem em ação cumprindo assim o que determina o Código Penal.

ISALTINA E O BABALAÔ CONSPURCAVAM O TERREIRO COM SEUS AMORES ILICITOS

Luta Democrática, n. 3738, 20 de abril de 1966

– Isaltina é mesmo amante do babalaô Sebastião Pedra D'Água, e isso é do conhecimento até da Federação de Umbanda, pois as relações dos dois já datam de algum tempo – são as declarações do Major Iari de Brito, diretor-presidente do Centro Espírita Santo Antônio de Pádua, em Morro Agudo, onde Isaltina atendeu milhares de pessoas e saiu junto com Pedra D'Água, porque as safadezas que vinham sendo praticadas até mesmo nos terreiros do Centro, comprometem não só a eles dois, mas à própria religião de Umbanda conforme afirmou o dirigente espiritualista, ontem à reportagem da LUTA DEMOCRÁTICA, que foi encontrá-lo em Morro Agudo.

Disse o diretor do Centro Espírita Santo Antônio de Pádua que o próprio Sebastião Pedra D'Água me confessou ser amante de Isaltina o que já era do conhecimento de todos nós.

Apaixonada

– Ela mesma, Isaltina – afirma ainda o major – também confessou a pessoas da Federação de Umbanda que vinha sendo pressionada por Sebastião, que até beliscões lhe aplicava para que não falasse com ninguém, sem sua autorização. Ao fazer tais confidenciais, Isaltina justificava que somente não abandonava o babalaô, porque estava por ele apaixonada.

Charlatão

Frisando que tinha muita coisa para contar e que só não fazia porque a safadeza é tanta que compromete a própria religião, o diretor do Centro Espírita Santo Antônio de Pádua disse que "fui enganado por um grande vigarista, pois Sebastião não passa de um charlatão", o que me levou a romper com ele, obrigando que também Isaltina abandonasse Morro Agudo.

– O que eles fazem agora é pura propaganda e exploração do povo, pois Sebastião é, comprovadamente um vigarista muito inteligente, continua o Major Iari, acrescentando que, "para mostrar a má fé do babalaô, basta o fato que a mim mesmo ele mostrou um telegrama, onde era cientificado da morte da própria esposa, Dilma Maria da Silva, que agora está no Rio denunciando todas as malandragens. E, também, a várias pessoas do Centro, Sebastião disse que era viúvo.

– Mas – continua o Major – a revolta maior de nossos associados foi quando tomamos conhecimento do que, durante a noite, Sebastião e Isaltina usavam até toalhas dos altares para fazerem higiene.

Tudo mentira

Assegura o Major Iari que desde o início, Sebastião só fazia mentir. – Tanto assim, que chegou a dizer-me ser proprietário de um Centro Espírita e um orfanato em Queimados, e que nunca existiram. O conhecimento do militar com o babalaô nasceu há três anos, quando Sebastião foi candidato a vereador, por Nova Iguaçu, procurando-o para aliciar votos. O Major Iari voltou a vê-lo na terça feira, antes do carnaval, quando ele contou a história de Isaltina e o espírito do médico alemão que ela recebia. Ficou então combinado que os dois somente usariam o Centro, se concordassem em que os milagres de Isaltina fossem comprovados pelo parapsicólogo Luís Lomba.

Sem isso, explica o Major – eu não queria que o Centro fosse usado. Entretanto, Sebastião chegou a Morro Agudo, em um sábado, e, sem minha autorização, passou a atender, o que não pude proibir, pois já havia milhares de pessoas à espera.

Foi quando, após os primeiros dias, Isaltina levada pelo Sebastião (que não deixava nem o diretor do Centro conversar com ela), passou a abandonar os milhares de pobres que apodreciam na lama, esperando uma consulta para ir atender em Copacabana e Niterói.

– Interpelei Sebastião e ele alegou que continuaria fazendo isto, mesmo deixando de atender pessoas que há mais de 20 dias estavam em Morro Agudo. Decidi então proibir a permanência do casal no Centro, pois senti que Sebastião se desviava da caridade, passando a ver somente o que só pode se interesse comercial, pois, já eram conhecidos os milagres de Isaltina e havia promessas de livros e até filmes, o que aconteceu. Pois bem, Isaltina deixou de atender cancerosos para se transformar em vedete de cinema, artista mestre em encenações, tudo arquitetado pelo grande vigarista Pedra D'Água.

Fundação fantasma

Ressalvando sempre que não contava mais para não prejudicar a Umbanda, mas que o Senhor Jerônimo, presidente da Federação das Entidades de Umbanda, sabe de toda a patifaria, o Major Iari explicou que, "apesar de não estar bem esclarecido, tudo leva a crer que Sebastião voltou ao Rio para providenciar a criação de uma Fundação Isaltina Cavalcanti, verdadeira arapuca". Afirma o Major ter sabido que Sebastião pediu a própria Federação de Umbanda que lhe arranjasse Cr$ 20 milhões para então autorizar o uso do nome da médium.

Ao terminar, o Major confessou que até hoje não houve um caso de cura por Isaltina que tivesse sido comprovado por médicos.

– É uma pena que Isaltina esteja nas mãos de Pedra D'Água, pois ele não passa de um farsante, um grande cretino.

Desde que Isaltina deixou o Rio e, agora com o seu regresso, continuam as romarias diárias ao Centro Espírita Santo Antônio, em Morro Agudo, e à Tenda Mirim, em São Francisco Xavier. Ainda ontem, quando a reportagem estava em Morro Agudo, chegou o paralítico Hilário Guimarães, de 37 anos, vítima de uma congestão e que há dois anos perdeu a mobilidade da perna e braço esquerdo. Veio em um carro de praça e disse que "havia tido notícias de que Isaltina estava atendendo novamente".

Auto condenação

Após ouvir as acusações a reportagem da LUTA manteve encontro, no escritório do advogado Rivadávia Maia, com Sebastião Pedra D'Água e Isaltina, acompanhada de seu pai, o Coronel-Vereador, no município de Macau, Senhor Genésio Cabral de Lima.

Durante a entrevista (a reportagem ouviu Sebastião e Isaltina separados), os dois caíram em diversas contradições, tendo Isaltina demonstrado grande nervosismo, negando-se a esclarecer onde estava hospedada no Rio. Sebastião negou ter apresentado qualquer telegrama e disse que não sabia explicar os motivos das acusações feitas pelo Major Iari, afirmando somente que nunca foi amante de Isaltina, mulher que não pertence à nenhum homem, mas à natureza, e que a única ligação existente entre os dois é a espiritual.

Afirma Sebastião que voltou ao Rio porque recebeu uma mensagem do médico Artz Scovsk, pois ele, Sebastião, que, em Natal, incorpora em Isaltina, avisando-a para vir ao Rio, pois ele estava sendo vítima de calunias. Entretanto, Isaltina ao ser ouvida negou que tivesse "recebido" o espírito do médico, dizendo mesmo que não sabia da mensagem recebida pelo babalaô. Neste momento, os dois ficaram em grande confusão, ao notar a contradição em que caíram. Finalmente, Isaltina disse que veio ao Rio para realizar as últimas cenas de seu filme, ontem terminado. Antes, Sebastião havia dito que somente se comunicava com o médico através de Isaltina e, depois de verem a contradição, explicou que podia receber mensagens do médico, mesmo sem ele estar incorporado na médium.

Afirma Sebastião que está sendo vítima de caluniadores, inclusive elementos da própria Federação de Umbanda, que desejavam tirar proveito dos milagres. Com relação à Fundação Isaltina Cavalcanti, disse que veio ao Rio para apurar tudo, pois se houver alguma Fundação, será por ele criada.

Mais adiante, Isaltina afirmou que não sabia até quando ficaria no Rio. Momentos depois, Sebastião confessou que já havia comprado as passagens para embarcarem hoje, de volta a Natal. Isaltina ficou confusa e pediu que Sebastião esclarecesse tudo, pois tinha medo de parecer mentirosa. Ao ser ouvida pela reportagem, sem a presença do babalaô, Isaltina mostrou receio de fazer afirmações.

O pai de Isaltina disse que processará a esposa de Sebastião Pedra D'Água, e encarregou o advogado Rivadávia Maia do caso. Com relação às acusações de que havia roubado o marido de Dilma, Isaltina disse que somente pedia a Deus para perdoar os caluniadores.

Quanto a Sebastião, afirmou à reportagem que queria tirar uma foto abraçado com Isaltina para fazer ciúme à esposa. Momentos antes, disse que ainda tinha esperanças de voltar a viver com Dilma, pedindo para que a LUTA lhe transmitisse um recado:

"Dilma, só diga a verdade, porque do contrário serei obrigado a contar onde e com quem estão minhas roupas e nossos móveis", deixando a entender que sua mulher tem um amante. Sebastião acusou a esposa de ter vendido uma casa que tinham na Rua Chuí, 213, no Engenho de Dentro; também os móveis e outra casa que tinham no Norte. Finalizou afirmando que ontem Isaltina foi por ele liberada das obrigações espirituais, retornando ao Norte, e que ele ficará no Rio, pois precisa viajar para a África.

Disse ainda Sebastião que caso a LUTA publique tudo direitinho, poderá fornecer seus serviços, em uma série de reportagens, anunciando ainda revelações estarrecedoras sobre elementos que tentam fazer chantagem e ganhar dinheiro com o seu nome.

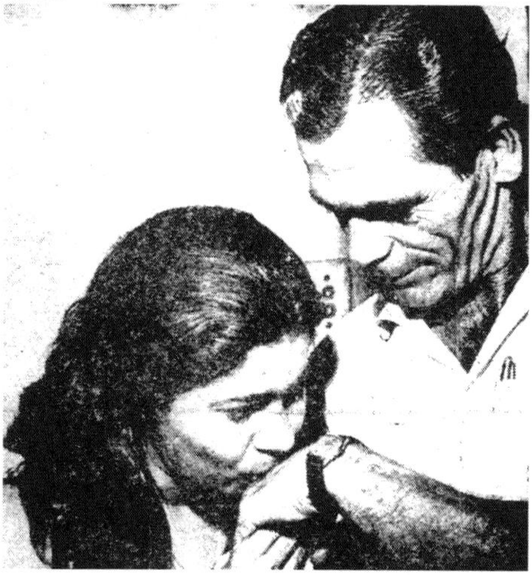

Isaltina beija a mão de Sebastião Pedra D'Água.
Luta Democrática, n. 3738, 20 de abril de 1966

BABALAÔ DE ISALTINA É BIGAMO

Luta Democrática, n. 3740, 22 de abril de 1966

Sebastião Pedra D'Água, como é conhecido nos meios umbandistas o ex-ferroviário Sebastião dos Santos, é bígamo, disse à reportagem da *Luta Democrática*, ontem, dona Dilma Maria da Silva Santos, sua segunda esposa, residente no Rio e que só descobriu o engodo de que foi vítima quando foi tratar da ação de prestação de alimentos que move contra ele, no IAPFESP,[11] pelo qual o mesmo é aposentado.

Em prantos, acrescentou ela que – "O meu marido sempre foi um vigarista e agora se transformou em um chantagista. Carrego a minha cruz, há dois anos, quando ocorreu o nosso casamento.

Advogado acusado

Dona Dilma Maria, por mais de duas horas, narrou o seu sofrimento com Sebastião Pedra D'Água, quando fez sérias acusações ao advogado Rivadavia Maier, hoje defensor de Tião e Isaltina. O advogado é acusado até como um dos responsáveis pelo seu casamento com Tião, seu amigo de muitos anos, sobre quem deu as melhores informações aos seus pais, o Primeiro Tenente do Exército (reformado) João Luís da Silva e dona Maria Leonor da Silva, mesmo sabendo serem elas mentirosas e falsas.

Bigamia

A maior acusação contra Tião, feita pela sua própria esposa, é de que ele é bígamo, possuindo esposa e quatro filhos, em local que ignora. Esse fato está sendo apurado por seus advogados, mas de acordo com o que consta no processo referente à sua aposentadoria, no IAPFESP, não resta dúvida sobre a sua bigamia.

Despejada

Rebatendo as acusações feitas por Tião, de que ela, Dilma, havia queimado a sua roupa e vendido por duas vezes

[11] Instituto de Aposentadoria e Pensões dos Ferroviários e Empregados em Serviços Públicos.

os seus móveis e utensílios que guarneciam a sua casa, em Natal, Dilma relatou o seguinte: nunca chegou realmente a ter casa própria, pois logo que se casou com Tião foi morar em casa de uma sua cunhada, de nome Maria, em um apartamento Conjunto Residencial do IAPC, dormindo no chão desde a sua chegada da lua de mel, passada no sítio de uma destacada figura da Academia Brasileira de Letras, seu ex-patrão. Anteriormente, Tião a levara àquele apartamento do IAPAC, que lhe foi mostrado como sendo a sua futura residência, apesar de seus pais não acreditarem na história de Tião. Mais tarde, Maria lhe disse que assim procedera por ter sido ameaçada por seu irmão, que chegou mesmo a dizer-lhe que se mataria, caso ela não confirmasse a sua versão do apartamento.

A previsão do padre

– Esta cena, prossegue Dilma – confirma plenamente as previsões do padre da Igreja Coração de Maria que três dias antes do nosso casamento rasgou toda a documentação, para evitar, segundo relatou aos meus pais, que eu caísse em mãos de um vigarista, pois até aquela data Tião ainda não havia levado à igreja a sua certidão. Isso revoltou o padre. Nessa ocasião, Tião saiu do templo em prantos, ameaçando suicidar-se.

Pura encenação, hoje comprovada, pois fala a todos que me ama, adora e é por mim apaixonado, mas não cumpre as suas obrigações de pai de família e não liga para o seu filho. Sou católica, mas não fanática, aceito outras religiões, mas não posso deixar que Tião mistifique a opinião pública e sacrifique os doentes, que andam em busca de um verdadeiro milagre.

O casamento por causa desse incidente, acabou sendo celebrado na Igreja de Cristo Rei, em Vaz Lobo.

Via Crucis

Continuando a narrar a sua vida cruel, disse Dilma que depois do IAPC foi residir com seus pais, que mandaram fazer um barracão no fundos da casa 313 da Rua Chuí, onde teve, mais tarde, de entregar à DECASA uma televisão e um fogão comprados por Tião, que a essa altura já tinha ido para o Rio

Grande do Norte, sob a alegação de que ia tentar nova vida. Recebeu então uma carta, mandando-a buscar e, com o dinheiro dos móveis vendidos, foi para o Rio Grande do Norte, onde Tião afirmara que havia sido nomeado delegado regional (mas não especificou do que). Mais tarde, Dilma veio a saber que era uma designação dada por uma Confederação Espírita sediada na Guanabara.

Dilma afirma que não estranhou a nomeação porque antes de casar, a 11 de janeiro de 1964, Tião lhe mostrara várias carteiras, inclusive a de policial, e já se dizia funcionário público, sem entretanto especificar a repartição em que trabalhava.

Farsa

No Rio Grande do Norte, foi então residir à Rua Maranguape, 75, bairro do Tirol, em companhia de seus avós Francisco Luís dos Santos e Maria Cunha dos Santos, até que, mais tarde, mudou-se para a sua própria residência, na Rua Filinto Manso, 69, Casa D, Cidade Alta. Quando vivia com os avós, Tião passou a cortar batata inglesa, introduzir batom e a fritar caroços de jaca, para vender aos incrédulos como sendo orobô e obi, amuletos de Umbanda, até que tiveram um atrito, pois Dilma ameaçou denunciar a farsa. Tião mandou buscar umas amostras, na Guanabara, para ter como reserva, pois caso houvesse dúvidas, ele tinha exemplares autênticos à mão para mostrar aos que duvidassem do material.

O regresso ao Rio

Agora, para regressar à Guanabara, entregou a casa ao proprietário, e vendeu a mobília por 100 mil cruzeiros, de acordo com a ordem que recebeu da juíza Vandeci Albanea Ferreira Varas, da 4ª Vara de Família, Privativa de Menores, da capital potiguar. Sem luz e gás que estavam cortados e a casa com aluguel atrasado. Recebeu então passagem pela VARIG e regressou à casa de seus pais, onde veio a saber das andanças de Tião. Dilma, em choro, afirmou perante seus que não era seu desejo trazer a sua vida privada a público, mas que foi Tião quem lhe lançou a primeira pedra e, diante de sua honra atacada, não pode ficar calada.

Não trabalha

Dilma disse que não queimou a roupa de Tião, como ele está propalando. Deixou em uma mala de sua propriedade, em casa de seus avós, onde ele pode apanhar à hora que desejar. Tião, disse Dilma, nunca teve trabalho efetivo e, no Rio Grande do Norte, estava "encostado" no escritório de seu amigo Edgar, dono de uma churrascaria, onde pela primeira vez viu Isaltina, que ali estava em companhia de sua mãe, dona Mercês Cavalcanti e mais duas irmãs e ainda a esposa de Edgar. Ali, diz Dona Dilma, Isaltina recebeu, pela primeira vez, o médico alemão, e logo depois, um chinês, um boêmio e um castelhano. Tião ficou impressionado e disse-lhe: "Menina, você tem grande mediunidade e, se quiseres, podes ganhar muito dinheiro".

Viagem

Dias depois, conta dona Dilma, Tião viajou para o Rio alegando que ia fazer o enterro de sua própria mãe, Palmira Gomes (hoje ainda viva, residente em um conjunto). Aliás, ele tem, no Rio, duas irmãs Maria e Tereza, esta última residindo na Rua Conselheiro Galvão, 882, Rocha Miranda. Logo depois, Isaltina veio também para a Guanabara. A seguir, começaram a chegar a Natal, as notícias dos feitos do médico alemão.

Cheque sem fundos

O tenente João Luís da Silva, pai de Dilma, revelou ao repórter que está de posse de um cheque de 10 mil cruzeiros, assinado por Tião, sem fundos, contra o Banco Mercantil da Guanabara, e já em mãos de seu advogado. Também mandou levantar a vida pregressa de Tião, afirmando que "estão surgindo coisas do arco da velha". Vai, assim, anular o casamento de sua filha e ficar com a responsabilidade de seu neto.

Dilma adiantou ainda que, ao conhecer as divergências entre seu marido e seus familiares, ele lhe dissera que "sua mãe havia falecido e lhe deixado todos os bens da família, e que havia enraivecido os seus parentes".

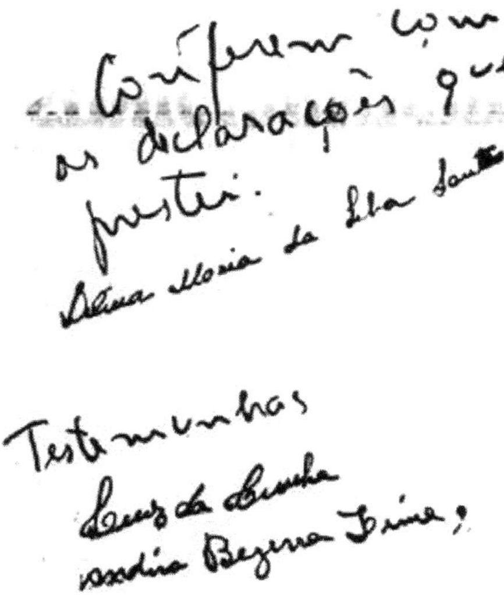

Conferem com as declarações que prestei.

Dilma Maria da Silva Santos

Testemunhas

Parte final das declarações de Dilma Maria da Silva Santos
Luta Democrática, n. 3740, 22 de abril de 1966

ISALTINA NÃO É MAIS "CAVALO" DO DR. SCOVSCK

Luta Democrática, n. 3755, 10 de maio de 1966

– Cerca de 600 pessoas já foram "operadas" pelo médico Artz Scovsk que baixava em Isaltina Cavalcanti e está baixando no funcionário público Tomás de Aquino Quintela – disse ontem à LUTA DEMOCRÁTICA o babalaô Jerônimo de Sousa, presidente da Federação Nacional das Associações Religiosas de Umbanda.

Troca

O Senhor Jerônimo de Sousa disse ainda que o espírito que baixava em Isaltina está baixando naquele funcionário há cerca de 15 dias e que por enquanto está na fase de experiência. Enquanto isso na cidade de Paranamirim, RGN, quando tentava "curar" cerca de 2500 pessoas foi abandonada pelo espírito do médico alemão quando seu babalaô Sebastião Pedra D'Água – que saiu do Rio, envolvido em bigamia, para o Rio Grande do Norte – explicava a multidão que o médico Artz Scovsk entregou Isaltina a Deus e resolveu baixar em um médium de nome Jacó e afirmou que teve que desenvolver grandes esforços para Isaltina não morrer. Isaltina, por sua vez, dizendo-se muito abalada, disse a multidão que "o espírito do médico a abandonou e deixou quatro especialistas para me proteger.

CAMBONO DE ISALTINA CONDENADO POR BIGAMIA

Luta Democrática, n. 4099, 22 de junho de 1967

O Juiz Basileu Ribeiro Filho, da 4ª Vara Criminal, condenou a dois anos de reclusão, o indivíduo Sebastião dos Santos, mais conhecido como Sebastião Pedra D'Água, que funcionou muito tempo como cambono da médium Isaltina Cavalcanti, quando de suas apresentações na Guanabara. Pedra D'Água foi acusado na Justiça de crime e bigamia, em face de uma série de reportagens feitas pela LUTA DEMOCRÁTICA.

Consta nos autos que o acusado casou na Guanabara, em 1964, com a jovem Dilma da Silva Santos, embora já tivesse contraído núpcias em Pernambuco, em 1947, com Célia Corrêa dos Santos, que veio a morrer dois anos após o segundo casamento. Sebastião, que já estava com a sua prisão preventiva decretada e se achava recolhido à Penitenciária, vai cumprir ali a sua sentença.

E aqui termina a saga de Isaltina, que foi usada por Sebastião Preda D'Água para fins escusos causando grandes dissabores à médium do Dr. Artz Scovsk.

No terceiro volume da série *História da Umbanda no Brasil*, publicada pela Editora do Conhecimento, temos um capítulo que aborda a vida de Isaltina Cavalcanti.

ZÉ ARIGÓ NA UMBANDA

Luta Democrática, n. 05254, 03 de fevereiro de 1971

Ele sabia que ia morrer, que voltaria, pois sobre isto falou várias vezes a amigos e parentes, os quais tudo faziam para não acreditar. Tal faculdade mediúnica é conhecida como precognição e sobre a mesma escreveria Richet: "Precognição é a indicação de um fato que ainda não se realizou e que nenhuma sagacidade, nenhuma perspicácia permitia prever. Quanto a Quevedo, diria que precognição, no sentido estrito, é o conhecimento direto do futuro". Aliás, Quevedo cita como exemplo o caso do navio Titanic, contudo dizendo que certo ocultista informaria que o caso do navio Titanic estaria previsto na numerologia.

Aos que duvidam, afirmamos que no campo espiritualista, muita coisa pode acontecer. Quem não se lembra de Isaltina, e o paralitico que andou? Como testemunho, citamos o Dr. Armando Cavalcanti Bandeira. Por intermédio do colunista de Umbanda, tivemos ciência da cura realizada pelo Exu Tranca Ruas.

Espírito que reza

A pobre senhora, entre assustada e eufórica, procurou-nos para dizer que Zé Arigó teria baixado em seu terreiro (sic). É bem verdade que Serrano, em seu livro *Arigó, desafio à Ciência*, classifica muita coisa como mistificação. Escreveu Serrano: "...Aqueles que não estudam a doutrina de Kardec, que procuram os espíritos apenas para resolver seus problemas particulares, em todos os momentos, estão caindo nestas arapucas, que usam o nome de Jesus e seus comandados, apenas para garantirem o futuro financeiro, esquecendo que amanhã, quando chegarem à verdadeira vida...

O espírito baixou e rezou: Meu Pai, Jesus, Maria, aqui estamos reunidos em Vosso Nome, suplicando as bênçãos da paz, da saúde, da harmonia, da tranquilidade e da caridade, para todos os filhos Vossos... E isto identificou o Espírito, sim, seria o espírito de Zé Arigó. Era a prece preferida no Centro Espírita Jesus Nazareno, ao início e ao término dos trabalhos.

A senhora não soube a que atribuir tal manifestação, visto que os trabalhos se destinavam a gira com os Pretos Velhos.

Visão do futuro

O médium pode prever o futuro, como afirmamos acima, segundo a faculdade denominada precognição, outros denominam de premonitória. Seria a faculdade de que se servem os Pais de Santo que jogam búzios.

Zé Arigó, como escrevemos, previra seu fim. Mas, também teria previsto que voltaria, contudo não poderia curar, pois não era médico. Portanto, se baixou ou não, no terreiro, é problema a ser estudado. Nada pode ser tido como inverossímil, como também não pode ser tido como verdade. Repitamos o que teria o que teria escrito o parapsicólogo Padre Quevedo que se contestado por Carlos Imbassaí, em seu livro *Hipóteses de Parapsicologia*. Quevedo continua sendo um parapsicólogo consultado por muitos... "As tragédias ou mortes coletivas naturalmente, são as mais emotivas em geral do que as mortes particulares e, pelo mesmo motivo, desequilibram mais, facilitando a manifestação da precognição". Veja, em *A face oculta da mente*, o capítulo Precognição.

Zé Arigó voltará

Citamos suas próprias palavras, quando vivo, de que não passaria do ano de 1971, bem como voltaria, ainda que não pudesse curar, visto não ser médico.

Citamos trecho de advertência do livro de Geraldo Serrano: as condições da morte de Zé Arigó na BR-135, e o desastre ocorrido com seu Chevrolet, um mês antes, são a evidência da interferência da espiritualidade, da autenticidade de suas visões.

É bem verdade que certos fatos ocorridos nos terreiros de Umbanda, não são levados a sério, visto a modalidade de trabalho, o de incorporação, quando ocorrem fenômenos de precognição, materialização etc.

Contudo citamos fato ainda não devidamente esclarecido, as manifestações e realizações de Seu Sete da Lira, em Santíssimo; o de um Pai de Santo que afirma ter visto os discos voadores; outro Pai de Santo que tem visões, é o Pai de Santo Crioulo do Pará; há outra senhora, médium de Umbanda, residente em Vila Kennedy, que também tem a faculdade conhecida por precognição – ela viu ou previu a prisão de um irmão de fé. Portanto, diante da dúvida, espanto e euforia da Mãe de Santo Dona Marina, de que o espírito rezando a prece de Zé Arigó seria ele mesmo, deve ser verificado e ninguém poderá pôr em dúvida.

Zé Arigó
Foto da capa do livro *A vida de Zé Arigó*, de Paulo Siqueira
Nautilus Editora, 1971

Além de várias obras disponíveis, os leitores que desejarem conhecer mais detalhes sobre a vida e obra de Zé Arigó, poderão recorrer ao quarto volume de nossa obra: *História da Umbanda no Brasil*, publicada pela Editora do Conhecimento.

O ESCRITOR DECELSO E O SENSACIONALISMO EM TORNO DE SEU SETE DA LIRA

Luta Democrática, n. 05363, 15 de junho de 1971

Responda para êste jornal. Preencha o cupão abaixo e seja o grande juiz. Responda: sim ou não.

1) Você acredita no seu Sete da Lira?..........

2) Já foi atendido por seu Sete da Lira?..........

3) O ritual do seu Sete é de Umbanda?..........

Envie e se candidate a um livro, presente da Eco e leia: Umbanda de Caboclos.

Envie seu nome para a Corrente Espiritual e Mental de Umbanda. Diàriamente às 18 horas, pelos enfermos, aflitos e presidiários.

Enquete realizada por Decelso
A Luta Democrática, n. 05363, 15 de junho de 1971

SEU SETE JURA SILVIO SANTOS

A Luta Democrática, n. 05432, 01/09/1971

Silvio Santos, que, segundo a imprensa paulista, está na marca do pênalti, sorri, enquanto recorre à mandinga para livrar-se da maldição de Seu Sete. Zé Sorriso é o desafio ao poder do mago de Santíssimo. A Umbanda, rezando por ele, gemem os atabaques e acorda os numes[12] brancos da religião da luz.

Falange do bem protege o animador

Bastaria correr, mas os umbandistas estão com a consciência tranquila – Jornais de São Paulo anunciam que todos os carros do Rio ostentam o emblema de Seu Sete da Lira, esquecendo os plásticos das tíbias cruzadas... – Conto antigo, visa popularidade, já que a verdadeira Umbanda não faz mal a ninguém...

[12] Espíritos protetores.

Seu Sete, dizem os jornais paulistas – quer acabar com Silvio Santos, o Zé do Sorriso Largo. E um cara, chamado Gilberto Lima, cambono de rádio, e de Umbanda, mexe com os pauzinhos, para que despachos de encruza, espalhados em esquinas do Rio, não "abotoem o paletó"[13] de Silvio em um caixão de madeira.

Milonga sevada

O conto já é antigo. Ninguém faz mal a ninguém. Ninguém defende ninguém. Mas todos querem dinheiro de todos. E o otário vai na conversa. Silvio, pelo que assistimos no fim de seu programa, já quer abrir o bolso e virá-lo na mão dos malandros. Com a ameaça de Seu Sete, ou de alguém interessado em "gaita,"[14] Silvio Santos ficou mais amarelo que vela de casa de ervas.

Corrente radiofônica

Dizem que não é só Gilberto Lima que trabalha para suspender a maldição de Seu Sete. O cantor Nerino Silva e o humorista Lilico, fazem a corrente, chamando todas as linhas em defesa do animador, que está na lista, com a cruz de lado.

A boataria

Para impressionar Silvio Santos, os jornais paulistas contam que todos os carros do Rio ostentam o emblema de Seu Sete. Há um consenso geral contra Silvio Santos. Ou, talvez, para tomar a grana de Silvio Santos, que cresceu depressa. E, por isso, lá vai mentira... O emblema de grande número de carros, na Guanabara, não é o de Seu Sete: é da caveira, que mata de verdade... Não são poucos os carros, com a figura de quem foi e duas tíbias cruzadas... E esse terreiro, Silvio, é que perigoso, porque não mata com despacho e sim com tiro...

Tranquilidade dos umbandistas

Enquanto a boataria corre, os umbandistas encontram-se com a consciência tranquila. Dizem eles que a Umbanda não se destina ao mal... Que a Umbanda não mata ninguém. E,

[13] Abotoar o paletó era uma expressão que significava morrer.
[14] Dinheiro.

portanto, se Dona Cacilda é umbandista, o Silvio não espere nada de mal. Acrescentam os homens da "pemba": Se Seu Sete é embusteiro, o mal só pegará em Silvio, se ele se impressionar. E rematam: Quem faz o mal ao homem é o próprio homem, Pense no mal e o mal lhe acontecerá.

Protesto dos umbandistas

Os umbandistas sinceros encontram-se revoltados com o exibicionismo que presenciaram na TV, achando que o carnaval religioso de domingo deve haver dado bom Ibope para as emissoras, mas resultados negativos para a Umbanda, que é um ritual religioso simples e sério. Os telefonemas de censura têm se repetido insistentemente.

Conselho à Zé Sorriso

Mas se o Silvio continuar temeroso, pensando que mandinga é mais mortal que dose de Formicida Tatu,[15] aconselhamos que compre um amuleto e três figas cruzadas, bata a cabeça pague e meta o pé na tábua.

REI DO CANDOMBLÉ DESAFIA SEU SETE!

A Luta Democrática, n. 05433, 02 de setembro de 1971

Com o lançamento de Seu Sete na TV, no último domingo, grande parte da Umbanda, que é uma religião que prega a humildade, o amor e a caridade, levantou-se, condenando o exibicionismo das apresentações. Acham os umbandistas, espalhados em milhares de terreiros do Grande Rio, que Seu Sete não passa de um joguete, uma espécie de inocente útil, utilizado por certa imprensa e pela TV, preocupadas muito pouco com a Umbanda, pois se ocupam muito de seus interesses. E, servindo à cobiça destes empreiteiros de negócios fáceis. Seus Sete, certamente sem pressentir, vêm prejudicando a Umbanda, pois a transforma em um espetáculo de bacanais, levando-a ao ridículo e ao descrédito.

[15] Marca famosa de formicida da época.

O povo e Seu Sete

Sobre a popularidade de Seu Sete na Guanabara, os umbandistas expõem uma opinião aceitável. Dizem eles que o país atravessa uma época de transição – o arranco, que marca o pulo da era patriarcal para a do progresso. E o povo é quem mais sofre neste alo, pois, não possuindo recursos para suportar a carga deste avanço, sente-se desamparado, apesar das leis sociais compensadoras. Angustiado, torna-se crédulo e impressionado com o messianismo. Aludem os umbandistas à época dos penitentes barbudos nas roupagens do Nazareno, tipo Antônio Conselheiro, que saiam por vilas, povoados e cidades, arrastando multidões de prosélitos. E semelhantes sintomas de pobreza e angústia, criados pelo progresso atual, geram o mesmo fenômeno, *mutatis mutandi*.[16] Prosseguindo, os umbandistas esclarecidos admitem mesmo casos de cura psíquicas. A fé também é remédio. E de comprovada eficácia, mesmo engarrafada em vasilhames toscos e sujos.

A palavra do Rei do Candomblé

José Ribeiro,[17] escritor e compositor famoso, pois é autor de 14 obras e acaba de lançar um LP de músicas de Candomblé, é um dos líderes de opinião mais categorizado no mundo da Umbanda.[18] É considerado como o substituo natural de Joãozinho da Goméia. Por isso, sua voz é acatada em todos os terreiros. E José Ribeiro assim nos falou:

– Credulidade não é credencial de umbandista: expressa ingenuidade. A Umbanda tem sua doutrina e vários ritos. Externamente, o culto umbandista varia. Na essência, é um só. A Umbanda prega a união, a paz e o amor. Ela ajuda o homem a suportar a vida, que é uma prova constante de expiação. Absolutamente, não procura tornar mais pesado o ônus de quem aqui se encontra, para passar uma chuva e expiar o passado. Portanto, o umbandista não ameaça. Não passa recibo a injuria ou críticas: perdoa as injurias, com as palavras de Cristo:

---

[16] Mudando o que tem de ser mudado.

[17] Joãozinho da Goméia era considerado o Rei do candomblé. Tão logo desencarnou, José Ribeiro se autoproclamou Rei do Candomblé e, pasmem, nomeou um vice-rei para a Umbanda.

[18] Esta afirmação é um grande absurdo.

"Pai, perdoa-lhes, porque não sabem o que fazem".

Quiumbas e Exus

Continuando, José Ribeiro deu-nos algumas noções da ignorância que grassa hoje nas massas populares, traumatizadas por cenas preparadas e transmitidas ao povo por empresas que vivem do exibicionismo e da exploração da crendice popular. Ei-las: "O nosso povo – disse-nos ele – confunde quiumbas com exus e, muitas vezes, com orixás". Orixá não baixa em televisão. E, portanto, Seu Sete nem é orixá nem exu.

Ama a Umbanda

Nosso entrevistado estava chocado. Escandalizou certo programa. E, por isso, desabafou: Sou candomblezeiro, mas amo a Umbanda. Somos todos filhos da família espiritual afro-brasileira. Constituímos sons diferentes dos gemidos da aldeia africana, procurando Deus nas crises aflitivas, pedindo o amparo dos santos nas horas de angústia e dor, chamando nossos velhos para mediar nosso contato com as divindades maiores. Pretos e Caboclos são nossos guias e nossos tutores. Cada espiritual escolhe os seus protetores e pais espirituais, na linguagem comum. Portanto, feriu-me profundamente o sensacionalismo barato que presenciei no domingo passado.

Desafio a Seu Sete

Concluindo, disse José Ribeiro:

Agradeço e acho até útil o trabalho da imprensa, do rádio e da televisão. LUTA DEMOCRÁTICA nos tem dado apoio. Tem sido uma propagadora séria da Umbanda. E os vários meios de comunicação da Guanabara não nos têm faltado, também. Mas choca-me o que vi na TV. Aquilo não é ajuda à Umbanda: é a ridicularização de um trabalho constante. Repito frase do Primaz Benjamim Figueiredo e do Tata Tancredo: A Umbanda é coisa séria para gente séria. Finalizou: Estou ao dispor da imprensa, do rádio e da TV, mas em meu terreiro, que é à Estrada Santa Efigênia, 152, Taquara, Jacarepaguá. E lá gostaria de receber Seu Sete para ele me mostrar o seu poder.

CABOCLOS E PRETOS VELHOS CONTRA "SHOW" DE SEU SETE

A Luta Democrática, n. 05434, 03 de setembro de 1971

Os caçadores de níqueis quase destruíram Seu Sete. Sentindo-se humilhada, a Umbanda em peso protesta com o que chama de palhaçada. E desafios chovem. Querem tirar a prova dos nove. Desejam ver que Exu é este, da Lira, pois não consta, nas linhas umbandistas, esse que baixa no Santíssimo e na TV.

Babá inventada

Babalorixás há que dizem ser Dona Cacilda inventada por um deputado, policiais vivaldinos, e por artistas ultrapassados. E, se como cabo eleitoral e como instrumento de rendas, Dona Cacilda logrou êxito surpreendente, foi um fracasso na qualidade de depositária dos poderes de Exu.

O terreiro de Santíssimo, como balcão de negócios, segundo alguns, deu resultados positivos. Como posto eleitoral, idem. Mas não aprovou em nenhum outro sentido. E o Deputado Rossini da Fonte, dizem, já deve estar bolando outra maneira de cavar votos, se conseguir passar mais uma vez na peneira revolucionária.

Responsabilidades penais

De acordo com a letra fria da lei, as responsabilidades de impostura, se comprovadas, poderão recair sobre Dona Cacilda. E, de acordo com alguns órgãos de imprensa, as autoridades já estudam o caso, com o fim de enquadrar os culpados nos artigos do Código Penal.

Mas, na opinião generalizada, Dona Cacilda talvez seja a única inocente, pois se acredita que não procedeu com dolo e, sim, com visível intenção exibicionista. Acham que se perdeu por vaidade. Exclusivamente por vaidade. E vaidade não é crime: é uma falsa qualidade dos primários.

No entender da maioria, outros são os culpados das últimas exibições públicas de charlatanismo: são os que se aproveitaram da vaidade de Dona Cacilda, com fins lucrativos, políticos ou monetários.

Romaria

Pelo que sabemos, ao terreiro de Seu Sete afluiu grande multidão, atrás de graças. Gente humilde, gente da classe média, gente de classe apelidada de "alta". Todo mundo desejando secar lágrimas, com a benção de Seu Sete. Todos atraídos por uma propaganda ostensiva de melhora de vida, uns querendo trocar calhambeque por Impala. Outros, com o olho em prosperidade fácil.

E a cantiga sempre a mesma: sobrecargas, olho grande, mandinga, originando todos os males. A benção desce, tudo continua no mesmo, mas a esperança não morre. Pelo contrário, aumenta com notícias de curas, de propalados milagres.

Doutrina umbandista

De acordo com os livros de Umbanda, não existe Exu da Lira. Segundo os entendidos, é uma divindade fictícia, criada entre goles de birita. Ou, segundo outros, trata-se de uma divindade carnavalesca. Trata-se de um Exu de cá. Não de lá.

E uma das provas de sua inspiração terrena, é que lança ele mão da ameaça para aterrorizar. Quer vencer, atemorizando os fracos. Espalhando promessas a quem levar cachaça. Apontando o tumulo a quem não bater cabeça. E isso contraria a doutrina de Umbanda, que diz que o mal do homem vem de dentro dele. Que nosso inimigo somos nós mesmos. Se pensarmos no mal, o mal nos chega. E que o dever da Umbanda é ajudar o homem a libertar-se de si mesmo.

Opiniões divergem sobre a TV

A propósito do comparecimento de Seu Sete perante as câmeras de televisão, as opiniões divergem. Algumas a favor e outras o condenando totalmente. LUTA DEMOCRÁTICA, desejando levar aos seus leitores ditas opiniões, resolveu fazer uma enquete, principalmente no meio artístico, de onde colhemos os seguintes pronunciamentos:

ANGELA MARIA (Cantora) – Em minha estreia na Churrascaria Passeio, não estive sozinha. Seu Sete esteve comigo. Inclusive, ele já mandou me chamar para ir lá, e, como eu estava em São Paulo, não tive oportunidade de conhecê-lo.

Sábado, se Deus quiser estarei lá.

ALMEIDINHA (Cômico) – A ida de Seu Sete à televisão foi muito inoportuna, dando uma ideia de comercialização. Fui totalmente contrário àquela apresentação.

LIA MARIA (Artista) – Não gostaria de opinar, porque sou israelita, mas atendendo a insistência do repórter, e o fato de ser o assunto do momento, posso dizer que tudo é válido, mas lá no terreiro dele. Respeito-o pelo que ele é, mas reprovo sua exibição na televisão.

TANIA MARIA (Cantora) – O bom não está na TV. Está lá no terreiro. Em frente às câmeras não é o lugar dele, pois ele não serve para dar Ibope.

NÉZIO (Maitre do Jirau) – Para mim, ele é um charlatão como outro qualquer.

SONIA MACHADO (Vedeta do Carlos Machado) – Caridade não se faz em TV. E desde quando caridade tem preço?

DANON JARDIM (Artista) – Prioridade mediúnica apenas para uma camada social, não é caridade.

MARA MEDRADO (Vedeta) – Achei muito bacana, pois foi uma coisa diferente. Nunca tinha visto tal espetáculo. E, sinceramente quase meu guia baixou.

NORONHA (Diretor artístico do Bolero) – Como espetáculo, foi fabuloso, mas não é ambiente propício para fazer uma coisa concreta. Ali não é lugar apropriado para isso.

CONJUNTO BIERKLAUSE - Não é cascata, não, o negócio é sério. Se o Orlando Silveira estava lá, é porque o negócio é sério, pois se trata de pessoa idônea, que nunca se subordinaria a charlatanice.

EVERALDO (Crooner do Bierklause) – A televisão transformou-se na continuação do terreiro. Seu Sete é fora de série, e merece todo calor e respeito da criatura humana. Salve Seu Sete.

PROFESSOR IVAN TRILHA (Astrólogo) – O Seu Sete é um dos fenômenos espirituais do século XX; um deus do otimismo, proteção e a segurança espiritual dos nossos artistas que estão com cargas negativas. A missão de Seu Sete, na TV, traz a confirmação do que eu dizia a 15 anos, que o Espiritismo é religião do povo. Jamais poderia ficar contra Seu Sete, pois ele está comigo em matéria e espírito. Aproveito a oportunidade para convidar Seu Sete e toda a sua corrente para o trabalho no Centro das Almas, que será feito pela voz de Emilinha Borba.

RIBAMAR (Músico) – Achei estupendo, como reportagem. Apesar de estar afastado desta crença, gostei, pois nunca pensei que fosse fazer tanto sucesso. Mas, sempre ressalvando: como reportagem.

DORA E VALTER (Cantores) – Dora: Tudo que a pessoa faz desde que seja feito por livre e espontânea vontade, é válido. Ele está muito "na dele". Valter: Eu não gostei, pois acho que não se deve propagar religião.

HELINHO (Proprietário da Brasserie) – Eu sou Seu Sete hoje, amanhã e sempre, portanto, não posso ser contra a ida à televisão.

LENA (Boate Plaza e TV Rio) – Se fosse verdadeiro, não iria à televisão. É pura cascata.

TELMA RIZZO (Vedeta) – O maior barato; ele é um Exu da pesada. Aquele charutão dele é uma loucura total. A ginga daquele Exu deixa a gente muito doida.

MONSIEUR LIMÁ – Cada um com a sua crença: Se a Igreja não gostou, o problema é dela. Assim como respeito a Igreja, respeito Seu Sete. Se bem que para mim "quentes" são as almas.

UMBANDA CONDENA "SHOW" REALIZADO NA TELEVISÃO

A Luta Democrática, n. 05435, 04 de setembro de 1971

O Deputado Átila Nunes Filho leu na Assembleia Legislativa a nota oficial da Confederação Nacional Espírita Umbandista e dos Cultos Afro-Brasileiros sobre a recente apresentação do terreiro do Seu Sete na TV e sobre as declarações da Igreja, no seguinte teor:

Terá sempre a criatura humana que refletir, mesmo sob o impacto de algo inevitável e possivelmente chocante, para promanar conceitos cujo teor, se justo e ponderável sob muitos aspectos, deve ser dosado com a serenidade e sobriedade necessárias, para surtir o efeito desejado, sem atingir, nivelando e generalizando uma comunidade, na responsabilidade de coisas atinentes a uma simples parcela.

Com o mais sagrado dos direitos, o da defesa, diríamos que se não fosse a hora de conclamar, solicitando medidas que atendem à proteção do público contra a repetição de promoções desta natureza, poderíamos dizer que pelo fato de vários componentes de determinada religião terem sido apontados publicamente, como agentes da subversão, que todos os participantes dessa mesma religião assim o fossem.

Estamos de acordo com muitas coisas declaradas pelo eminente e ilustre prelado, ainda sob a revolta dos espetáculos das televisões que abalaram opiniões pelo pouco ou pelo nenhum cuidado com que são apresentados, sem uma consciente e antecipada apreciação, sem verificar se essa apresentação fere frontalmente a própria fórmula religiosa, se há permissão para trazê-la em público, ao vivo, coisa que mais de uma vez condenamos em missivas e solicitações dirigidas às direções das televisões.

Sempre temos, tivemos e teremos aquele respeito que nos merecem todas as fórmulas religiosas das mais diversas, e que possam utilizar de maneira sadia o rádio e a TV para a propaganda e o conhecimento do culto professado. Somos, porém, contrários às apresentações ritualísticas e incorporações mediúnicas (ante as câmeras), que julgamos impróprias e desnecessárias.

Embora acompanhando o ritmo do progresso, e dele participando com a possível intensidade, somos pelo melhor aproveitamento dos templos, e dentro deles, praticar com devoção, respeito e humildade a religião cristã que adotamos. (Ass.) General Porto, Dr. Henrique Landi Jr., Manoel Aranha e Dr. Leopoldo Masson.

A seguir afirmou que o Protocolo firmado pelas direções da TV Tupi e TV Globo deveriam também proibir quaisquer zombarias ou deboches em programas cômicos, de auditório ou quaisquer outros programas, que atentem contra os costumes religiosos, assim finalizando: Estamos cansados de assistir cômicos de TV e apresentadores de programas de auditório incitar o deboche não apenas à religião de Umbanda, mas como também, às demais crenças religiosas. Lendo o documento firmado entre as direções das duas TVs, o parlamento carioca disse que se continuarem as apresentações e *scripts* achincalhantes aos cultos religiosos, de nada adiantarão as atuais discussões e medidas preventivas.

IGREJA ESTÁ CAUTELOSA, MAS NEGA PODERES DE 7

Notícias Populares, 6 de setembro de 1971

A propósito da participação de Seu Sete da Lira em programas de televisão no domingo passado, o secretário geral da Confederação Nacional dos Bispos, Dom Ivo Lorscheiter, lembrou o documento aprovado pelo Concilio Vaticano II, sobre liberdade de culto, a qual deve sempre ser respeitada.

Dom Ivo esclarece que, apesar de não negar a aparição de espíritos a Igreja é muito cautelosa a respeito e acredita que não seja de arbítrio do homem.

Justificativa

Assim, Dom Ivo justificou sua posição no exame do caso:

– Não nego que possa haver aparição de espíritos em terreiros, mas somos extremamente cautelosos ao dizer que se trata de uma verdadeira aparição, mesmo nos nossos da Igreja e de que São João Bosco é um exemplo. Não podemos admitir, entretanto, que estas aparições estejam no arbítrio da pessoa humana. A Igreja está vendo na parapsicologia a explicação de muitos fatos tidos até hoje como misteriosos.

Também Cardeal

O Cardeal Dom Eugenio Sales examinou o problema ontem, durante o seu programa radiofônico "A Voz do Pastor" sob três aspectos: a necessidade de uma religião procurada por parte dos homens que controlam os veículos de comunicação, a saúde pública, e a manifestação de subdesenvolvimento cultural sem entrar no mérito da liberdade religiosa.

Modificações

O Departamento Nacional de Telecomunicações decidirá nos próximos dias as modificações dos programas de televisão em auditório. Uma das medidas prováveis será a proibição de transmissão ao vivo daquele tipo de programa, que deverá ser gravado em vídeo tape e submetido à censura. A frente do DENTEL que prestou tais informações adiantou que foi a exibição de Seu Sete da Lira em dois programas de TV, que precipitou a conclusão dos estudos e adoção das novas medidas.

SEU SETE É UM EXU INVENTADO!

A Luta Democrática, n. 05462, 09 de setembro de 1971

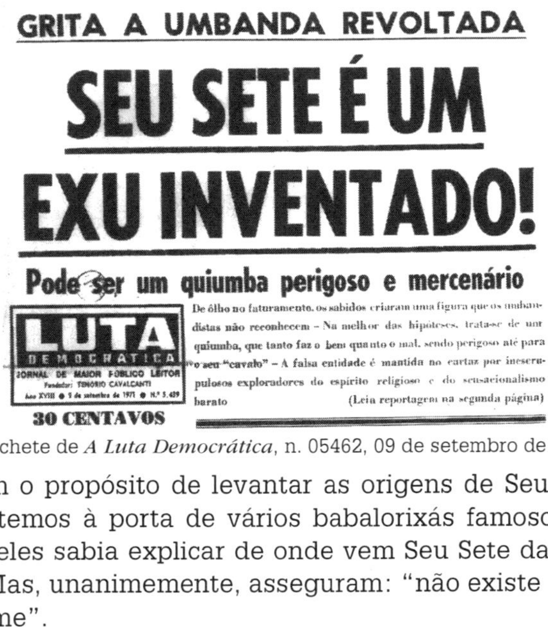
GRITA A UMBANDA REVOLTADA

SEU SETE É UM EXU INVENTADO!

Pode ser um quiumba perigoso e mercenário

LUTA DEMOCRÁTICA
JORNAL DE MAIOR PÚBLICO LEITOR
Fundador: TENÓRIO CAVALCANTI
Ano XVIII ● 9 de setembro de 1971 ● N.º 5.439
30 CENTAVOS

De ôlho no faturamento, os sabidos criaram uma figura que os umbandistas não reconhecem – Na melhor das hipóteses, trata-se de um quiumba, que tanto faz o bem quanto o mal, sendo perigoso até para o seu "cavalo" – A falsa entidade é mantida no cartaz por inescrupulosos exploradores do espírito religioso e do sensacionalismo barato (Leia reportagem na segunda página)

Manchete de *A Luta Democrática*, n. 05462, 09 de setembro de 1971

Com o propósito de levantar as origens de Seu Sete da Lira, batemos à porta de vários babalorixás famosos. E nenhum deles sabia explicar de onde vem Seu Sete da Lira e o que é. Mas, unanimemente, asseguram: "não existe Exu com este nome".

Entidades das regiões escuras

Vários babalaôs afirmam que Seu Sete da Lira é um mistificador. Mas um deles, descrevendo-nos o mundo das sombras, nos disse:

"Há a Umbanda, que cuida de fazer o bem, valendo-se de entidades de luz. E os Exus, que tomam conta da tronqueira, entram somente no trabalho, sob as ordens de um orixá, que é espírito de luz. A quimbanda vem em segundo plano. É um sistema misto, que tanto trata do bem, como do mal. Isto é, trabalha com Exus sem a disciplina imposta por um maior. Cá embaixo vem a Quimbanda, cuja organização é na terra e cuida de negociar o bem e o mal por dinheiro". E nosso entrevistado conclui: "Acredito que, se Seu Sete da Lira não for um mistificador, é um Exu das regiões negras, indefinido e desconhecido, e perigoso inclusive para seu cavalo". É um quiumba.

Organograma dos Exus

Nosso entrevistado falou-nos que o maioral do Reino dos Exus é o diabo. Mais abaixo, vêm Lúcifer, Belzebuth, vêm Tranca Ruas e Tiriri; na de Astharot, Veludo e dos Rios. Embaixo das três linhas, encontram-se Calunga e Omulu Rei. Comandados por estes Exus, há vários outros. Mas, na lista dos subordinados, não existe nenhum, com o nome de Exu Rei Seu Sete da Lira.

A mistificação no Rio

Quase todos os nossos entrevistados afirmaram que indivíduos inescrupulosos, no Rio, estão querendo desviar a Umbanda de seus caminhos. Pessoas despreparadas querem dirigir trabalhos, pessoas interessadas em lucro exploram entidades. E vemos a macumba a braços com uma crise de desorganização, dia a dia mais perigosa. "O que vemos em Santíssimo – disse-nos respeitado Tatá – é um sinal de que ou as linhas se unificam, na doutrina do rito, ou então, a Umbanda se acabará, desacreditada pela mistificação".

O papel da Imprensa, do Rádio e da TV

E, infelizmente – dizem ainda nossos entrevistados, a imprensa, o rádio e a TV, interessados no escândalo e no impacto do sensacionalismo, vêm amparando esta brutalização grosseira da Umbanda. "Fazem de uma coisa séria shows de palco, sob sons da batucada carnavalesca. A propaganda das curas fantásticas através de borrifadas de marafo, que é instrumento do ritual negro dos mais atrasados, é enorme. Citam-se milagres não verificados por autoridades insuspeitas. E soerguem-se babalaôs, não se apresentando os curados, alardeando-se curas milagrosas. É a cascata que dá nome aos indivíduos, não há qualidades do trabalho e, assim, não sabemos para onde vai a Umbanda, pois é o grau da crendice de nosso povo, que ninguém sabe diferenciar o joio do trigo, o bem do mal. E isso é obra da mistificação, que procuram confundir".

Mas Seu Sete continua

Eis a corrente dos umbandistas. Mas, apesar da reprovação da maioria, Seu Sete continua no cartaz, inclusive apoiado por alguns umbandistas do segundo time. Há muitos exploradores em seu terreiro. Há um deputado procurando fabricar votos e batendo cabeça para radialistas e jornalistas vivendo mais da "Lira" do que dos Exus. Mas também se sentam fervorosos adeptos que creem nele e o defendem. Entre estes há umbandistas convictos, não sabemos se esclarecidos.

PELÉ VAI A SEU 7!

A Luta Democrática, n. 05462, 06 de outubro de 1971

PELÉ VAI A SEU 7!

O Rei perdeu o rumo das rêdes

Resolveu entrar na onda do Cafuringa para fazer gols – Vai bater cabeça no terreiro milagreiro de Santíssimo – Santana está sendo responsabilizado pela urucubaca no maior artilheiro do mundo (Leia pág. 2)

LUTA DEMOCRÁTICA

JORNAL DE MAIOR PÚBLICO LEITOR

Fundador: TENÓRIO CAVALCANTI

30 CENTAVOS

Manchete de *A Luta Democrática*, n. 05462, 06 de setembro de 1971

Pelé, o goleador mundial, já não mete unzinho mais. Até pênalti que cobra o goleiro tira de letra. Dizem que há mais de mil minutos jogados, nada... O Rei está roubando o recorde do Flu... E isto vem tirando o sono de torcedores, de cronistas esportivos, do técnico Mauro e da direção do Santos, reunida em sessão permanente, para estudos das causas da urucubaca de Pelé. Até seus companheiros se impressionam.

Hipóteses

Várias são as hipóteses explicativas da má sorte do crioulo, nos últimos jogos do Santos. Uns lançam a culpa em Mauro, que prende o endiabrado *colored* na meia cancha, sob a alegação de que futebol não é circo, e quem quer ver show não vai a campo, e sim no programa de Costinha e Chico Anísio. Outros atribuem a inoperância do pé do filho de Três Corações à publicidade. Quando a propaganda embalou, o *Negão* parou... E as explicações se sucedem.

O estalo do Rei

Mas, agora com a primeira vitória do Fluminense, Pelé matou o motivo da urucubaca. O Rei acha que botaram um urubu em seu caminho.

O fluminense passava meia hora, quarenta e cinco minutos, jogando em campo adversário. Mas jogar futebol não é bater o pé na bola: é faturar gols no placar. E o FLU fazia tudo, menos enfiar unzinho lá dentro... FLU e Pelé...

Como para fenômenos idênticos remédios idênticos, o remédio do Fluminense será o usado pelo famoso goleador. Pelé vai bater cabeça em terreiro, como o fez Cafuringa, número 7 do Flu, foi a Derê, e Pelé camisa 10, vai ao centro de Seu 7 pedir proteção ao Exu de Santíssimo.

Linha Branca não dá pé

O culpado do insucesso de Pelé, dizem, é ainda o Santana, do América. Depois que o Santos jogou contra o time de Campos Sales, Pelé pifou. E, para feitiço de Santana, a Linha Branca não serve. O remédio está na Umbanda, ou segundo alguns, na Quimbanda, que é a linha feroz. Isto é, aquela em que os *diabos*, de tão ruins que são, recebem o apelido dos "terreiros"...

Macumbeiro ou Católico?

Pelé é católico praticante. Mas Cafura também o é e cruzou a cuca. Só chutou o despacho de Santana depois que bateu a cabeça. Pelé diz que continua católico, mas que, para males do diabo, só remédio do diabo... E vai também bater cabeça no *canzó* e, como Cafura, cantar o ponto de Exu: "o azougado chegou, ô, ô, ô e foi-se embora o mocô..."

As notícias sobre a ida de Pelé aos domínios de Dona Cacilda vêm de São Paulo.

UMBANDISTAS REPELEM ACUSAÇÕES DE ARQUIDIOCESE

A Luta Democrática, n. 05484, 31 de outubro de 1971

Respondendo a apreciações divulgadas, através de boletim, a respeito da concepção umbandista e espírita do cristianismo, a União Espiritista de Umbanda do Brasil distribuiu aos jornais a seguinte nota:

"Surge, e desta vez pela voz do boletim *Ecclesia* da Arquidiocese de São Paulo, uma forma insólita de referendar e apreciar fórmulas religiosas, trazendo a público acusações infundadas, pela presença incompatível com os princípios esposados pelos diretores.

Clama, até, por atitudes severas, drásticas e coercitivas das autoridades, esquecendo-se liminarmente da liberdade de crença religiosa determinada pela Constituição Brasileira, no sentido de que cada um possa amar a Deus a seu modo.

O que, porém, nos surpreende e entristece, é verificar que, apesar do exemplo que todos temos das lutas religiosas na Irlanda, que se procure, também, admiti-la entre nós, em uma tentativa de apontarmos, a nós, umbandistas e nossos irmãos espíritas, como elementos responsáveis pela divisão da opinião pública, referindo-se à nossa religião de forma pejorativa, degradante e desrespeitosa, classificando-a de macumba.

ESPIRITISMO, doutrina baseada no Evangelho de Cristo, respeitada nos mais adiantados países do mundo, e que alia à pratica doutrinária o "fora da caridade não há salvação", evidenciando-se na criação de abrigos para velhos, crianças e desamparados, hospitais e maternidades, escolas e educandários, ajudando a esclarecer cada vez mais o povo, livrando-o das garras perigosas do desconhecimento.

UMBANDA, religião que ampara, por todos os meios e modos, em seus templos, casas de caridade, orfanatos, abrigos e obras assistenciais de todos os tipos, ajudando e confortando o povo, unindo a todos sob o lábaro da mais pura cristandade: "Amar ao próximo como a si mesmo".

Jamais viemos a público para agredir qualquer modalidade religiosa, somos apolíticos, temos uma crença própria que, pela pureza, bondade e amparo, faz crescer dia a dia seu exército de adeptos.

Repudiamos o termo macumba, mais uma vez, pois o consideramos desrespeitoso sob todos os aspectos. É uma forma injusta de crítica ao Umbandismo, incompreensível pelo fato de ser emanada de irmãos em Cristo, cultos e inteligentes.

Achamos que o Brasil, inequivocamente futura potência mundial, necessita, agora mais do que nunca, da união de todo o povo.

Todas as religiões ocupam um papel fundamental neste trabalho gigantesco de unir em um só pensamento as aspirações de noventa milhões de brasileiros.

E tanto a Umbanda quanto o Espiritismo continuam contribuindo para que nossa terra alcance, o mais breve possível, o seu verdadeiro lugar no cenário universal, calcados no importantíssimo binômio: – Desenvolvimento e Segurança Nacional.

Rio de Janeiro, GB, em 30 de outubro de 1971.
(Ass.) General Mauro Porto (CNEU)
Floriano Manoel da Fonseca (UEUB)
Marinho Mendes Ferreira (CEUB)
Jerônimo de Sousa (FNSCRU)
Major Domingos dos Santos (PU)

DIA DE EXU REI SEU SETE DA LIRA PODE INTEGRAR O CALENDÁRIO OFICIAL DE PORTO ALEGRE

Proposta do vereador Cláudio Janta

Entrou em discussão de pauta no Legislativo Municipal o **Projeto de Lei nº 267/16**, que inclui o dia do Exu Rei Seu Sete da Lira no Calendário de Datas Comemorativas e de Conscientização de Porto Alegre. De autoria do vereador Claudio Janta (SD),a proposta prevê a celebração da data de 12 de agosto. Para tanto, o autor busca incluí-la na Lei **nº 10.904 de 2010**, que dispõe sobre o calendário oficial da cidade.

Em sua justificativa, o autor descreve a entidade como um "médico curador" que trabalha em todas as áreas da saúde. "Conhecido também por ser o senhor dos caminhos, o Exu Rei Seu Sete da Lira realiza trabalhos de abertura de caminhos para o emprego, o comércio, a limpeza de aura e o equilíbrio entre espírito e matéria, orientando as pessoas sobre suas vidas e suas condutas", afirma Janta, destacando que o Reino da Lira é de "muitas magias, de saúde, de prosperidade, de fartura, de fortuna e de música".

Texto: Paulo Egídio (estagiário de Jornalismo)
Edição: Marco Aurélio Marocco (Registro profissional 6062)
http://camarapoa.rs.gov.br/noticias/dia-de-exu-rei-seu-sete-da-lira-pode-integrar-calendario-oficial-de-porto-alegre

Símbolo utilizado por Seu Sete da Lira – Acervo de Adão Lamenza

FIRMEZA

Adão Lamenza

Santíssimo viu o bairro crescer e se expandir em torno do Terreiro de Seu Sete da Lira após a segunda metade da década de 1960. Dona Cacilda era muito querida e respeitada pela maioria dos moradores não só pelo seu trabalho espiritual de caridade ao emprestar sua matéria ao famoso Guardião, como também pelas obras assistenciais que espontaneamente participava com o objetivo de ajudar aqueles que com alguma dificuldade batessem em sua porta em busca de amparo.

O bairro simples que era tomado por uma multidão em busca de alguma graça, tinha como foco central as noites de sábado. As giras de Seu Sete eram sempre muito "firmes", levadas com extrema seriedade. De posse de sua Coroa de Rei do Jogo e aos pés de Santo Antônio, Seu Sete com seu "ponteiro e seu delogum" se prepara para mais um "jogo" que haverá de confirmar os trabalhos espirituais de cura do corpo, da cabeça e do caminho de mais uma madrugada após a liberação de sua sagrada "mesa de cura".

htpp://www.facebook.com/seu7dalira

Seu Sete aos pés da imagem de Santo Antônio
Acervo de Adão Lamenza
htpp://www.facebook.com/seu7dalira

O QUE VEM A SER A CORRENTE SAGRADA DA LIRA?

Cristian Siqueira

Poderíamos simplesmente dizer que é a reunião de milhares de fiéis em torno da entidade Sete Rei da Lira irmanados num só pensamento de amor e fé, entretanto, vamos um pouquinho mais além para dizer que cada um de nós, ao recebermos o axé de Seu Sete, deixamos de ser simples elos dessa corrente para nos transformarmos numa poderosa fonte de vibrações positivas e, todos nós juntos, orientados por essa entidade sublime, utilizando a máxima: um por todos, todos por um; realizamos todos os sábados em Santíssimo verdadeiros milagres.

A grande força da Corrente da Lira Sagrada reside justamente naquilo que Seu Sete sempre nos diz:

Devemos crer acima de tudo com fé, respeito e compreensão, desta forma curamos nossos males, afastamos de nossos os inimigos e temos sempre pela frente os caminhos abertos e ornados com as flores da paz e do amor.

Salve a Lira Sagrada !

Salve a Coroa de nossa Babá !

Axé !

Fala no *Programa Sete da Lira* em 7 de abril de 1976
https://www.facebook.com/setereidalira

FRATERNIDADE ESPIRITUALISTA CAVALEIROS DE SÃO JORGE

Esta importante entidade umbandista foi fundada em 4 de agosto de 1950 em Porto Alegre – RS, por Dorval Ketzer, com sede na Rua dos Andradas, 861. Em 1964 transferiu-se para a Rua Vicente da Fontoura, 1405, onde funciona até hoje.

Nas giras públicas são atendidos, em média, 500 consulentes. Há muito tempo foram abolidos alguns elementos nas práticas ritualísticas, tais como: marafo, charutos e cachimbos.

Símbolo da Fraternidade Espiritualista Cavaleiros de São Jorge
https://pt.foursquare.com/v/cavaleiros-de-são-jorge

O Pai Nosso dos Cavaleiros

OXALÁ, nosso Pai, que estás em todos os mundos
Glorificado seja Teu santo nome
Venha a nós o Teu reino de amor, bondade e sabedoria
Seja feita a Tua vontade, tanto na Terra
Como em todos os planos espirituais

Ó Pai! Dá-nos o pão do corpo e do espírito
Para que através das Tuas irradiações de LUZ
Possamos compreender quão errados andamos
Neste Planeta de dor e sofrimento
Por nossa própria culpa

Rogamos que teus bons mensageiros
Tragam os ensinamentos necessários ao nosso espírito
Para aprendermos a perdoar
E para que sejamos perdoados
De todas as nossas faltas e más vibrações

E, assim sendo, rogamos PAZ, HARMONIA e AMOR
Para todos os nossos irmãos

Salve Oxalá, nosso Pai!
Salve Cavaleiros!

Hino da Fraternidade Espiritualista Cavaleiros de São Jorge

Letra: Ellora Possolo
Música: Iris Fossati Guimarães

De São Jorge, fiéis cavaleiros
Marcharemos, por ele guiados
Sob a luz dos diversos cruzeiros
E de nossos ideais mais sagrados

Com armas do amor, da justiça
Marcharemos, soldados da fé
Combatendo a maldade insubmissa
E aos caídos irmãos pondo em pé!

Neste mundo, às paixões inferiores
E ao instinto do mal, tão propício
Para alívio dar aos sofredores
Nós iremos até o sacrifício

Onde chore uma dor verdadeira
Uma revolta imprecando ao Céu brade
Lá estaremos com a nossa bandeira
CARIDADE, AMOR, FRATERNIDADE

Trabalhos na praia de Tramandaí
Diário de Notícias (RS), 3 de novembro de 1969

Homenagem presidida pela Fraternidade Espiritualista
Cavaleiros de São Jorge aos Heróis Farroupilhas, setembro de 1970

OS CAVALEIROS DE SÃO JORGE NAS MATAS

Reportagem de Ellora Possolo

Jornal de Umbanda, n. 62, janeiro de 1954

Domingo, 27 de novembro próximo passado, em uma comitiva de cinco ônibus e quinze carros particulares, fizeram os Cavaleiros de São Jorge a sua visita anual às matas, para o cruzamento dos médiuns nas linhas de Xangô e Pretos Velhos. A localidade, foi, desta vez, a aprazível e pitoresca fazenda do irmão kardecista Sr. Pedro Artur Merch, gentil e fraternalmente oferecida por ele, para os nossos irmãos trabalhadores de Umbanda, e situada na estrada de Viamão. Ás 7:30 horas, partiam os ônibus do centro de Porto Alegre, lá chegando às 8:25.

A mata, cortada de arroios, rica de pitangueiras, sorria e faiscava ao sol, na manhã clara e rutilante. E havia como que murmúrios de oração no farfalhar da folhagem densa. Sentia-se a fecundação da vida, sob a torrente da luz dourada e nos sentíamos integrados nesta Natureza, que nos oferecia, em sua aura vivificante, as forças emanadas do Criador.

Armadas as barracas e tendas, arrumados os alojamentos, à sombra fresca das frondes protetoras, passamos ao preparo e embelezamento do local escolhido para as cerimônias. Floridas as árvores, com as flores levadas pelos médiuns, acesas as velas, foi logo improvisada, em um dos arroios, uma pequena cachoeira, para o cruzamento de Xangô. Alçadas as bandeiras, brasileira e dos Cavaleiros de São Jorge, foram os trabalhos abertos com o Hino Nacional, em uma homenagem à nossa pátria. Seguiu-se o Hino dos Cavaleiros, dentro da mais perfeita unção religiosa e de intensa vibração de fé. Foram entoados depois, sucessivamente, os pontos das diversas falanges de Pretos Velhos:

Ponto de Pai Joaquim

Pai Joaquim, vem de Aruanda!
É Nosso Senhor, quem manda!
Vem, em missão de sacrifício
De seus filhos, em benefício

Sob a roupagem de Preto Velho
Pai Joaquim, é o próprio Evangelho!
Seu coração é um foco de luz
Que a Jesus Cristo, nos conduz!

Ponto de Pai José

Pai José
Que bom que ele é!
Abre os caminhos dos filhos de fé
Filho que tombe, põe logo de pé!
Pai José
Que bom que ele é!

Ponto de Vovó Benedita

E vem, Vovó Benedita!
Quando o terreiro visita
Uma doçura infinita

Desce ao peito mais incréu!
Foge o mal, foge a desdita
E, ouvindo-a, a gente acredita
Que há anjos negros no Céu!

Ponto do Rei Congo

Com seu modo meigo e brando
A bondade, a rir, no olhar
Rei do Congo vem chegando
Vem seus filhos ajudar!

Vem com seus passos retardados
Se arrastando, devagar
As nossas dores e fardos
Nos próprios ombros botar

Vem com sua fala franca
Nossas trevas aclarar
Preto Velho, de alma branca
Luminosa, como o luar!

De sua luz, a claridade
Sob esta veste, a ocultar
A virtude da humanidade
Quer ele, assim, exaltar!

E outros mais, aos quais os Pretos Velhos acudiram prazenteiros, cheios daquele espírito de simplicidade e alegria que os caracteriza. E a sua linguagem trôpega e enrolada, mas tão profunda em sua humilde singeleza, casava-se ao canto dos passarinhos e das cigarras, em uma harmonia de pureza e elevação, que era um banho da graça nas almas.

A maior parte dos médiuns deu incorporação e o cerimonial do cruzamento teve começo e andamento, dentro da beleza simples e expressiva do seu ritual. Terminado o cruzamento dos Pretos Velhos, foi prestada uma significativa homenagem à Cruz de Fogo. Uma onipotente vibração de amor envolveu a todos que pareciam transportados para fora de si.

Dir-se-ia que nossos espíritos, despedaçadas as algemas, se encontravam libertos para subir, ascender. Era como se já não pertencêssemos a esta terra de dor, mas estivéssemos emergindo para a luz do Centro, aniquilados, em um incêndio de divino amor. Debaixo ainda desta estanha e divina sensação, partimos para a pequena cachoeira improvisada no arroio. Os pontos de Xangô subiam agora das almas para o azul do céu:

As forças da Natureza
Quem as comanda é Xangô
Nelas tem a realeza
Que e o próprio Deus lhe outorgou!

E outro:

Lá na encosta da pedreira
Onde nem o cactos medra
Um raio, a pedra, rachou
Na rachada desta pedra
É que mora Xangô!

Há perto, uma cachoeira
A água, nas pedras cai
Olha! Uma pedra rolou
Por Altíssimo Comando
Ele vem, meu Pai Xangô!

Ou então:

É lá na pedreira que ele mora
Que ele mora, o Pai Xangô!
Numa fenda, aberta outrora
Por um raio que tombou

VISITANTE

Jornal de Umbanda, n. 51, fevereiro de 1955

DORVAL KETZER – Esteve no Rio, em visita à União Espiritista de Umbanda do Brasil, e a várias instituições espiritualistas esse nosso prezado confrade dirigente da Sociedade Espírita de Umbanda Cavaleiros de São Jorge, e representante da União de Umbanda do Rio Grande do Sul, Estado onde é grande a sua influência nos meios espiritualistas e fraternalistas. É também o representante do *Jornal de Umbanda* junto ao Estado do Rio Grande do Sul. Agradecemos penhorados a visita.

DORVAL KETZER

Jornal de Umbanda, n. 91, julho de 1959

Pela passagem do cinquentenário de Dorval Ketzer, a Sociedade Espírita Cavaleiros de São Jorge, do Rio Grande do Sul, prestou-lhe significativa homenagem a que se associaram as famílias dos umbandistas daquela terra gaúcha. Digno de todo apreço e merecedor de todas as homenagens recebeu dentre os abraços e os mimos recordativos de tão auspiciosa data um belo acróstico de autoria da irmã Cora Torres Maia, que abaixo publicamos, como participação nossa nas manifestações de apreço de que foi alvo este grande batalhador da Umbanda na terra dos pampas, Dorval Ketzer.

O Doador

Doador de esperança, a bondade é teu culto
Orgulho de uma raça, humilde, andas oculto
Respondendo em amor ao bruto que impropera
Vens trazer em perdão a Lei da Nova Era
Amas como a uma irmã a triste humanidade
Levando em tuas mãos a luz da Caridade

Segues assim a fiel a trilha do teu Mestre
Combatendo a maldade e a dor terrestre

Há no teu pensamento a força do guerreiro
E a espada da justiça empunhas sobranceiro
Rasgas como um clarão a velha ignorância
Elevando a Verdade à sua culminância
Reverente a teus pés se curvam mil guerreiros

Quebrantas com amor a negra iniquidade
E couraça em teu peito é o escudo da Verdade
Trazendo como cetro a clava lei de antanho
Zeloso como o Mestre conduzes teu rebanho
E em tua voz de Pastor anda o canto da Vida
Redenção e perdão para a ovelha perdida

Dorval Ketzer
Jornal de Umbanda, n. 91, julho de 1959

SOB A BANDEIRA DO AMOR E DA FRATERNIDADE

Jornal de Umbanda, n. 59, outubro de 1955

Ao querido Comandante de nossas Forças Armadas, irmão Dorval Ketzer, pelo Corpo Mediúnico dos Cavaleiros de São Jorge, oferece nesse dia de festa para a nossas almas a irmã Ellora Possolo:

De Cristo, servidor humilde e devotado
De atitudes, sereno e de palavras brando
De São Jorge, na terra, ele se fez soldado
Dos exércitos seus, assumindo o comando!

E a bandeira do amor, com zelo desfraldando
E, num combate ao mal, sempre com ardor travado
Nesta vida que passa, ele irá até quando
Do Senhor a que serve, o intime o chamado!

Muitas vezes lhe tem, o peito atravessado
Da negra ingratidão, o punhal execrando
Que do Cristo, também, fez o Crucificado

Mas pranteando a culpa e perdoando o culpado
Ele prossegue, servo incansável, semeando
As estrelas de luz do seu apostolado!

O MOVIMENTO ESPÍRITA NA TERRA GAÚCHA

Jornal de Umbanda, n. 68, janeiro de 1957

O que foi dado observar pelo nosso representante

Viajou pelo Rio Grande do Sul em fins do ano passado nosso irmão João Severino Ramos, de onde nos trouxe informações quanto ao desenvolvimento das organizações umbandistas naquele Estado. Em palestra que mantivemos com este nosso representante, agora de regresso a nossa capital, conseguimos saber que existem no Rio Grande de Sul perto de 10.000 centros espíritas, sendo um grande número deles filiados à União Espiritista de Umbanda do Rio Grande do Sul.

Em sua viagem incluiu no seu roteiro visitas a várias tendas entre as quais anotamos as seguintes: – dia 8 de outubro, Centro Espírita de Umbanda Cavaleiros de São Jorge, à Rua dos Andradas, 861; dia 13 tomou parte em uma mesa redonda dos chefes de terreiro na Tenda Nossa Senhora da Glória, onde tratou de assuntos relacionados com a União Espiritista de Umbanda do Brasil; dia 4, Cabana Nosso Senhor do Bonfim, onde a Babalorixá Dona Ondina de Moura o recepcionou com todo o corpo mediúnico da casa; dia 17, Ordem Mística Fraternidade Universal; dias 1 e 22, Fraternidade Espiritualista Filhos de Urubatão; dia 21 visitou o Hospital Espírita, sito à Avenida Barnasque, 733, onde foi recebido pela Diretora Geral; dia 23, Centro Espírita Amigo Germano, à Rua Vicente da Fontoura, 474; dia 24 visitou o Dr. Leopoldo Bettiol, à Rua Giordano Bruno, 30, um dos grandes líderes gaúchos; dia 25, o Sanatório Belém de tuberculosos, à Rua Andrade Neves, 1493, onde teve ocasião de observar a perfeita organização desta Associação; dia 26 visitou o Dr. Egydio Hervé, onde voltou outros dias a manter cordial palestra; dia 27, Federação Espírita do Rio Grande do Sul.

Visitou, ainda, o nosso confrade a Fraternidade Ubirajara, à Rua Barão do Amazonas, 2035; o Grupo Espírita de Umbanda Tupinambá, à Rua Marcílio Dias, 578; Centro F. E. Umbanda, à Rua Lima e Silva, 1051; Tenda Sete Flechas de Umbanda, à Rua Salvador França, 1185; Grupo Espírita de Umbanda Unidos Venceremos, à Rua Cabral, 201 etc.

Declarou-nos ainda o nosso irmão Severino que é de grande envergadura o progresso do movimento espírita nas plagas gaúchas, não só das correntes kardecistas como umbandistas. Todas proporcionando ampla assistência social à população, além das sessões práticas, culturais e de desenvolvimento.

A Rádio Itaí – disse o nosso informante – leva ao ar todos os dias às 18 horas *A Hora Espírita de Umbanda*, com um seleto programa doutrinário, onde se fazem ouvir vários oradores, entre os quais o Prof. Dr. Leopoldo Bettiol, o Capitão Hélio de Castro e o Sr. Moab Caldas.

A VERDADEIRA UMBANDA

Cora Torres Maia

Jornal de Umbanda, n. 81, julho de 1958

Sábado três: Tarde translúcida de maio, – Maio da magia divina, da doce Virgem Maria.

E a caravana da Sociedade Espírita de Umbanda Cavaleiros de São Jorge, chefiada pelo Diretor Espiritual da Ordem, Sr. Dorval Ketzer, integrada pelo corpo mediúnico e demais sócios, abrilhantada e honrada com a presença do Sr. João Severino Ramos, Chefe do Templo Espiritual de Ogum Timbiri do Rio de Janeiro, partiu rumo ao mar, para buscar forças e luzes na vibração cósmica do oceano, ao mesmo tempo em que homenageava a sua Divina Mãe.

Sábado à noite, no Hotel Alasca, os médiuns atenderam dando passes e consultas aos necessitados, residentes na praia de Tramandaí e arredores, que ocorreram às centenas, dando uma expressiva demonstração de fé, na força e caridade da Lei de Umbanda.

Domingo pela manhã, as claras areias da praia foram palmilhadas por uma verdadeira multidão de fiéis que rumou para a beira do oceano, onde se realizou um grandioso ato de devoção e fé. No alto de um cômoro, encimado pelas bandeiras dos Cavaleiros de São Jorge, Nacional e Riograndense, sobre um verdadeiro tapete de flores, formando o símbolo da fé da Lei de Umbanda, foram iniciados os trabalhos pelo Chefe Espiritual da Ordem, Sr. Dorval Ketzer.

A abertura feita com o Hino Nacional entoado pelos fiéis, seguido das preces e cânticos do ritual da Ordem, seguiu-se uma vibração ao Sol, implorando forças, luzes para que possamos, cada vez mais, aperfeiçoar nossos espíritos, a fim de transmitir aos nossos irmãos necessitados a paz do espírito e a saúde do corpo.

As entidades que desceram, trazendo na sabedoria de um Preto Velho, de um Caboclo, de um Guerreiro, palavras de conforto, de fé e esclarecimento, demonstram que não foram inúteis as nossas súplicas e preces.

A caravana composta de quinze ônibus e outros tantos

carros, jipes, camionetes, era a mais heterogênea possível: comerciários, advogados, operários, médicos, cozinheiras, poetisas, lavadeiras, funcionários públicos, costureiras, jornalistas, bancários, militares, professores, fazendeiros, choferes, intelectuais, enfim todas as profissões e assim, todas as camadas sociais, da mais alta a mais humilde, estavam ali representadas, irmanadas na mesma fé, no mesmo ideal de fraternidade, no mesmo amor, seguindo a trilha traçada pelo Cristo, todos vibrando no mesmo anseio por um mundo melhor, onde haja mais justiça, mais amor, mais paz para os corações cansados de sofrer e esperar inutilmente.

E assim, na prece de luz da tarde que morria, a caravana regressou, trazendo cada coração um consolo para si e um pouco de esperança para dar a outrem.

Salve a Divina Umbanda.

CARTA ABERTA A DOM VICENTE SCHERER – DD. ARCEBISPO DE PORTO ALEGRE

Joaquim Mendes Furtado

O Semanário, n. 94, 23 de janeiro de 1958

Excelentíssimo Sr. Dom Vicente Scherer – DD. Arcebispo Metropolitano – Nesta capital – Está em minhas mãos a edição do *Correio do Povo*, de 24 de agosto de 1957, onde V. Reverendíssima concede uma entrevista, protestando contra o ato da Colenda[19] Câmara de Vereadores de Porto Alegre, fazendo justiça em votar pela doação de um terreno destinado à construção de um hospital de caridade aos umbandistas.

V. Eminência diz que a Igreja, propriamente falando, não combate a Umbanda. Proclama constantemente a irredutível oposição entre a religião católica e o conjunto de teorias práticas, conhecidas sob o nome de Umbanda ou Lei de Umbanda. Seus adeptos negam numerosos pontos essenciais da doutrina católica. Impossível por isso ser ao mesmo tempo católico coerente e umbandista convicto. Alertamos os católicos e homens de boa vontade, em defesa de fé sobre a contradição

[19] Digna de respeito.

do binômio: Católico-Umbandista. A Umbanda promove a paganização e, por isso, o aniquilamento do cristianismo. Nossa palavra, pois, não se dirige aos discípulos e devotos dos Pais de Santo e Babalaôs. Mostramos aos católicos que está errado, é contra os princípios básicos da Lei de Deus o que a Umbanda ensina e faz. Ou católico ou umbandista: as duas coisas não é possível. A Umbanda distingue pela pretensa evocação dos espíritos e pelo culto do demônio, que chamam de Exu. Os perigos das práticas umbandistas. No terreno da terapêutica, coincidem com os efeitos deploráveis do charlatanismo e do curandeirismo.

Vossa entrevista é longa e muito bem escrita, usando V. Excelência dos recursos da vossa inteligência e do alto cargo de Príncipe da Igreja Católica Romana. Entretanto, mesmo conhecendo meu medíocre grau de cultura, venho retrucar, tirando a minha lasquinha em defesa da minha muito querida Umbanda. Não como o fizeram os seus mestres Bettiol, Hervé e Moab. Estes são expoentes e figuras de elevados conhecimentos umbandistas, que respondem às coisas com linguagem cativante e objetiva. Eu, pobre coitado, posso é me vangloriar de possuir coragem e muita fé, graça a Oxalá.

Primeiramente, devo dizer a V. Excelência que sou um filho de Ogum e, convicto devoto de Jesus e de Nossa Senhora, Sua Mãe amantíssima, que nós umbandistas chamamos de Mãe Iemanjá.

Ficamos honrados ao saber que a Igreja propriamente falando não combate a Umbanda. Lendo a referida frase, fiquei um tanto confuso. Creio que não entendi bem o seu sentido, porque no prosseguir da entrevista V. Excelência passou às considerações, já do conhecimento de todos, verberando as mais absurdas e desencontradas atitudes contra a Umbanda, seus adeptos e até mesmo aos próprios católicos.

Das considerações referendadas pelo Eminente Príncipe da Igreja, tirei sábias advertências, que agradeço penhorado. Entretanto, sou obrigado a discordar sobre vários pontos, que consideramos irrisórios quando proferidos por um nobre da estirpe de V. Excelência.

De fato, agora estou sentindo – pelo efeito de vossas palavras – que a Umbanda está incomodando o clero, fazendo V. Excelência descer do seu trono de ouro, para vir de público puxar as orelhas dos seus fiéis, os quais são católicos e umbandistas ao mesmo tempo. Isto é um absurdo, não é mesmo? Sabeis que São Jorge é Ogum? Se vós ignorais, eu vos ensinarei que São Jorge é Ogum e, Ogum é guerreiro. Estou dizendo isso a V. Excelência, porque conhecendo algo sobre as guerras, estou notando que as vossas ordens dadas aos vossos comandados, não surtiram o efeito determinado, tendo em vista a necessidade de vir o próprio General para o campo de batalha. Quer isto dizer que a Umbanda está forte mesmo, graças ao Pai.

Referindo-se ao binômio (católico e umbandista), creio que nenhuma culpa aos umbandistas. No meu entender, é um negócio como outro qualquer. Sempre visitamos uma casa onde somos bem recebidos. Onde visitantes e visitados desconhecem a exploração. De eras passadas ouvíamos dizer que a voz do povo é a voz de Deus. Se os Templos de Umbanda estão superlotados de irmãos e os dos católicos desolados, V. Excelência acha que nós umbandistas somos os responsáveis por isso?

Cremos que o povo é livre, podendo escolher, a seu bel prazer, o que melhor lhe parece. Nos templos de Umbanda, há um conjunto harmonioso entre os "cavalos" e as Entidades, em uma corrente de vibração tão superior, tão eloquente, que está muito longe da concepção de indivíduos de ideias fixas para limitados pontos.

As Entidades guerreiras e Pretos Velhos aconselham, dão passes e receitam ervas, fazem benzeduras, defumam doentes, afugentando os maus espíritos. V. Excelência não acha que aquelas três colherinhas com incenso queimado no turíbulo nas Igrejas não significam algo de magia? Não estão por acaso afugentando também os maus espíritos? Os nossos médiuns ou "cavalos" são submetidos a um rigoroso preparo. São cruzados nas Sete Linhas da Umbanda. Na Igreja, também há preparo e cruzamento, não é verdade? Não faz muito tempo, tive a oportunidade de assistir à consagração de três sacerdotes. Naquela cerimônia eu vi muito mais de magia do que a usada na Umbanda. No ato da consagração a criatura se põe de bruços, ora com os braços estendidos no prolongamento do corpo, ora com os braços abertos em sinal da cruz. A magia se prolonga por muito tempo, em uma belíssima cerimônia.

A Umbanda tem nos dado revelações maravilhosas e, bem assim, conseguido respostas objetivas sobre muitos dos chamados mistérios da Igreja Católica. Na Umbanda não há esconderijo. Suas portas estão sempre abertas aos amigos e aos curiosos, não havendo exploração de espécie alguma. O ódio que a Igreja devota à Umbanda, não se justifica, porque Ela não entra nos nossos Templos para ver, realmente, nosso cerimonial, tanto do lado religioso como financeiro.

Na Sociedade Espírita Cavaleiros de São Jorge, sita à Rua Vicente da Fontoura, 1405 (sede própria), onde fui agraciado com o cargo de Assistente do Diretor Espiritual, temos ritual dentro da Linha Branca de Umbanda, pura e simples.

Convido V. Eminência o Senhor Arcebispo Metropolitano, para nos honrar em visitar nossas Tendas de Umbanda. Tenho certeza de que Sua Excelência mudará o conceito, a respeito. O Sr. Capitão Elio Castro, DD. Presidente da União de Umbanda do Rio Grande do Sul, mais diretamente ligado às nossas atividades, poderá fornecer ao Clero uma relação das Tendas de Umbanda registradas na União.

A Igreja nos honrando com a sua visita, ficará surpreendida com a nossa evangelização. A adoração a Jesus e a Nossa Mãe Santíssima (Iemanjá), pode servir de exemplo a outras religiões. Na Umbanda Branca, não há fanatismo. Obedecemos à lei da dignidade humana e da fraternidade universal. "Todos por um e um por todos". Não distinguimos credos e raças. Todos são nossos irmãos e, como tal, devem ser tratados.

Os umbandistas não descuram de sua evangelização. Todas as terças feiras, frequentamos um curso de doutrinação e evangelização, instalado na Tenda Espírita Nossa Senhora da Conceição, sita à Rua Avaí, 221, gentilmente cedida à União.

Não ignoramos que o Clero está se preparando intensivamente para a grande batalha contra a Umbanda. Esta atitude não é motivo de surpresa para nós. A Igreja combate sistematicamente todas as religiões que aparecem para lhe fazer sombra. Entretanto, até o presente momento, não tive conhecimento de uma só vitória concreta.

Isto porque os meios empregados são traiçoeiros e vergonhosos, usando subterfúgios de todas as espécies, mentindo descaradamente sobre um assunto que ignora completamente. O Clero não conhece a Umbanda. Por conseguinte, não pode apreciá-la como o faz pela imprensa lida e falada. Nós umbandistas conhecemos o rastro do fogo que ela deixou através dos séculos para conseguir a maior fortuna do mundo.

Reconheço que a Igreja é uma potência bem organizada. Também pudera, quase vinte séculos!

Uma religião estrangeira deve reconhecer o seu lugar. Estou de acordo que tenha suas ramificações em todo o Universo. O que me deixa admirado, é o direito que julga ter de se intrometer em assuntos onde não é chamada. Muitas vezes, o excesso de autoridade é prejudicial. Não faz muito tempo, no vizinho país do Prata, a Igreja passou por maus bocados. Aqui no Brasil isto não vai acontecer, porque o brasileiro sempre houve por bem conhecer democraticamente os meios de combater os elementos desafetos. Os umbandistas conhecem muito bem a ação dos representantes da Igreja. Entretanto, a dignidade, a educação social e cristã, lhes impede procurarem a confusão no campo dos ideais dos outros. Isto porque vivemos a nossa vida na prática da verdadeira doutrina de Jesus.

Outras religiões estariam fazendo o mesmo? Desejo esclarecer a V. Excelência, que não somos assustados, e que a nossa maioridade, umbandísticamente falando, está se aproximando muito mais rapidamente do que imaginávamos.

Na vossa entrevista estais fazendo uma advertência sobre um ponto de alta relevância. Diz o seguinte: "Grande parte e mesmo a maioria das doenças, na ideologia umbandista, provém da influência de espíritos maléficos e trevosos, que agem sobre o enfermo, ou são causadas por algum espírito encostado no doente". Não admitimos a grande parte e mesmo a maioria das doenças.

Nenhum espírita seria tão leviano, para dizer uma bobagem dessas. O que é do espírito é curado com o Espiritismo e o que é da matéria fica na responsabilidade do barro da terra. Os espíritos maléficos ou trevosos que agem sobre os doentes, passam por doutrinações cristãs, antes de abandonarem o doente. Trata-se de um belíssimo trabalho, que o Clero deveria aprender a fim de aliviar o sofrimento de milhares dos seus adeptos.

Há muita coisa neste mundo que está sendo desvendado e esclarecido pelas entidades do Astral Superior. V. Excelência é bastante culto para reconhecer isto. Entretanto, a rigidez da Lei Canônica faz manter o povo católico em uma ignorância arcaica, sob a ameaça do inferno. Os filhos de Deus que procuram seguir a orientação imposta pela evolução revolucionária dos tempos modernos, são considerados loucos, pelo Clero. Por toda a parte se vê isto. É de se estranhar que a vossa Santa Madre Igreja, nos venha taxar de macumbeiros?

Diz V. Excelência, que muitos doentes ficam sem tratamento adequado, perdem o tempo e veem seus males agravados, muitas vezes irremediavelmente, com pseudotratamento dos terreiros e dos despachos.

Não, Excelência. A Umbanda não pode ser responsabilizada por isso. A Umbanda é a vida, é o desprendimento, é o sossego espiritual.

Vós sabeis como é difícil a um pobre chefe de família numerosa, nos dias de hoje, buscar os recursos financeiros para a sua subsistência. Uma consulta médica e compra dos medicamentos são proibidos até para a classe média. Isto é doloroso e vexatório para nós, mas é verdade. Na nossa Santa Casa de Misericórdia, não há vagas para doentes. Está superlotada e as filas de cristãos são grandes, aguardando a vez do socorro.

Não me recordo nos meus 55 anos de idade, haver assistido a uma espontânea campanha do Clero, em benefício dos pobres hospitais de caridade. Doando àquelas instituições, um pouco do muito que lhe sobra.

As Igrejas, monumentos católicos, que se constroem nesse imenso Brasil, demoram dezenas de anos nas construções. Falta de dinheiro? Não, Excelência, trata-se de um plano pré-traçado para dar motivos às eternas campanhas monstro, de arrecadação de fundos. Em cada rua há uma comissão do Clero para pedir dinheiro. Por que não canalizam um pouco dessa fortuna para o Lar do Amigo Germano, para o Instituto Dias da Cruz, para o Instituto Santa Luzia e para a Casa da Mãe Solteira? O Hospital Espírita de Teresópolis, também luta com sérias dificuldades. Uma infinidade de instituições precisa da sua ajuda. A Bandeira do Divino vai a todas as portas portalegrenses. São muitas mil casas e muitos milhões de cruzeiros encaminhados a uma Igreja milionária.

Consoante a esse tópico, o mundo católico está sobejamente esclarecido.

Continuando, nós umbandistas lamentamos profundamente o triste problema da invalidez, da mendicância, dos parcos recursos das famílias numerosas, das classes médias e pobres. A despeito de tudo isso, temos o orgulho de dizer ao mundo da influência consagradora que vem despertando o espiritualismo na vida social da humanidade. Não se trata de conceito meu. Os grandes intelectuais, em todos os ramos da ciência, estudam e aplicam esta nova e revolucionária doutrina; dela fazendo uso às conquista mais soberbas que se tem notícia sobre a face da terra. As livrarias vendem livros espiritualistas, na proporção de 20 sobre um, das obras editadas pelo Clero, ou por escritores desse culto. Este fenômeno é consequência da guerra implacável e surda que a Igreja desencadeia contra a nossa religião-ciência. É evidente e mesmo razoável que a curiosidade desperta o interesse. Daí o grande consumo de obras espiritualistas e a considerável afluência de pessoas aos centros kardecistas e aos terreiros de Umbanda.

Ultimamente, o povo vem se revelando possuir apurado gosto, consequência lógica do seu desenvolvimento intelectual.

V. Excelência diz que a nossa população padece de dois tremendos flagelos que são o analfabetismo e a falta de assistência médica. V. Excelência não devia ter escrito isso, porque a manutenção da Igreja é exatamente pela ignorância de muita gente, considerando-se assim uma das grandes potências de muitos países do globo. O Brasil é um deles.

O desenvolvimento do espírito é exatamente o melhoramento do grau de alfabetização. V. Excelência sabe que o Rio

Grande do Sul é o Estado de maior índice de alfabetização do Brasil? Pois é. Temos somente 26% de analfabetos. As nossas autoridades estaduais e municipais estão criando escolas de grau primário, em todos os recantos do seu território. Há até um plano revolucionário em plena execução, criando uma escola em um raio de três em três quilômetros. V. Excelência sabe que isto é um desastre para o Clero? Quanto mais gente sabida, menos católicos e mais umbandistas. A menos que venha de lá do estrangeiro uma encíclica determinando aos católicos um ajuste harmonioso com os espíritas.

Em outras palestras que tenho tido a ocasião de fazer, já profetizei a entrada da Umbanda nos Templos católicos ou vice-versa, em um prazo não distante dos vinte aos trinta anos. No entanto, se isto não acontecer, muito dinheiro será careado do estrangeiro para vir manter as despesas da Igreja. Há uma coisa muito interessante que lembrei agora, que vem corroborar o meu ponto de vista. A Igreja já se encontra em sérias dificuldades para conseguir jovens para a formação eclesiástica. Isto é um mau prenúncio, não é verdade, Excelência? Em todo o caso este é um assunto por demais complexo para discutirmos nesta carta.

A catequese umbandista estabeleceu no espírito do homem o equilíbrio do bom senso, pelas provas insofismáveis das demonstrações, que nos revelam os Luminares do Astral Superior, assistentes dos trabalhos em nossas Tendas. V. Excelência não ignora que esta nossa conversa não contraria os nossos Luminares? Entretanto, nós umbandistas não somos culpados. Somos obrigados a responder para melhor esclarecimento.

Muito humildemente, vos releio alguns versículos do Sermão da Montanha, que nos ensinam a amar e a respeitar aos nossos semelhantes.

"18" Porque em verdade eu vos digo que, até que o céu e a terra passem, nem um jota ou um til se omitirá da lei, sem que tudo seja cumprido.

"19" Qualquer pois que violar um destes menores mandamentos, e assim ensinar aos homens, será chamado o menor no reino dos céus; aquele, porém, que os cumprir e ensinar será chamado grande no reino do céus.

"22" Eu, porém, vos digo que qualquer que, sem motivo se encolerizar contra seu irmão, será réu de juízo; e qualquer que disser a seu irmão: Raca, será réu do Sinédrio: Louco, será réu do fogo do inferno.

"24" Deixa ali diante do altar a tua oferta e vai reconciliar-te primeiro com o teu irmão e depois vem e apresenta a tua oferta.

"25" Concilia-te depressa com o teu adversário enquanto estás no caminho com ele, para que não aconteça que o adversário te entregue ao juiz, e o juiz te entregue ao oficial a que te encerre na prisão.

"26" Em verdade te digo que de maneira nenhuma sairás dali enquanto não pagares o último ceitil.

"29" Não ajunteis tesouros na terra, onde a traça e a ferrugem tudo consomem e onde os ladrões minam e roubam.

"30" Mas ajuntai tesouros no Céu, onde nem a traça nem a ferrugem consomem e onde os ladrões não minam nem roubam.

Isto não é uma advertência que eu estou fazendo a V. Excelência. Sei que não tenho competência para isso. Entretanto, muitos sábios se emaranharam nos seus ideais filosóficos, por não haverem compreendido ou aceitado as Leis do Mestre.

Salve OGUM, o Cavaleiro da Luz.

MANIFESTAÇÃO DE CRENÇA NAS AREIAS DE TRAMANDAÍ

Diário de Notícias (RS), n. 75, 29 de maio de 1966

Como vem ocorrendo há vários anos, a Sociedade Espiritualista Cavaleiros de São Jorge está realizando na praia de Tramandaí grandiosa concentração religiosa. Para esse evento já tradicional, conta com uma caravana de 20 ônibus e inúmeras conduções particulares.

A assistência, composta de crentes e curiosos, cresce de ano para no, mostrando o interesse que desperta esse magnífico trabalho de praia; além de um espetáculo majestoso, traz inúmeros benefícios para os que o assistem com conhecimento de fé.

Os Cavaleiros de São Jorge estão convidando todos os espiritualistas para essa cerimônia, que, hoje, obedecerá ao seguinte programa: às 10 horas, grande concentração na praia; às 16 horas, desfile de despedida pelas principais ruas da cidade.

LEI Nº 1680

Declara de utilidade pública a União de Umbanda da Princesa do Sul. O SENHOR DOUTOR CÂNDIDO LOPEZ NETO, Vice-Prefeito Municipal de Pelotas, em exercício, Estado do Rio Grande do Sul. Faço saber que a Câmara Municipal aprovou e eu sanciono e promulgo a seguinte lei:

Art. 1° - É declarada de utilidade pública, para todos os efeitos legais, a União de Umbanda da Princesa do Sul, entidade que tem por fim concentrar todas as sociedades de Umbanda da Zona Sul do Estado, prestando assistência social e criando escolas de ensino primário e profissional, bem como outras atividades afins. Art. 2° - Revogadas as disposições em contrário, esta lei entrará em vigor na data de sua publicação.

Gabinete do prefeito de pelotas, em 26 de junho de 1968.
Dr. Cândido Lopez Neto – Vice-Prefeito, em exercício
Registre-se e publique-se
Chefe do Gabinete
Confere com o original
Chefe do Serviço de Expediente.

120 MÉDIUNS INICIAM-SE NOS MISTÉRIOS DA UMBANDA

Diário de Notícias (RS), n. 77, 1 de junho de 1969

Xangô, o deus das tempestades, e Iansã, senhora dos ventos, puseram em prova a firmeza dos médiuns que, no domingo cinzento de maio, em Tramandaí, indiferentes à chuva miúda, ao vento forte e ao frio intenso, firmaram suas vibrações com as forças do mar.

Lá ao longe, o mar explodia pondo em perigo os navegantes. O vento de Iansã levantava-lhe as ondas, rodopiava-as no ar e as jogava, espumantes, aos pés de quase um milhar de pessoas que, na praia, vestidos de branco, sem sentir a fúria dos elementos, faziam suas preces, iniciando-se nos mistérios da Umbanda.

São os Cavaleiros de São Jorge que, na hora exata da invocação feita às forças do oriente, 11 horas da manhã, viram o sol rasgar as nuvens e vir beijar a fronte molhada dos filhos de Yemanjá.

Essa iniciação, que empolga pela disciplina e fé, repete-se todos os anos, no penúltimo domingo de maio, o mês da mãe, numa saudação a Yemanjá, a Mãe Universal.

Mais de duas mil pessoas, durante hora e meia, participaram da cerimônia que começou com toques de clarim. Os médiuns, já iniciados, formaram um círculo dentro do qual estavam os iniciados. Lindos pontos cantados, buscando a sintonia com as forças espirituais, que vão se fazendo sentir, imantando o ambiente com sua formidável vibratória. Nesse instante unem-se as forças dos céus e da terra e começam os rituais de iniciação que culminam com os médiuns recebendo, nas ondas do mar, a sua ligação espiritual com as poderosas forças das falanges da Senhora das Águas. Voltando, depois, à primitiva formação, os médiuns e muitos dos presentes, de joelhos, com a mão sobre o coração, cantam o hino dos Cavaleiros, cumprindo, assim, seus compromissos com o povo do mar.

Formação da corrente mediúnica
Diário de Notícias (Porto Alegre), n. 77, 1 de junho de 1969

Tremulando ao alto veem-se as bandeiras do Brasil e do Rio Grande do Sul e dos Cavaleiros de São Jorge e num dos cômoros que circundavam o local dos trabalhos espirituais, desenhado em flores, por mãos carinhosas, o escudo dos Cavaleiros, encimado por um sol irradiante, uma lua e uma estrela de cinco pontas, tendo à frente cravadas na areia, diversas lanças que pertenceram aos heróis farroupilhas. *Diário de Notícias* (Porto Alegre), n. 77, 1 de junho de 1969.

187 MÉDIUNS PRESTAM COMPROMISSOS DE CAVALEIROS

Diário de Notícias (RS), n. 154, 31 de agosto de 1969

Em importante cerimônia ritualística, 187 médiuns prestaram juramento e receberam guia de Cavaleiros perante a Chama Sagrada, na Fraternidade Espiritualista Cavaleiros de São Jorge, na tarde de domingo passado.

Um tapete de veludo vermelho cobria o centro do Santuário, guarnecido por quatro lanceiros. Um silêncio profundo reinava em todo o templo, onde, em pé, tendo a mão sobre o coração, uma centena de criaturas cheias de emoção aguardava, uns a hora de receber sua guia de cavaleiro, e outras as guia de aspirante. O Sr. Dorval Ketzer, diretor espiritual do centro, fazia sentir a todos os presentes os compromissos que iam assumir ao prestar o juramento de Cavaleiros, fazendo-se ver que, aqueles que não se sentissem capazes de assumir tão severo compromisso, ainda podiam desistir. A emoção aumentava gradativamente e como ninguém desistisse, todos os presentes recitaram o juramento, que é o seguinte:

Meu Pai!

Aqui estou como vosso soldado e Cavaleiro de São Jorge pronto a vos servir. Assim sendo ofereço meu corpo material, não só a vossos mensageiros para que possam transmitir os vossos ensinamentos, como também, aos espíritos que sofrem a fim de que sejam esclarecidos e encaminhados ao vosso Reino.

Meu Pai!

Eu vos prometo estar neste Templo com a mente livre de maus pensamentos, más vibrações e com o coração limpo das impurezas do mundo profano e aberto às vossas irradiações.

Prometo também, cumprir o regulamento, que é lei de Cavaleiros de São Jorge. Prometo levar a nossa bandeira onde for necessário, a bem do amor, da verdade, da justiça e da fraternidade.

Prometo cumprir todas as ordens do Chefe Espiritual. Prometo nunca ferir meus irmãos de fé e procurar por todos os meios, a confraternização com irmãos de outras crenças. Prometo nunca fazer uso dos conhecimentos, que por bondade dos Mestres aqui receber, com o fim de conseguir bens materiais, mas usá-los unicamente na prática gratuita do bem e da caridade.

Se um dia for punido, por não ter cumprido aquilo que vos prometi, aceitar resignado, todas as provas, agradecendo-vos, ainda, e louvando o vosso Santo Nome na certeza de que assim conseguirei galgar mais um degrau na escala evolutiva da espiritualidade.

Rogo neste momento que São Jorge, nosso Guia e Protetor, por vontade de nosso Pai Oxalá, estenda sobre minha cabeça o seu Bendito Escudo de Cavaleio de Cristo, dando, assim, sua benção, sua proteção e a confirmação do que prometi.

Rogo, igualmente que sejam testemunhas de minhas palavras, São Miguel Arcanjo, com sua espada da justiça; Xangô, com a sua Divina Lei; Yemanjá, nossa Divina Mãe, com todas as suas falanges e, ainda o Congo Velho e todo o seu Povo e aos Guerreiros das Matas. Rogando a todos misericórdia e proteção, peço que ajudem a cumprir o juramento sagrado que acabo de prestar, dando-me forças nos momentos de indecisão e não permitir que eu tombe no meio do caminho.

Momento do juramento
Diário de Notícias (RS), n. 154, 31 de agosto de 1969

Após esse compromisso, um a um, os médiuns ajoelhavam-se no tapete vermelho, guarnecido pelos lanceiros e receiam a confirmação e a guia de Cavaleiros de São Jorge. Muitos, não resistindo à emoção, choravam copiosamente.

Sagração de uma médium
Diário de Notícias (RS), n. 154, 31 de agosto de 1969

Depois dessa impressionante cerimônia processou-se a entrega de diplomas a 21 médiuns que completaram 7 e 14 anos de atividade profícuas em benefício do Templo e da espiritualidade.

Logo após o juramento e a entrega de guias e diplomas, foi erguida, pelo Diretor Espiritual do Templo, a taça simbólica do Banquete Espiritual, tendo cada novo cavaleiro recebido, em pequeno cálice, um pouco de vinho, coroando, com essa cerimônia simbólica, a sagração dos novos cavaleiros que foram confirmados perante as Chamas Sagradas de Cavaleiros de São Jorge, considerados doravante Cavaleiros de Cristo.

A seguir usou da palavra o irmão Bernardes, convidado especial, e o presidente do Grupo Espírita de Umbanda Doze Apóstolos que se confessou maravilhado pelo que lhe foi dado assistir, exortando a todos para que cumprissem os compromissos assumidos em tão grandiosa cerimônia, sem esmorecimento e com devotado denodo, em benefício da humanidade sofredora.

Encerrando as comemorações, falou o jovem conferencista Moacir Costa de Araújo Lima, felicitando aos novos cavaleiros e aspirantes e também àqueles que receberam merecidamente seus diplomas de perseverança e trabalho construtivo na Fraternidade. Moacir dirigiu-lhes palavras amigas e esclarecedoras, citando que, embora tenha a ciência e os homens conquistado a Lua e empreendido as viagens interplanetárias, continuavam escravos das paixões inferiores, porquanto permitem o derramamento de sangue, através das guerras na Nigéria, e das lutas religiosas na Irlanda do Norte onde o "amai-vos uns aos outros" de Cristo foi esquecido.

A UMBANDA NO RIO GRANDE DO SUL

Texto publicado na revista *Umbanda Centenária* (Fernando Moretti)

Como em todo o Brasil, também no Rio Grande do Sul a Umbanda surgiu defendendo padrões e comportamentos aceitos socialmente. No entanto, não escapou à repressão policial. Segundo M. Caldas – um dos maiores intelectuais da Umbanda e do Espiritismo no Rio Grande do Sul, hoje falecido – nos primeiros tempos, o Centro de Charão não possuía um endereço fixo, funcionava de forma itinerante (o endereço mudava toda semana). Além dessa instabilidade, também o próprio Espiritismo e o Batuque se opuseram à Umbanda nascente. O primeiro desqualificava as suas práticas mediúnicas, o segundo não aceitava que os Orixás fossem invocados sem suas normas rituais, o que denuncia que estava em jogo uma disputa de bens simbólicos.

De Rio Grande, a Umbanda foi levada para Porto Alegre pelo capitão da Marinha Laudelino de Souza Gomes, que fundou nessa capital a Congregação Espírita dos Franciscanos de Umbanda, em 1932, e que existe atualmente. Nesse caso, é dupla a razão do termo franciscano. Em primeiro lugar pela sincretização entre São Francisco de Assis e Lokô (termo Yorubá), ou Irokô (termo Jeje), ou Orixá Tempo (Angola), isto é: a árvore gameleira branca; em segundo lugar pelo uso que seus membros faziam de uma espécie de bata branca com sandálias e cordões em torno ao ventre, semelhante à vestimenta de São Francisco.

Pernambuco Nogueira esclarece que tanto Charão quanto Souza Gomes não eram naturais do Rio Grande do Sul, e ambos estiveram na África por algum tempo. No entanto, dedicaram-se quase que exclusivamente à implantação e divulgação da Umbanda. Outros importantes personagens divulgadores da Umbanda nesse estado foram Norberto de Oliveira, que a introduziu no município de Viamão, Jesina Furtado fundadora da casa Mestre Quatro Luas; e Astrogildo de Oliveira, fundador do Templo Rainha Yemanjá Fraternidade Ubirajara.

Segundo Pernambuco Nogueira, essa última casa possuía a peculiaridade de ter construído, nos fundos, uma miniatura de todos os Reinos em que se efetuavam os rituais, inclusive uma calunga pequena (Cemitério) para ali realizar trabalhos sem sair do local do Templo, pois se preocupava com deturpações já existentes.

Uma particularidade desses templos mencionados, e que hoje já não vigora, reside no fato de que a abertura dos trabalhos era efetuada por uma linha não mais encontrada hoje: a linha das Yaras, que se apresentavam se arrastando pelo chão, como o fariam as sereias em terra seca, e promoviam a limpeza do templo utilizando-se de água.

No mais, na Umbanda do Rio Grande do Sul são cultuados Caboclos, Pretos Velhos e Crianças, aos quais não são realizados sacrifícios de animais. Outrora era também cultuada a linha ou Povo de Oriente, hoje quase em extinção. Segundo a representação dos umbandistas, tratava-se de entidades bondosas, bastante evoluídas e que transmitam vibrações puras. Seus médiuns, incorporados, adotavam a postura corporal e os gestos dos povos do Oriente: chineses, indianos, árabes e ciganos. Nos trabalhos da casa de Pernambuco Nogueira manifestavam-se duas entidades indianas: Brahmayana e Nargajuna.

Hoje o Povo Cigano foi transformando em Linha de Exu. Quanto aos guias orientais, se manifestam em poucas casas que trabalham com o que denominam de Junta Médica.

A Linha Cruzada

Trata-se de uma expressão religiosa relativamente nova, iniciada, tudo indica, na década de 1960. Constitui, porém, a que mais tem crescido nesse Estado, sendo cultuada hoje em cerca de 80% dos terreiros. Segundo Norton Correa, "essa modalidade ritualística chama-se cruzada porque, "enquanto o Batuque cultua apenas Orixás e Umbanda, Caboclos e Pretos Velhos; a Linha Cruzada reúne-os no mesmo templo, cultuando, além deles, também os Exus e suas mulheres míticas, as Pombagiras – provavelmente originários da Macumba do Rio de Janeiro e São Paulo".

Ainda segundo Correa, as principais razões para o crescimento da Linha Cruzada seriam os seguintes: os custos dos rituais são mais baratos que o do Batuque; e seus membros podem reunir e somar a força mística do Batuque com a da Umbanda.

A proliferação de terreiros Cruzados tem se constituído em um forte motivo de polêmica e de acusação mútua entre os membros das religiões afro-brasileiras do Rio Grande do Sul.

Trata-se em verdade, de um conflito, em parte intergeracional, em que os "mais velhos" na religião tendem a considerar essa inovação como uma "deturpação" da religião dos Orixás por parte dos mais jovens, ao mesmo tempo em que expressa em parte também um conflito entre os "conservadores" e os "modernos" as mudanças sendo compreendidas à tradição como uma violação dos fundamentos da religião.

De uma maneira geral, são extremamente precários os números acerca dos terreiros existentes no Rio Grande do Sul, bem como a incidência de rituais dentro das modalidades religiosas acima referidas. Seja como for, e para dar ao menos uma ideia de grandeza, devem existir hoje cerca de 30 mil terreiros em atuação nesse estado, onde, em cerca de 80% deles, são celebrados rituais de Linha Cruzada, em 10% somente rituais de Umbanda (Caboclos e Pretos Velhos) e em 10%, somente rituais de Batuque (nação).

FREDERICO ANTUNES HOMENAGEIA OS 60 ANOS DA FRATERNIDADE CAVALEIROS DE SÃO JORGE

http://www2.al.rs.gov.br

Vanessa Canciam – MTB 2060, 18 de agosto de 2010
Edição: Letícia Rodrigues – MTB 9373

O Deputado saudou o trabalho social da entidade, que atende mais de 15 mil pessoas ao mês. No período do Grande Expediente da sessão desta quarta-feira (18), o deputado Frederico Antunes (PP) prestou homenagem aos 60 anos da Fraternidade Espiritualista Cavaleiros de São Jorge. Fundada em 4 de agosto de 1950, em Porto Alegre, a entidade conta com filiais localizadas em Tramandaí e Capão da Canoa e com filiadas em Guaíba, Torres, Montenegro, Novo Hamburgo, Vacaria, Sorocaba e Praia Grande.

"Considero que há um dever político e uma necessidade social de promover o reconhecimento público às instituições sociais dedicadas à promoção do bem em seu sentido mais amplo e mais desinteressado", afirmou o deputado.

Da tribuna, o parlamentar resgatou a trajetória da instituição, com ênfase para a figura de seu fundador, Dorval Ketzer. "Ele é considerado no meio religioso e científico como alguém que buscava, na essência da natureza, o equilíbrio do homem. Foi um pioneiro, cujas preocupações com o meio ambiente e cujo ensinamento de zelo e o amor à natureza, tão bem transmitidos a seus seguidores, hoje repercutem entre os quinze mil frequentadores mensais da Ordem", disse o parlamentar.

Frederico Antunes também saudou o trabalho voluntário e social da equipe coordenada pelo atual presidente da Fraternidade Espiritualista Cavaleiros de São Jorge, Amyr Portanova Barrionuevo. Formada por 500 médiuns e por 15.600 sócios, a equipe acolhe em suas ações mais de 15 mil pessoas por mês. Em virtude de suas atividades filantrópicas, a entidade foi declarada de utilidade pública estadual e municipal.

"É surpreendente que uma instituição desse porte seja mantida por seu próprio quadro associativo mediante trabalho rigorosamente voluntário, fazendo prova provada de que a fraternidade, o amor e a justiça, lemas do fundador, mobilizam de fato os corações das pessoas de bem", concluiu o deputado.

Acompanharam a cerimônia o presidente da Fraternidade Espiritualista Cavaleiros de São Jorge, Amyr Portanova Barrionuevo, o diretor administrativo da entidade Paulo Barrionuevo, entre outras autoridades. Associaram-se à homenagem os deputados Miki Breier (PSB), Marquinho Lang (DEM), Marisa Formolo (PT) e Silvana Covatti (PP).

ERA UMA MACUMBA FAMOSA

Diário da Noite, n. 927, 10 de maio de 1933
Autorização de D. A. Press

O delegado Darcy Fróes resolveu desenvolver uma campanha decisiva contra os macumbeiros que na jurisdição do 19º Distrito pareciam haver assentado seu quartel general, tal o avultado número desses exploradores da crendice popular, espalhados pelas ruas e recantos do Meyer.

Ontem à noite, aquela autoridade, acompanhada do comissário Nelson e do inspetor Ferreira, sabendo que na casa n. 52 da Rua Luiza Valle funcionava uma macumba, dirigiu-se imediatamente para lá, indo surpreender o macumbeiro João Gonçalves da Silva atendendo a uma denúncia formulada pela "crente" Crhispina Gonçalves.

O ambiente da macumba era o mais impressionante possível.

Além do altar, caprichosamente preparado, havia inúmeros apetrechos da feitiçaria, cartões de Cr$ 5,00 para as consultas e um azorrague[20] com que o macumbeiro flagelava as suas consulentes.

Apurou a autoridade que a macumba de João Francisco era a mais famosa da zona.

O explorador exercia também a medicina, como curandeiro, e em seu poder havia cartas, procedentes de vários Estados, e até uma da Espanha.

João Francisco foi levado para a delegacia e ali autuado.

O cliché reproduz o curioso trabalho do macumbeiro João Francisco, apreendido entre os apetrechos de feitiçaria encontrados na sua casa. Representa "as sete linhas da Umbanda" – *Diário da Noite*, n. 927, 10 de maio de 1933 – Autorização de D. A. Press

[20] Açoite, espécie de chicote ou látego, usado para a aplicação de flagelo em condenados.

RELIGIÃO E MAGIA

Correio Paulistano, n. 24562, 18 de dezembro de 1935

Dalmo Belfort de Mattos

Presidente da Academia de Letras da Faculdade de Direito

"A magia branca não é a verdadeira magia". Assim se pronunciou o padre Bouvier, compilando paciente as objeções católicas, para resolvê-las de golpe, com a visão clara de teólogo. Desfazendo os artifícios de Frazer e de Albert Loisy, parece-lhe preferível reservar a palavra evocadora de operações mágicas para as "missas negras", rezadas ao clarão alucinante dos archotes, nos casebres afastados de Paris. Ou guardá-la para as encantações dos "paladistas," [21] nos "sabats" demoníacos em honra de Satan.

Não sei, porém, em que documento se escudou o grande estudioso das civilizações oceânicas.

Não! A meu ver, a magia branca não é somente prestidigitação, "truca", e hipnotismo. Não consiste, apenas, nos passes do feiticeiro ou no fumo acre das ervas aromáticas, tonteando espíritos e corpos.

O macumbeiro, o Pai de Santo, tem uma psicopatologia *sui-generis*, que serve de instrumento na produção dos estados mórbidos, alucinações, torpores nevrosados.

Mas também possui os seus oragos.[22] Aquelas divindades benéficas que procura escravizar para o seu uso, nas sessões fuliginosas[23] de baixo espiritismo. É o Ogum, é a Iansã, é a Calunga, Yemanjá – ídolos coevos, nascidos em meio de crendices nos casebres fetichistas da Guiné. E que o Preto Velho batizado na hora da partida, mesclou com os santos do calendário, no fundo bojudo dos navios negreiros.

Sincretismo universal, encontrado em todas as sociedades, mal atingidas ainda pelos missionários. Sincretismo registado entre os Votiaks, à beira do Kama, entre os Samoiedas do Ural, ou entre os celtas refratários da Baixa Bretanha. Venerando ainda o ANADON – o gênio da morte, – junto aos crucifixos das penedias esconsosas.

[21] O paladismo é o Culto que algumas seitas prestam a Lúcifer.
[22] Padroeiros.
[23] Cor escura que se assemelha à fuligem.

Nestas figuras ressurgem os amuletos e *gris-gris*[24] do Senegal. Como o culto da serpente, que reaparece, íntegro, entre os negros de Harlem. Ou o totemismo rebrota, vivaz, entre os quilombolas, refugiados nas selvas da Guiana.

O critério distintivo está, a meu ver, no papel preponderante que a entidade maléfica assume na magia negra. Centralizando todas as homenagens, recebendo todos os preitos da submissão e vassalagem.

Na outra, o sobrenatural entra com um poder menor do que o do mago, inferior ao traçado cabalístico, dos signos e círculos, de trejeitos e benzeduras.

Ele nunca falta, porém, quer nas invocações das Sibilas de Cumes, quer no Santíssimo Breve de Roma, distribuído durante a epopeia paulista, para fechar o corpo dos soldados da lei.

Religião e magia

Porque, então, perseguirmos a magia? Não será ela um laço entre o homem e as força sobrenaturais? Porque havemos de permitir a livre prática dos credos, e perseguiremos o macumbeiro, expulsaremos o Pai de Santo, ou reteremos preso o curandeiro dos casebres de Mboy?

A religião não participaria, sob certos aspectos, do poder mágico?

Perguntas embaraçosas, à primeira vista. Mas o estudo aprofundado de psicologia e dos cultos pré-históricos permite afirmar, com Sinzing, que religião e magia nasceram separadamente. Tiveram desenvolvimento díspar pertencendo a sacerdotes diversos.

Misturaram muitas vezes os seus frutos, como o joio e o trigo, que tomam sulcos de arado. Correspondem, porém, a atitudes diversas, quer na psicologia individual, quer na coletiva.

O crente implora. O mago exige. No ato de religião, há uma súplica ao princípio superior. No ato de magia, o poder dos espíritos subordina-se às fórmulas encantatórias.

O resultado da oração forte é imediato, infalível. O ho-

[24] Amuleto originário da África que é acreditado para proteger o portador do mal ou traz a sorte. Consiste em um pequeno saco de pano, geralmente inscrito com versos do Alcorão e contendo um número ritual de pequenos objetos.

mem subjuga a divindade, capta-lhe a vontade, suprime-lhe o livre arbítrio. Altera a ordem natural dos fenômenos. Se a prece falha é porque Deus e o santo julgou não dever atendê-la, quer para o bem do indivíduo, quer porque faltas sem requisitos necessários para a prece perfeita.

Se falha a oração forte, é porque outro poder mais forte neutralizou-lhe a ação. Ou porque faltou fé ao deprecante. A fé quer dizer, em linguagem cabalística, a confiança na força da oração. Não se pergunta pelos méritos do pedinte. Ou do valor moral do objeto visado.

Crer na força da oração. E o Deus, o nome, o gênio invocado, cumprirão docilmente os desejos do macumbeiro, servir-lhe-ão de instrumentos para vinganças mais reprováveis, como fantoches na mão do artista consumado.

A mesma diferenciação deve-se fazer na ordem histórica. As tribos mais primitiva dos melanésios, boschimanos, diferenciam a religião da magia. E se ela desaparece entre os Aruntas é que, isolados na mata australiana, regrediram, esquecendo o culto trazido das palafitas da Nova Guiné.

O certo é que todos os outros selvagens possuem uma ação nítida da delimitação dos dois campos. Na Grécia, na Índia, em Roma primitiva, encontramos a diferenciação nítida dos ritos. A magia é POSTERIOR à religião.

Abandonado no mundo, o homem deve ter começado depois da "queda original", pela adoração dos astros, das fontes e do fogo. Depois, muito depois, é que a observação de relações casuais fizeram nascer no homem primitivo a concepção de fórmulas potentes. Que escravizaram os elementos.

O ato religioso é quase instintivo. A magia exige reflexo e exame perfunctório[25] dos fatos.

Magia e o totemismo

Asmo é uma força religioso-social. Cada agrupamento possui um animal protetor. Símbolo e antepassado. Guarda as tradições e herói divinizado. Cada família, cada *clan* tem o seu deus tutelar: lobo, onça, tigre ou jaguar.

Imperfeitamente conhecido, o totemismo foi estudado apressada e tumultuariamente por Freud e Durkheim, Hum-

[25] Que se faz de modo rotineiro.

boldt e Quatrefages. Todo sequiosos de poderem ajustar, à força, as teorias mais diversas ao desenvolver das relações entre os homens.

Constituição da família, punição, hábitos e usanças tutelares, tudo caia sob o ritual rígido que o totem prescrevera. Tudo o que lhe referia era sagrado. Tornava-se tabu. Tabu que protegia aos descendentes, comunicando-lhes a força defendendo-os dos rivais.

Daí generalizar-se o uso de algumas partes de totem, como segura preservação nas horas de perigo: é o amuleto protetor. Presas e pelos, encerrados em sacolas, pedras rabiscadas de sinais cabalísticos ou desenhos broncos, que representassem, eram armas poderosas na luta pela vida.

E, ainda hoje, nas ruas civilizadas, quantas figas de osso, quantos elefantes de prata, quantos penduricalhos supersticiosos, cuja origem recua ao totemismo primitivo das tribos esparsas!

Quantos resíduos dos cultos esquecidos! Práticas que afervoravam a fé despertavam o temor das raças pré-históricas na aurora do pleistoceno. Quando o homem de Neandertal afiava a ponta de sílex, que iria prostrar o urso das cavernas, nas grotas sem luz dos Pirineus.

A RESPONSABILIDADE PENAL E AS MACUMBAS

Correio Paulistano, n. 24569, 25 de dezembro de 1935

Pajelanças, macumbas, candomblés. Três faces do mesmo problema, três denominações diversas, partidas de povos diferentes, para a denominação das ondas misteriosas, em torno dos ídolos negros provindos do fundo da Guiné.

Retumbam tambus,[26] há corrupios ligeiros no chão de terra batida. Os embandas[27] dirigem as rondas, estertorando em ataques epiléticos, rojando-se pelo chão, em honra de Xangô. E os Jejês, os Yorubás, Amboelas e Mussucongos seguem-no, uivando o estribilho soturno que se amestiçou no fundo das senzalas:

[26] Instrumento de percussão formado por um pau roliço, oco, de aproximadamente um metro de comprimento, com uma das bocas fechada com couro de boi, bem esticado.

[27] Sacerdote do culto da Cabula.

Chegô generá de Umbanda
Chegô generá, chegô
Com seu cavalo de Umbanda
Chegou o generá, chegou

E as crendices polimorfas do Senegal cruzam-se, no sul, com os mitos bantos, com a religião do Caboclo, com os batucajés que os negros baianos trouxeram para a "mata do café".

A polícia, vigilante, dissolve os ajuntamentos de "baixo espiritismo" como há um século fazia o Major Vidigal, visitando os antros cariocas, com a escolta de granadeiros espetaculosos.

Propomo-nos a estudar, neste ligeiro trabalho, a responsabilidade penal dos criminosos que praticam delitos sugestionados pelos conselhos do Pai de Santo. Ou para desfazer o "despacho", que a negra velha consumou à meia noite, com a farofa de galinha preta, no meio do capão.[28] Não é vão o ensaio. O crime do Tucuruvi permanece ainda quente em nossa memória, e o soldado que tombou, retalhado a facadas, nos arredores de Quitaúna, é um exemplo vibrante do poder sugestivo das "videntes".

Até que ponto poderá a crença na "mística fetichista" justificar os atos delituosos? Poder-se-á alegar perturbação de sentidos, ou caberá uma simples atenuante, diminuindo o grau de culpabilidade?

Dividiremos o estudo em duas partes, nitidamente diferenciadas: ideias jurídicas dos afro-brasileiros e efeitos inibitórios das macumbas.

Tambu – http://www.bibliotecaderitmos.com.br

[28] Formação vegetal típica do Brasil meridional. Consiste em um grupamento de vegetação arbórea cercada por campinas.

A mentalidade jurídica nos afro-brasileiros

Os pretos estavam ainda no período de talião, quando o tráfico os arrancou das aringas[29] de Niger, e os trouxe jungidos para o leilão do Valongo.[30]

Entre eles havia, como adágio corrente, o brocardo[31] "bofetada, mão cortada". E, em Gao,[32] já sob a proteção francesa, Binger viu cortar as mãos a três ladrões contumazes, sendo que um expirou na manhã seguinte.

Daí as vinganças, um tanto coletivas, que os africanos exerciam sobre os senhores, aprisionados durante as revoltas. E daí, também, as mutilações, as facadas, as queimaduras profundas, que Nina Rodrigues consignou em seu trabalho inacabado: "A sobrevivência psíquica na criminalidade afro-brasileira".

Mas não era apenas a ideia de vingança que dominava os cérebros primitivos que o álcool embrutecera. Havia mais! Acreditava-se que a morte do causador do "mau olhado," do envultamento, do "despacho" faria cessar o malefício.

O conto da "Madrasta", coligido por Ellis na Costa dos Escravos, ilustra bem esta asserção. Encontramo-lo reproduzido no "Africanos no Brasil", de Nina Rodrigues;

"... O rei sentenciou: Assim como pegaste em teu irmão e o mataste, nós pegaremos em ti e te mataremos. E o menino ressuscitará. E logo que o irmão mais velho foi morto, o mais moço ressuscitou, como tinha dito o rei ...".

Essa crença não encontra guarida, apenas entre as cubatas[33] do Niger; encontramo-la reproduzida no folclore indiano, nos contos cearenses ou nas lendas brumosas de Nibelungen.[34]

Compreende-se, pois, que o indivíduo boçal, estupidamente supersticioso, procure eliminar o feiticeiro que lhe "atalhou a vida", ou que o "amarrou" com orações fortes. Es-

[29] Campo fortificado de chefes de tribos africanas.

[30] Cais do Valongo, construído em 1811 pela Intendência Geral de Polícia da Corte da Cidade do Rio de Janeiro para atender a antiga determinação do Vice-Rei, o Marquês de Lavradio, feita em 1779. Seu objetivo era retirar da Rua Direita, atual Primeiro de Março, o desembarque e comércio de africanos escravizados.

[31] Provérbio.

[32] Cidade do Mali, situada às margens do Rio Níger.

[33] Choupana de negros africanos.

[34] Os nibelungos são, na mitologia nórdica, um povo formado por anões.

gotadas as artes dos curandeiros, as encantações e sortilégios, o punhal aparece como o fim lógico. E mesmo permitido.

Os sertões paulistas estão repletos de casos idênticos... Os criminosos continuam a merecer a estima pública. Ou são, mesmo, apontados como heróis.

Os Bororós eliminam as crianças cujo nascimento foi precedido por sonhos aziagos. O infanticídio é praticado pelo pajé, em presença da família. Afastando a cólera do Bope[35] para longe das malocas apinhadas.

E, nas aldeias da Amazônia, os sacerdotes selvagens praticam os bruxedos do "jurity-pepena", invocando a morte sobre o responsável pela pajelança maléfica.

Parece-nos, pois, ser geral a crença nos efeitos salutares do homicídio, que assume as feições da legítima defesa, contra os ataques sobrenaturais das potencias ocultas.

A ação das macumbas

Considere-se a ação excitante dos candomblés, produzindo acessos de histeria, alucinações auditivas, perturbações cenestésicas.

Atestam-se os observadores, os repórteres, os críticos. A ciência, uníssona proclama a sua existência. Alguns folcloristas perguntam se a crença medieval dos íncubos e súcubos[36] não era resultado das rondas demoníacas dos sabats.

A macumba congrega quatro elementos produtores de anomalias psíquicas. A música uniforme, soturna, martelada, as contorções, as fumaças inebriantes e o sobrenatural que galvaniza e tortura.

Já as conhecia o homem primitivo: os tamborins eram o acompanhamento dos sacerdotes de Baal, nos festins sagrados; apareciam nos mistérios de Attis e de Elêusis, e iam ecoar entre os "zobocus" da Melanésia, em uma toada crescente, que atingia a altura de um trovão. E que os iniciados criam ser a voz de Deus que se aproximava.

Os tambores são o símbolo da autoridade mágica entre os

[35] Entidade sobrenatural envolvida nos processos de criação e transformação, como o nascimento, a puberdade, a morte.

[36] Demônios que se apoderam dos sonhos. Íncubos: demônios masculinos que afetam as mulheres. Íncubos: demônios femininos que afetam os homens. Tem aspecto sedutor e atuam durante a noite sugando a força vital das vítimas.

esquimós. E o marroquino Sidi Mah conseguiu atirar contra a França as tribos do Atlas Médio, congregando-as ao som do tamborim sagrado, que rufava com uma cauda de rato.

E, entre os negros, eram os *tan-tans* do Senegal, as ritumbas[37] de Angola, os chingás[38] dos Vátuas, ou os caxambus[39] dos candomblés paulistas, ecoando pelos carreadores em fora.

É muito conhecido o papel perturbador das contorções e dos giros. Utilizam-na os magos de todos os tempos. Empregam-na os yoguis da Índia, os metodistas uivadores da Louisiana, os derviches dançarinos da Turquia. E, em uma confraria muçulmana procura o êxtase, levando por três mil vezes a cabeça do ombro esquerdo ao umbigo, pronunciando a palavra por excelência. – Hu! ...

O incenso, o pango,[40] o haxixe, as ervas aromáticas queimam nas macumbas, enquanto o vozerio se ergue, compassado. Formando a Linha Branca de Umbanda, que trará o espírito protetor.

Compreende-se, pois, as nevroses, as alucinações psicopáticas, os impulsos a que são levados os frequentadores dos catimbós e candomblés.

MACUMBA

Correio Paulistano, n. 26105, 13 de abril de 1941

Geraldo Mendes Barros

Houve um tempo em que a macumba se tornou, para determinada corrente de intelectuais brasileiros, algo científico. Em livros, revistas e jornais da nossa civilização. Os escritores frequentavam os terreiros. Os Pais de Santo participavam de congressos científicos. Em livros, revistas e jornais apareciam estudos e ensaios que, longe de ser uma investigação exata e objetiva dessas crendices e de suas consequências na vida das classes populares, traziam a marca visível da apologia

[37] Tambor africano, feito de um tronco, totalmente aberto, e tendo uma pele que cobre uma das aberturas.
[38] Instrumento musical em forma de caixa.
[39] Caxambu ou bendenguê é um tambor cerimonial usado na manifestação cultural afro-brasileira denominada Jongo. É também denominado de tambu.
[40] Maconha.

gratuita. Para esses cavalheiros, bastante suspeitos, no seu fervor, a macumba, com seus ritos bárbaros, com seus ídolos africanos, era parte integrante da tradição brasileira. Defendê-la, incentivá-la, uma obrigação estrita.

Para tais escritores, os terreiros constituíam a única coisa digna de ser vista no Brasil. Visitava-nos um escritor estrangeiro? Ou um jornalista à cata deste assunto para as suas reportagens? Mal desembarcado na Praça Mauá ou alguma das capitais do norte, era, imediatamente, monopolizado pelo grupo irrequieto. Visitar Ouro Preto, Sabará? Conhecer as obras de arte colonial, que marcam tão bem uma era de opulência e de fausto? Visitar os nossos centros industriais? Percorrer o interior, onde o homem afirma as suas altas qualidades físicas e morais na luta contra a natureza, na mobilização das enormes reservas potenciais? Qual nada! – diziam os cicerones amadores. Tudo isso pode ficar para depois. É necessário, antes de tudo, subir aos morros, visitar as "cabanas" e as "tendas" dos Pais de Santo, observar o culto de Ogum. Orixá e outros deuses africanos, ouvir o sons soturnos dos instrumentos e a cadencia melancólica das vozes: assistir às danças sagradas. Aí sim, se encontra o verdadeiro Brasil.

Os jornalistas e escritores estrangeiros galgavam os morros com a sua curiosidade e a sua máquina fotográfica. Algum tempo depois, as revistas ilustradas, os jornais, os livros de viagem, o cinema, nos apresentavam como uma colônia da costa da África. Ah! O amor próprio brasileiro se sentia ferido. O nosso patriotismo exigia reação pronta. A imprensa indígena vibrava de indignação. De quem a culpa, porém? Dos estrangeiros? Não lhes disseram, aqui mesmo, que a macumba representava uma das notas mais vivas da civilização nacional? Não lhes afirmaram que, no ambiente dos terreiros é que os poetas, romancistas, compositores, dançarinos e pintores iam buscar inspiração por uma arte genuinamente brasileira? Por que os culpar?

A moda, felizmente, passou completamente ou está quase morta. Como toda moda, aliás. Sem o fervor *snob* dos intelectuais, a macumba continuou, porém, a viver e prosperar graças à ignorância das massas, e à ingenuidade de certas camadas populares. Mistificadores de toda sorte, exploradores de todo gênero aí encontraram campo largo e propício para as suas atividades.

A polícia carioca, em boa hora, resolveu acabar com esta exploração, a bem da higiene mental da população. Numerosas tendas e cabanas foram varejadas. Descobriu-se que os exploradores possuíam perfeita organização comercial. Especializavam-se para melhor explorar a bolsa do público ignorante.

Em portaria recente, completando as enérgicas providências anteriores, o chefe de Polícia suspendeu o funcionamento de todas as casas do Rio de Janeiro, que só poderão recomeçar as suas atividades mediante novo exame de suas finalidades, para o que os interessados deverão submeter-se a novo registro.

CABOCLO COBRA CORAL VAI DESPEDIR-SE

Diário da Noite, n. 3978, 1 de janeiro de 1944
Autorização de D. A. Press

Grandiosa festa entre os adeptos de Umbanda

A partir do dia 20 do corrente, data em que se festeja São Sebastião, o padroeiro da cidade, o terreiro do Caboclo Cobra Coral, em Vila Meriti, abrir-se-á para seus adeptos festejarem as despedidas daquele grande orixá de Umbanda – que termina mais um ciclo de luz entre os irmãos da vida terrena – segundo reza a doutrina que rege essa estranha religião afro-brasileira.

Por algum tempo, pelo menos até depois da quaresma, o poderoso Oxóssi Cobra Coral manter-se-á no plano astral, conforme os preceitos do ritual, só voltando a manifestar-se entre os mortais naquele prazo.

Os filhos de Umbanda realizam com grande pompa a festa de ascensão do orixá- chefe do terreiro, havendo uma reunião que habitualmente se prolonga até o fim da semana.

O Centro Espírita São Jerônimo do Rito Afro-Brasileiro promoverá, na noite de 22 do corrente, a festa do seu orixá maior. Caboclo Cobra Coral, realizando uma grandiosa "canjica" de acordo com os preceitos do ritual Nagô.

Como outras festas já realizadas no terreiro da Rua Lourenço Campos, em Vila Meriti, essa do próximo dia 22 do corrente, pela originalidade e indiscutível curiosidade do espetáculo, em que serão dados a apreciar aos estudiosos do assunto aspectos de folclore afro-brasileiro, marcará mais um retumbante acontecimento na história daquele Centro de culto religioso da Umbanda.

OGUM

O Cruzeiro, n. 51, 03 de outubro de 1949
Autorização de D. A. Press

Rachel de Queiróz

Rachel de Queiroz nasceu em Fortaleza em 17 de novembro de 1910. Foi a primeira mulher admitida na Academia Brasileira de Letras, eleita para a cadeira n° 5, em 1977. Foi também jornalista, romancista, cronista, tradutora e teatróloga. Integrou o quadro de Sócios Efetivos da Academia Cearense de Letras. Seu primeiro romance *O Quinze*, ganhou o prêmio da Fundação Graça Aranha. *O Memorial de Maria Moura* foi transformado em minissérie para televisão e apresentado em vários países. Faleceu em 4 de novembro de 2003 na cidade do Rio de Janeiro.

Em 3 de outubro de 1949 escreveu o belíssimo texto intitulado *Ogum*.

Quem anda por terra, quem anda por mar
E nunca se cansar

Aí, é Ogum, é Ogum, São Jorge, guerreiro, montado no seu cavalo arreado de prata, tem pena de nós Ogum.

Visto o meu avental branco, abro os braços no terreiro, espio a cara da lua e canto vosso ponto, Ogum.

Com seu laço de fita encarnada
Amarrado na ponta da lança

Senhor Ogum tão bonito e tão alvo. Seu braço é de ferro, sua espada é de fogo. Descarrega as minhas penas, vem tirar perturbação. Vai buscar tua falange para me descarregar.

No seu saiote tem penas douradas
Seu capacete brilha na alvorada

Canto o vosso ponto Ogum.

Abrindo a minha Aruanda
Já vejo Ogum meu senhor
Junto à mangueira de Umbanda

Escuta o vosso ponto, Ogum.

Ô Naná cadê Exu
Exu está nas ondas do mar
Ele é dono do gongá
Maior é Ogum, Naná

Senhor Ogum não tem medo de Exu. Estrela Dalva nossa guia clareia o mundo sem parar. Vem Ogum na réstea da Estrela Dalva fere Exu com sua lança. Quem tiver praga de Exu desde já seja curado levando pro mar ardente para as ondas do mar salgado.

Vinte e três do mês de abril nasceu soldado São Jorge que no céu Ogum se chama. Haja vela e haja rosa, papoula e botão de cravo. Sua cor é o encarnado, lua cheia é sua irmã. Estais ouvindo o vosso ponto, Ogum?

Cavalo de Ogum voava
Cavalo de Ogum correu
Furou água e furou vento
Furou nuvem
Todo vestido de branco
Cavalo de Ogum sou eu

Meu coração estala que chega a doer. Aí Ogum. Acode-

-me, me consola, me dá o que vos pedi, me devolve o que tirou. Lua cheia e lua nova onde foi que me escondi? Seguindo o rastro de Ogum pelas matas me perdi. Favorece o ponto da mata, Ogum:

Eu sou da mata
O que mata é a sua?
O que mata é a sua – a de lá, de cá?
Onde pia a cobra que vem sarava?
Com tanto pau na mata e eu não tenho guia
Vem Ogum meu senhor anda ser meu guia
A volta do mundo é grande
Seus cordeiros ainda é maior
Guerreiro São Jorge tem pena de nós
Diz a Oxalá meu pai que tem pena de nós

A benção Ogum.

Vinte e três do mês de abril nasceu soldado São Jorge que no céu Ogum se chama. Haja vela e haja rosa, papoula e botão de cravo. Sua cor é o encarnado, lua cheia é sua irmã. Estais ouvindo o vosso ponto, Ogum?

Cavalo de Ogum voava
Cavalo de Ogum correu
Furou água e furou vento
Furou nuvem
Todo vestido de branco
Cavalo de Ogum sou eu

Meu coração estala que chega a doer. Aí Ogum. Acode--me, me consola, me dá o que vos pedi, me devolve o que tirou. Lua cheia e lua nova onde foi que me escondi? Seguindo o rastro de Ogum pelas matas me perdi. Favorece o ponto da mata, Ogum.

Rachel de Queiróz
www.elfikurten.com.br

TUDO KUABA... SARAVÁ OGUM!

Revista da Semana, N. 42, 21 de outubro de 1950

Reportagem de Abdias Rodrigues

O vasto capítulo das superstições do folclore de todos os povos é constituído de um conjunto de práticas mágicas, crendices e abusões de diversas origens. Uma dessas origens é explicada pela lei da interpretação de duas ou mais religiões diferentes. Quando uma religião, considerada superior, tende a suplantar outra, os elementos desta não desaparecem; escondem-se, tornam-se privados e esotéricos. Ficam como elementos supérstites[41] no meio da mística e do ritual da nova religião que suplanta a velha. O encontro de duas ou mais, provoca sempre a substituição dos deuses nacionais pelos deuses invasores. Reik mostrou que a fusão das seitas e a vitória dos novos deuses se davam de três modos:

[41] Sobreviventes.

a) Pelo trabalho do sincretismo, com a assimilação das divindades de uma às de outra religião.

b) Pelo rebaixamento dos antigos deuses às categorias de heróis, espíritos auxiliares ou servos dos novos deuses.

c) Pela degradação definitiva dos antigos deuses à classe dos anjos maus ou demônios.

No ritual aconteceu a mesma coisa – acrescenta aquele sábio. O que era uma prática natural da religião passou a ser considerada ritual privado, esotérico, perseguido pelos adeptos da nova doutrina imposta. Assim surgiram as seitas ocultas, desde a antiguidade do recalcamento operado pelas novas religiões que se dizem ao serviço da cultura. Por esta mesma razão nenhuma subsiste em estado puro. Daí as perseguições aos que praticam a Umbanda e daí também as modificações de ordem mística introduzidas.

Rumo a São Mateus

As autoridades são muito severas para com os que praticam a Lei de Umbanda. Todavia, se o leitor quiser assistir a uma verdadeira macumba tenha a bondade de nos acompanhar. Tomemos um trem na Estrada de Ferro Central do Brasil rumo a São João do Meriti. Saltemos. Agora vamos de ônibus até São Mateus. Pronto. Chegamos à Estação. Estamos no Estado do Rio, onde até o delegado gosta de assistir aos trabalhos de Tia Lúcia – a maior Babá da região. Faltam 15 minutos para meia noite. É sexta feira. Chegaremos a tempo...

O lugar é deserto. Mas a escolha de lugares solitários e de difícil acesso para os terreiros obedecem a razões determinadas como a necessidade de obtenção de efeitos sugestivos. Às horas mortas da noite, na monotonia grave e triste das danças religiosas, tudo se reúne para dar ao conjunto um cunho de poesia selvagem e misteriosa que deve falar profundamente ao espírito medroso e incauto da raça negra, que é extremamente supersticiosa.

A noite está escura. Não há luz no lugar. Apressemos o passo. Parece que estamos perto. Vultos embuçados passam por nós seguindo o mesmo caminho. Por vezes, um automóvel surge iluminando a estrada.

– Está ouvindo? Pergunta o fotógrafo assustado.

– Sim. Ouço. São os ruídos dos atabaques. É o primeiro sinal. Os atabaques, no entanto, só começarão depois do terceiro sinal que, aliás, é bem diferente deste: quer dizer, é mais forte e mais prolongado.

– Parece que você entende mesmo da coisa, hein? Vai acabar babalaô.

Quer? São os ossos do ofício...

O Terreiro de Tia Lúcia

Afinal chegamos. Agora o leitor que nos acompanhou até aqui, deve tomar posição a fim de "ver com os próprios olhos" os "trabalhos" no terreiro. Enquanto isso tentaremos descrever o panorama local para os que não puderam vir.

No centro de um grande pátio, cercado de árvores frutíferas, está o terreiro de Tia Lúcia. Ao seu redor acham-se seis automóveis dos últimos tipos. Dois Mercury, dois Cadillacs, um Ford e um Pontiac. Afora a casa da Mãe de Santo e a do terreiro há mais quatro pequenos prédios que são as habitações das filhas de santo.

Identificamos alguns dos proprietários dos automóveis. Atendendo aos seus rogos não mencionamos. Contudo, podemos acrescentar que estavam presentes um deputado federal e quatro vereadores, sendo que um da Câmara do Distrito Federal e vários candidatos a deputado e vereadores no pleito de três de outubro: afora artistas de rádio, médiuns, médicos, advogados, professores etc.

Ao Doutor, proprietário, o nosso muito obrigado. Ah? Doutor... A sua presença no candomblé foi providencial. Se não fosse o Senhor, que gentilmente nos trouxe de volta, que seria de nós naquele deserto dentro da noite enorme... Após o espetáculo?

Também Tia Lúcia tem automóvel. Este, porém, estava na garage. Como era natural, a nossa presença, naquele sítio, àquela hora, causou grande pânico. Na hora das fotografias, os "grandes", "os homens notáveis" se encolheram, procurando fugir aos flashes. Muitos nos suplicaram mesmo: – "Por favor, não publique o meu nome. Imagine que sou candidato a deputado federal e se L.E.C.[42] souber disso o meu nome vai para a lista negra. E isso será o fim de toda uma luta ingente".[43]

Que estaria fazendo essa gente ali? – perguntará o leitor que não pode nos acompanhar. Acreditam em macumba? Teriam ido fazer despachos para conseguir eleitores?

Não sabemos. Mas cédulas se encontram em toda parte, inclusive no terreiro de Tia Lúcia. Fato curioso, é que nem mesmo a presença da imprensa impediu que todos os candidatos presentes fizessem os seus pedidos a Exu, Ogum e a outros Orixás.

Destoando da maioria das Mães de Santo – Tia Lúcia se nos apresenta como uma senhora elegante, lida e de boas maneiras. Como já deixamos patente, o seu terreiro é frequentado pela fina flor da sociedade carioca. Nos bairros chiques da Cidade Maravilhosa, como Copacabana, Flamengo ou Tijuca, não há quem não a conheça ou não tenha ouvido pronunciar o seu nome. Há mais de 20 anos mora em São Mateus, cercada de conforto e prestígio. Tia Lúcia resolve qualquer problema, qualquer assunto intrincado – dizem. Ao seu terreiro tanto vai ter a mocinha que está com o casamento atrapalhado, a mulher que o marido abandonou, o rapaz que quer arranjar bom emprego, como o político que deseja ser eleito; enfim, todos, inclusive folcloristas e personalidades ilustres como Katherine Duncan[44] que lá esteve em busca de novos ritmos para os seus espetáculos.

Como acentuamos, Tia Lúcia é uma mulher lida. É mestiça e aparenta ter 60 anos de idade. Fala corretamente o português e domina com facilidade os dialetos africanos. É curiosa e se interessa muito pelo folclore afro-brasileiro, mormente no que diz respeito à Umbanda. Na palestra que manteve conosco apontou-nos como sendo os mestres do folclore afro-brasileiro o professor Donald Pierson, Artur Ramos, Nina Rodrigues e Edison Carneiro.

[42] Lei Eleitoral Complementar 1.164 de 1950.

[43] Enorme.

[44] Bailarina americana (22 de junho de 1909 – 21 de maio de 2006), coreógrafa, escritora, educadora e ativista social. Teve uma das mais bem sucedidas carreiras no teatro americano e europeu do século XX.

Umbanda é religião

A uma pergunta nossa, respondeu:

– Umbanda é uma religião como outra qualquer. Tem a sua teogonia, a sua liturgia e a sua hierarquia sacerdotal. Ou em outras palavras: – tem o seu conjunto de divindades, o seu complexo de cerimônias e o seu ritual.

Tudo isso varia de certo modo, com a seita afro-brasileira. O culto Nagô ou Yorubá é o mais puro, em relação às fontes primitivas. Depois o Jeje. Em seguida o Banto. E finalmente o Banto-Ameríndio. A desorganização é crescente. É tão crescente que há necessidade de desligar do Banto o novo culto – o Banto-Ameríndio.

Os brasileiros e os sul-americanos estão degradando a religião pura e original dos fetiches com enxertos e modificações de ordem mística. Hoje, o que se vê por estas paragens é um complexo, uma salada de Jeje, Nagô, Banto, Tupi, Espiritismo, Catolicismo etc.

– A respeito da teogonia – prossegue Tia Lúcia – devo explicar que a Umbanda considera:

– Os grandes deuses, isto é, os Orixás Maiores, constituindo a suprema corte das altas divindades, que nunca baixam à terra, a não ser por intermédio de legiões de subalternos, que são os Orixás Menores.

Os Espíritos de Luz ou Forças da Natureza ou ainda Elementares, que não são homens porque voam como espíritos, e não são espíritos porque bebem como homens.

Os Espíritos Desencarnados ou Exus. São os criados dos Orixás, os intermediários entre os Orixás e os homens: uns grandes interesseiros que prestam serviços em recebendo as coisas que gostam: – o azeite de dendê, a cachaça, a água, o fumo, o sangue de bode ou de galo. Também existem para castigar os pecadores: pois de tal mister não se encarregariam os Orixás, que só sabem fazer o bem.

Com referência à hierarquia sacerdotal, o Pai de Santo tem ainda os nomes de Babalaô, Babaloxá, Babalorixá, Chefe de Terreiro, Chefe de Rebanho, Príncipe de Umbanda, Magno de Olorum, Embanda ou Pegigan.

Com relação ao catolicismo, o Terreiro – é a Igreja, e o Pai de Santo – o Padre. Em muitos terreiros quem pontifica é a Mãe de Santo ou Babá.

Os Ogans, membros masculinos, que ajudam o Pai de Santo ou a Babá no ritual, especialmente na invocação da presença dos Orixás e atuam como intermediários junto às autoridades públicas, e contribuem para as despesas do culto.

As Jibonans ou Pequenas Mães que ajudam as dançarinas em suas obrigações rituais e fazem as oferendas ou despachos aos espíritos diabólicos das coisas que eles gostam.

Os Cambonos ou Cambones ou ainda Cambondos, que funcionam como acólitos do Pai de Santo.

Os Irmãos, que são os filhos e as filhas de santo. Todos os médiuns, capazes de receber os Orixás. São os aparelhos, os cavalos, os moleques dos Orixás. Durante a manifestação dessas entidades ficam os irmãos em estado de santo, quer dizer: – em transe mediúnico.

Há também os músicos com o seu chefe à frente – o Alabé.

– Na Umbanda há a crença em um Deus supremo, em um Pai dos Orixás, criador do Universo e que só se manifesta através dessas divindades. O seu nome varia com os povos e em um mesmo povo com as religiões e a época.

Para os nagôs, esse Deus Maior, esse Rei da Glória, esse Senhor de Aruanda, é OLORUM. Pelo Brasil adentro, onde predominam os bantos, são comuns estes nomes: – Zambi, Zambi-Ampungu, Zambiapungo, Zamurupinga, Zambi-Pombo, Ganga, Ganga-Zamba, Gana-Zana ou Malungo.

Depois de Olorum, os principais Orixás do culto nagô são: Xangô, que é adorado como o Orixá do relâmpago e do trovão; Ogum, da guerra e do ferro; Oxóssi, da caça; Omulu, da peste; Nanã, da chuva; Yemanjá, da água salgada; Oxum, da água doce; Iansã, do vento e da tempestade; Oxumaré, do arco íris e Beji (ou Ibeji) dos gêmeos.

Cada Orixá possui o seu próprio fetiche, a sua insígnia, o seu dia sagrado, os seus alimentos preferidos, as suas cores e vestes, inclusive contas e o seu grito próprio. Raramente os fetiches são imagens esculpidas: os umbandistas fazem questão das coisas da natureza. Esses objetos em cada terreiro ficam no Peji, isto é, no Santuário ou Altar. Um sacerdote auxiliar – o Axogum, de quando em quando os leva, e nas ocasiões executa os sacrifícios de animais (os embés) e as oferendas ou despachos (ebós), de animais e bebidas.

– As seitas mais antigas e mais respeitadas são tidas como de origem Nagô (Yorubá), ou Jeje (éwé), ou representam uma fusão no Brasil destes dois grupos de rituais e crenças africanas, que parecem ser intimamente apartadas.

Em particularidade de línguas, vestimenta sagradas, danças, cantos, divindades etc., esses centros diferem dos candomblés conhecidos como Congo ou Angola, onde se fala um dialeto banto. Luanda e Benguela se tornaram lugares sagrados onde o chefe angola Kissimbe é objeto do culto. Diferem também dos candomblés de organização mais recente chamados de caboclos, cujo ritual, variando de seita para seita, é uma mistura de outros cultos de origem africana, juntamente com divindades e danças de origem Tupi, incluindo Tupã a divindade Tupi, e Tupinambá, que parece ser uma personificação da tribo desse nome a qual habitava a costa baiana na época da chegada dos europeus.

As Entidades

– Para Umbanda existe um número sem conta de entidades menores – esclarece Tia Lúcia. São ao todo sete legiões ou sete linhas de espíritos, cada qual tendo o seu chefe ou regente. Cada legião dispõe de sete grandes falanges, como um chefe ou ministro.

1ª) **Linha de Oxalá**, dirigida por Jesus Cristo. Integram-na os espíritos de padres, frades, freiras e quantos indivíduos que foram grandemente religiosos. Compreende as legiões de Santo Antônio, São Cosme e São Damião, Santa Rita, Santa Catarina, Santo Expedito, São Benedito e São Francisco de Assis.

2ª) **Linha de Yemanjá**, dirigida pela Virgem Maria. Destina-se a proteger os marinheiros, encaminhar no espaço os irmãos que desejarem progredir, a amparar na terra as mulheres. Dispõe dessas legiões e das sereias, sob a chefia de Oxum; das ondinas, de Nanã Burucú; e das caboclas do mar, de Indaiá; a dos marinheiros de Tarimá; a dos caboclos dos rios de Yara; e dos Calungas, Calunguinhas; e a da Estrela da Guia de Maria Madalena.

3ª) **Linha do Oriente**, dirigida por São João Batista, formada com os mestres do ocultismo (cartomantes, astrólogos, grafólogo etc.). Manobra as legiões dos hindus de Zartú; dos médicos e cientistas do espaço, de José Arimatéia; dos árabes, marroquinos e Jimbaruê; de japoneses, chineses, mongóis e esquimós; de Osi do Oriente: dos egípcios, astecas, incas e outros antigos povos; de Ynhoarairi: dos índios caraíbas; de Itaraiaci; e dos gauleses, romanos e outros povos europeus, de Marco I.

4ª) **Linha de Oxóssi**, dirigida por São Sebastião e constituída pelos espíritos de caridade, que ampararam os sofredores, com passes com ervas. Compreende as legiões de Urubatão, Araribóia, Caboclo das Sete Encruzilhadas, dos Peles Vermelhas, dos Tamoios, da Cabocla Jurema e dos Guaranis.

5ª) **Linha de Xangô**, dirigida por São Jerônimo. É a linha da justiça, que recompensa e pune, que eleva os que se humilham e rebaixa os que se vangloriam. Dispõe das legiões de Iansã, Caboclo do Sol e da Lua, Caboclo do Vento, Caboclo das Cachoeiras, Caboclo Treme Terra e dos Pretos Quenguelê.

6ª) **Linha de Ogum**, dirigida por São Jorge. É a linha das grandes demandas. As suas sete legiões têm por intermediários de Ogum – o Beira Mar, o Rompe Mato, o Tára, o Megê, o Naruê, o Malei e o Nagô.

7ª) **Linha Africana**, dirigida por São Cipriano e composta dos espíritos de pretos de várias raças. Formaram-na as legiões do Povo da Costa; de Pai Cabinda; do Povo do Congo: de Rei do Congo; do Povo de Benguela: do Pai José; do Povo de Angola: do Pai Benguela; de Moçambique: do Pai Jerônimo; do Povo de Luanda: do Pai Francisco; e do Povo da Guiné e Zun-Guiné. São os grandes feiticeiros da Umbanda.

Tia Lúcia fez uma pausa... Acende o cachimbo... Manda dar o último sinal e acrescenta:

– Agora o senhor vai assistir aos nossos trabalhos que são feitos no verdadeiro ritual da Umbanda. Hoje haverá o sacrifício de bichos de dois e quatro pés; isto é, para Exu vamos matar um bode preto para que ele, bebendo o seu sangue, interceda junto ao seu Orixá por essa gente que está aí carecendo de ajuda.

Tia Lúcia mostra ao repórter Abdias o bode quer será sacrificado à Exu – *Revista da Semana*, n. 42, 21 de outubro de 1950

Início dos trabalhos

Entramos no terreiro. Lá já estava o fictício leitor que nos acompanhava. Pés descalços, sentado em uma esteira, no meio dos homens: isto é, junto a Tia Lúcia.

No chão do terreiro, coberto por uma longa toalha branca achavam-se todos os apetrechos para os sacrifícios. A um sinal da Babá, roncaram os atabaques e ecoaram os cânticos de invocação. E os espíritos não se fizeram esperar. As mulheres (sempre em primeiro lugar as mulheres) entraram em transe. Tia Lúcia jogou os búzios. "Tudo kuaba![45] – exclamou. Exu... Êêêh Exu! Tudo kuaba! Veio a primeira galinha. Duas filhas de santo a seguraram. Tia Lúcia cortou a cabeça da ave. Depois mais um pedaço do pescoço. Arrancou penas do peito, das asas, e finalmente untou tudo com muito azeite de dendê, sal e pemba moída e colocou dentro de uma tigela de barro. Deixaram o sangue escorrer em cima dos papéis que eram pedidos.

[45] Resposta positiva dos búzios.

Outro grito... Outro sinal... E outros cânticos foram entoados.

– Ogum!... Saravá Ogum! – exclamou Tia Lúcia. Trouxeram a imagem de São Jorge e uma galinha preta. O mesmo processo; com a diferença apenas de que a cabeça da galinha foi torcida e arrancada; isto é, não foi usada a faca.

Para Yemanjá foi arrancada a cabeça de um pato. Para São Cosme e São Damião foram arrancadas as cabeças de duas galinhas ao mesmo tempo. Para Oxalá trouxeram dois pombos. Tia Lúcia colocou a cabeça de cada um entre os dedos grandes e médios de cada pé e puxou de uma vez.

As aves mortas são transformadas em farofa (farofa amarela) com muito azeite de dendê e posta nas encruzilhadas, por ordem dos Orixás. Cada santo tem a sua bebida predileta. Para Ogum, por exemplo, a bebida é cerveja; para Iansã, vinho moscatel e mel de abelha; para Omulu, cachaça. A tudo isso se junta boa salada, vatapá, angu, acarajé, leite de coco e outras coisas gostosas. Dizem que o espírito dos alimentos é comido pelos santos.

A propósito, vem-nos à mente o que Gilberto Freire escreveu em *Casa Grande e Senzala*: "Sabe-se que os afro-brasileiros, principalmente na Bahia, preparam quitutes especiais, que reconhecem uma origem religiosa, e que tornaram tão afamada a culinária baiana".

Depois do sacrifício dos bichos de dois pés, tem começo o grande cerimonial para a matança do bode preto em holocausto a Exu. Os grandes pedidos, os assuntos importantes, só Exu pode resolver. Só ele tem a força necessária de "encruzar" espírito "trapalhão". Para esse todos se levantam e cantam:

Encruza, encruza
Este filho de Umbanda
Encruza, encruza
Na Lei de Umbanda

Um garoto, puxando o bode, dá sete voltas ao redor do busto de Exu, que se acha no centro do terreiro. Depois leva o animal para a casa do Orixá que fica retirada. Mas cá, no terreiro, há um verdadeiro delírio. Muitos dos assistentes (principalmente as mulheres) caem em transe. Passados alguns minutos dois homens trazem o bode e ajoelham-se em frente ao altar. É o momento supremo. Tia Lúcia, em transe, com o olhar espavorido, toma de uma faca especial e marca no pescoço do bode o lugar onde vai cortar. Antes, porém, para, olha para a assistência, como que para sondar o efeito do que faz. Há uma aflição e uma seriedade em todos os semblantes. Todos esperam por aquele... Donde há de vir, como um milagre, a solução dos seus problemas. Um dos homens segura a boca do animal e Tia Lúcia decepa-lhe a cabeça e lava a estatueta do Orixá com o sangue do animal e todos cantam:

Exu Sete Bandas que é um amor
A volta do mundo é grande

O sangue que escorre na estatueta cai em um recipiente em forma de gamela. Tia Lúcia põe dendê, mel de abelha e álcool; mistura tudo, risca o fósforo e exclama:

– Exu! Fogo! Fogo! O Fogo é sagrado!

O bode é recheado com as comidas que já estavam previamente preparadas. Depois de tudo, tal qual Pilatos, Tia Lúcia lava as mãos, ao passo que as filhas de santo cantam:

Ele é... Ele é filho de Aruanda
Ele vai... Ele vai...
Vai para sua banda
Ele vai... Ele vai...
Mas torna a voltar

"O amálgama de concepção heterogênea é um fato" – escreveu João do Rio. A doutrina de Umbanda acha que os Orixás Maiores nunca baixam à terra, enviando sempre representantes. Pelo seu contato cada vez maior com a Igreja, os padres, na Bahia, têm atuado com muita inteligência, trazendo para as cerimônias católicas os filhos e filhas de santo. É que os umbandistas veem em Cristo, São Jorge, Santo Antônio, São Cosme e São Damião etc., nada mais nada menos, que manifestações de seus Orixás. Mas o interessante é que as identificações variam de Estado para Estado, e até de localidade para localidade, dando bem conta como os sacerdotes de todas as crenças são entendidos nos negócios de Aruanda, ou do Céu.

Obatalá ou Oxalá, em Cuba, por exemplo, ora é a Virgem das Mercês, ora o Santíssimo Sacramento, ora Cristo crucificado. Já na Bahia é o Senhor do Bonfim. Ogum, em Cuba, é São Pedro; na Bahia, Santo Antônio; no Distrito Federal, São Jorge. Na Bahia, Oxóssi é que é São Jorge, enquanto em Cuba o tomam por Santo Alberto. Xangô é, em Cuba, Santa Bárbara; na Bahia, ora Santa Bárbara, ora São Jerônimo. Ibeji, os gêmeos, correspondem a São Cosme e São Damião. Yemanjá a Nossa Senhora do Rosário e também a Nossa Senhora da Piedade. Omulu a São Bento. O Diabo a Exu.

Por esse processo com o correr do tempo, a Igreja absorve a Umbanda. Daí os padres da Igreja do Bonfim, na Bahia, ficarem muito satisfeitos quando veem no meio do rebanho católico os babalaôs, os ogans e os médiuns, de velas nas mãos, reverenciando nos santos dos altares os seus Orixás.

BISPO DE MAURA NA LINHA DE UMBANDA

Revista da Semana, n. 51, 20 de dezembro de 1952

Reportagem de N. Lopes Filho

O território fervente de Caxias e arredores é o paraíso da Umbanda. Doze mil macumbeiros se distribuem pelos terreiros, que sobem a mais de quinhentos, entre São João de Meriti, Nilópolis, Edem, Olinda e Nova Iguaçu. Andam à solta e à noite matam bodes, bebem cachaça e deixam, para o santo, restos de comida pelas encruzilhadas. Claro que, enquanto a coisa fica só nessa falta de higiene e de juízo, é de somenos importância, mas quando a bruxaria intervém na vida da família e da sociedade, torna-se perigosa porque é fanática e seus desvios quase sempre levam à loucura e ao vício. Mas os políticos fluminenses têm olhos de lince e querem tirar suas casquinhas desse desvario, daí procurarem uma figura de proa que reúna gregos e troianos em seu favor.

Esse homem é o ex-Bispo de Maura, hoje *selfmade* do Rio de Janeiro da ICAB (Igreja Católica Apostólica Brasileira). O velho arrasta uma multidão de crentes que são, para os políticos, perfeitos inocentes deles.

O pavilhão brasileiro é um signo vivo e as cores verde-amarelo ressaem bem à luz do nosso sol incandescido. Daí que o plano é reunir, sob o estandarte da pátria e a bandeira com a estrela de Salomão, a batucada, chamariz de comícios preparatórios. O problema: – São muitos terreiros, cada um deles com seus problemas. Como reuni-los? Convidando o Bispo de Maura. Ele tem São Jorge e tem Ogum. Tem uma revista – "Luta" – tanto ataca o Santo Padre como o Getúlio, como o Brigadeiro. Só nunca escondeu sua simpatia por Prestes Maia. Tem, portanto, todos os requisitos.

Fomos até lá, em um dia de verão em que as palmeiras do arruinado solar de Vilar dos Teles reverberavam. O terreiro estava todo embandeirado como o povo gosta. Havia a promessa de churrasco, o que nestes tempos bicudos de COFAP[46] é muito estimulante. Havia brotos infernais, que são as "filhas de santo". Havia cerveja (Cr$ 8,00). E os "babalaôs" eram arrecadados dos arredores, em caminhões. Chega, meu povo! Ali se ia "bater o ponto de Ogum," como preparativo para a "missa" do excomungado. O Pai de Santo dessa tenda de Espiritismo-Umbanda (que já está valorizada em Cr$ 300.000,00) é um jovem de 22 anos, uma espécie de Tyrone Power de chinelo. Ex-seminarista, diz ter saído do colégio arrastado por espíritos. E o jovem ri e invoca Oxóssi e logo é respondido aos brados por todos os presentes.

Gosta da batucada: a cada instante chama os cambonos (batuqueiros) e Saravá! As filhas de santo principais são suas próprias irmãs e convenhamos que são lindas. "Umbanda é religião de negro escravo, esclarece, que escondia seus ídolos nas imagens da Igreja Católica. O que adoramos são forças naturais e para enganar, tal como faziam os escravos, é que usamos nomes de santos".

[46] Comissão Federal de Abastecimentos e Preços foi criada em 1951 por Getúlio Vargas, a partir da discussão sobre o abuso dos preços e especulação de gêneros alimentícios.

– Todos os terreiros são da mesma seita? – perguntamos.

– "Não. Ogum nos livre: cada terreiro é autônomo, tem seus santos, seu Pai de Santo, Orixá e suas comidas".

"Hoje Umbanda é de branco. Preto é muito ignorante. Não tem iniciativa nem organização. Por isto é que nós temos uma Federação Afro-Brasileira de Umbanda. Por isto é que hoje vem aqui o Bispo de Maura dizer uma 'missa' só para nós".

– E Joãozinho da Goméia? – arriscamos.

– É preto de cabelo esticado. Só faz show.

A missa foi um show. O Bispo de Maura não aparecia e o sol impiedoso rachava o gramado do campo de futebol. Gente vinda das cercanias ia se amontoando junto ao altar improvisado, onde São Jorge guerreiro (Ogum) montava seu cavalo branco. Os chefes políticos, promotores da festa, engravatados, suavam por todos os poros e se queixavam da falta de pontualidade do bispo. De repente, um cadillac entra na pista. É ele. Acompanhado pelo acólito, o ex-padre, hoje Pai de Santo, que deixou a batina pelos balangandans; duas secretárias, uma jovem e outra matrona. Guarda chuva aberto, sobem para o altar. O povo irritado suporta mais meia hora de pé e, depois da reza, vem o sermão pronunciado com dificuldade: ataques ao Santo Padre e a Getúlio foram repetidos. Os lemos depois na revista "Luta", que foi distribuída ao público pela secretária. Predicou o paganismo, a Umbanda e elogiou a oração feita sobre troncos deitados na mata.

De volta ao terreiro do Pai de Santo, branco e jovem como um galã de Hollywood houve almoço. Lá dentro para a alta hierarquia do peji, cá fora para o povo que não desmente nunca seu apego ao "pão e circo". Mas, quando a coisa estava no auge, isso é, enquanto o povo comia o churrasco, os microfones convocavam para ouvir os futuros candidatos, que são atuais inimigos do Deputado Tenório.

Bispo de Maura (Dom Carlos Duarte da Costa)
http://verdadeiraresistencia.blogspot.com.br

Devotado amor à pátria, fazer o bem, promover a justiça social, curar os doentes, enriquecer os pobres, colocar os desempregados, dar luz ao vilarejo, mandar água do céu, tudo isso era dito em alta voz. O bispo, com seu barrete verde-amarelo, balançava a cabeça, aprovando. Lá dentro, de vez em quando, soavam os tambores; o povo logo corria; os políticos ficavam danados. Pediam pelo microfone que parassem com os atabaques. Mas o jovem Pai de Santo, que é louco pelo negócio, respondia: "Ogum, meu povo!" Nós viemos aqui e queremos é ver macumba!

Era preciso botar aquele povo para fora. Afinal, a festa era da Federação e não da Tenda. Esse povo está até quebrando as cercas, sujando a água, pintando o diabo. Essas eram as frases que se ouviam no fim da festa. Enfim, a procissão foi se armando. Três imagens de São Jorge foram levadas para a encruzilhada. Os políticos comandando o pelotão (Ah! Se Tenório os visse!) e o povo atrás, olhando para cima cada vez que um rojão espocava na altura. Passos lentos, bandeiras das almas, estandartes com fitas de simbolismo peculiar, tudo ao sabor da liturgia da ICAB.

O cabo eleitoral trabalhou fino. Hoje a coisa deve ficar nisso. Amanhã, quando se consiga reunir todos os terreiros, haverá uma força eleitoral fácil de manejar. Um curral de ovelhas. Por enquanto, vamos botar o Bispo de testa de ferro, diziam. E esse moço alegre e suas filhas de santo são os mais interessantes dos "inocentes úteis"

Todavia, embora pareça incrível, o voto já é secreto. Quem sabe se estão perdendo tempo.

CABOCLO "MAMADOR" TORNOU O TERREIRO UM ANTRO DE DEVASSIDÃO

Luta Democrática, n.238, 11 de novembro de 1954

A Tenda Espírita Nossa Senhora da Aparecida, situada em Xerém, Município de Nova Iguaçu, é um desses antros que não devem ser confundidos com os terreiros de Umbanda e os Centros Kardecistas que espalham a caridade moral e material entre muitas centenas de milhares de crentes no Distrito Federal.

No dia nove esteve na redação de LUTA DEMOCRÁTICA, Antônio Sebastião de Almeida Filho que se queixou do subdelegado da localidade por não ter tomado a mínima providência diante da depredação sofrida pelo seu terreiro.

Citou os nomes dos depredadores e acusou-os de pretenderem fazer voar pelos ares a tenda, empregando para isso cartuchos de dinamite.

A tensão de ânimos prosseguiu porque, ontem, um matutino publicava, em manchete, a mesma queixa que havíamos registrado no dia 10. Ontem, procurou-nos o Senhor Edgar Sebastião de Almeida, um dos acusados de haver depredado a Tenda Nossa Senhora da Penha, que nos fez as graves declarações abaixo:

"Caboclo Mamador"

– Para iniciar, devo dizer que, por duas vezes, como crente, compareci ao Centro Espírita sendo que, na segunda vez, presenciei um desentendimento fora do terreiro entre elementos reconhecidamente desordeiros e frequentadores da tenda. Quanto ao presidente da tenda João Alves de Azevedo, vulgo

"Madureira", posso garantir que é um péssimo elemento. Não trabalha e vive explorando os incautos que ali vão a busca de paz e fé.

– Há um fato que a polícia deve esclarecer: é que quando o presidente recebe uma entidade denominado "Caboclo Mamador", nessa hora manda que as moças presentes exponham seus seios, pois, se não o fizerem, o "velho" se zanga e castiga terrivelmente as recalcitrantes. Segue-se uma cena que não pode ser descrita. E o nosso visitante, para terminar, afirmou-nos:

"Antes de montar o terreiro, Madureira explorava um *rendez vous*[47] na localidade, onde as infelizes entregavam o produto do pecado ao atual Pai de Santo. Por isso é que o terreiro terá que desaparecer a bem da moralidade pública, fechado pela polícia ou demolido pelos habitantes de Xerém, localidade pacata de gente trabalhadora e honesta".

IEMANJÁ – RAINHA DO MAR E DOS "CADILLACS"

Revista da Semana, n. 3, 15 de janeiro de 1955

Reportagem de João Alvarenga

Automóveis estacionados na Praia do Arpoador para o trabalho de Iemanjá – *Revista da* Semana, n. 3, 15 de janeiro de 1955

Há dez anos passados, as ofertas a Ogum e Iemanjá somente eram feitas em praias desertas, longe das vistas da polícia e de curiosos porque fazer "despachos," jogar flores e alimentos para a "Rainha do Mar", era coisa de gente atra-

[47] Prostíbulo.

sada, e, além disso, tal procedimento contrariava a Lei de Posturas Municipais e os nossos brios de povo civilizado. Mas os tempos mudam. Nos dia em que vivemos já existe até uma Confederação de Umbanda[48], dirigida por um alto funcionário do Banco do Brasil (Dr. Jaime Madruga) que faz propaganda ostensiva de sua crença, através de vários jornais de propriedade da Confederação que dirige, e da qual, segundo ele, fazem parte respeitáveis patentes do Exército, Marinha e Aeronáutica.

Festa primitiva

De uns tempos para cá, os adeptos de Umbanda deixaram as praias desertas e invadiram as famosas Copacabana, Leblon e Ipanema; Arpoador e Praia Vermelha. Antigamente, essas mesmas pessoas, a pé, de bonde ou em carros de luxo, discretamente lançavam suas oferendas para a Deusa do Mar nos lugares mais distantes possíveis, para não serem criticados pelo público e mesmo porque ficava feio que os amigos tomassem conhecimento desse "estranho" procedimento. Agora, no entanto, os umbandistas resolveram fazer a "coisa" às escâncaras, convocando inclusive a imprensa que antes temiam, para declarar que se reuniriam na praia do Arpoador, no momento em que deveria ser rezada a missa (transferida para 20 do corrente) do Congresso Eucarístico Internacional, no aterro de Santa Luzia, no Calabouço.

A Linha de Umbanda

A Linha de Umbanda é um ecletismo religioso porque reúne elementos de três ramos, daí o seu avanço no Brasil. Explica-se o fato: É que Umbanda é um movimento heterogêneo em relação à nossa formação racial, porque cultua santos da Igreja Católica, tais como São Jorge, Cosme e Damião e São Pedro; da mesma forma que venera santos por eles denominados "Santos Ameríndios", a saber. Caboclo Ubirajara, Pai João e muitos outros. E para completar os umbandistas também cultuam os Orixás, que são os "santos" africanos.

[48] União Espiritista de Umbanda do Brasil.

Kardecistas e kimbandistas

Segundo ilustre político (que pediu para que seu nome ficasse em sigilo), os umbandistas situam-se entre os kardecistas e a Kimbanda, (baixo espiritismo) sendo por isso a crença intermediária entre esses dois extremos. Adotam símbolos como a Igreja Católica, combatem o baixo espiritismo (Kimbanda) porque acham que é feito somente para o mal, e quanto aos kardecistas, o combate vem do fato de serem os umbandistas combatidos pelos adeptos de Allan Kardec.

De qualquer maneira, o fato inconteste é que a mistura de raças influi decididamente no avanço da chamada Linha de Umbanda, que é também uma mistura de religiões, assim como somos uma mistura de raças. Outra explicação para o progresso da ex-macumba são as dificuldades de vida que atravessamos... Mas, que dizer das pessoas umbandistas que não têm problemas de ordem material e que vão fazer seus "despachos" e oferenda ao volante de "cadillacs"?

Para esses a única explicação poderia ser ignorância, se se tratasse de "coronéis" da roça e se o fato se passasse no sertão nordestino ou nas selvas amazônicas. Mas a verdade é que a "Rainha do Mar" está sendo venerada pelos cariocas endinheirados que nela depositam sua esperança. E principalmente porque Umbanda permite que seus adeptos sejam até mesmo católicos ou protestantes.

À meia noite

Às 22 horas do dia 31 de dezembro, já era apreciável o número de umbandistas na praia do Arpoador. Metidos em suas roupas brancas e sobraçando flores, milhares de pessoas (brancos em sua maioria) a pé, de bonde e de "cadillac", proporcionaram à massa de curiosos que ali se comprimia, um espetáculo completamente novo para o século em que vivemos, pois aqueles milhares de umbandistas "atuados" se contorciam em êxtases, davam gritos e gargalhadas que causavam horror aos turistas.

Madrugada adentro, iam entoando seus hinos àquela que eles denominam de "Rainha do Mar" e Ogum. Indiferentes a tudo e a todos, cantavam: "A rolinha, Sinhá. A rolinha, Sinhá, assentada na beira mar".

E os tambores, maracás, reco-recos acompanhavam a algazarra que se confundia com o barulho das ondas.

Tudo às claras, tudo legal. Nem parecia "gente de Umbanda", outrora perseguida pela polícia, pois era elevado o número de "cadillacs" e "mercurys", além de "chevrolets" e "jaguares": pretos, brancos e mestiços, que rendiam suas homenagens a Ogum e Iemanjá, "santos" de uma antiga crença africana, transformados em "deuses" de uma nova religião brasileira, e particularmente do carioca.

Médiuns em vibração nas garrafas com a bebida para Exu
Revista da Semana, n. 3, 15 de janeiro de 1955

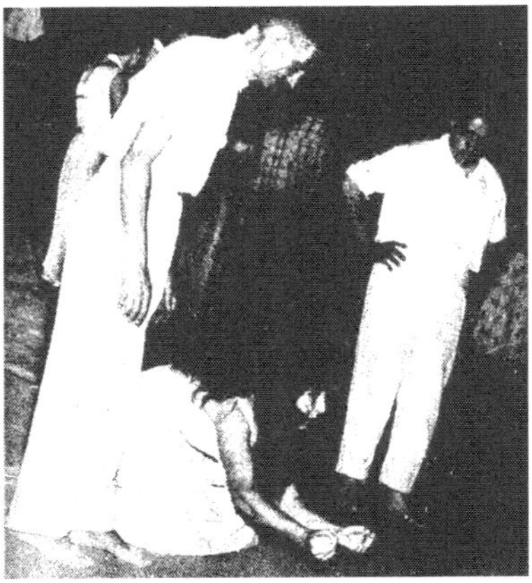

Êxtase ou alucinação? Essa moça afirmava estar vendo Iemanjá. Seu pai, ao lado, olhava-a invejosamente, feliz porque a filha é considerada uma das maiores da crença – *Revista da Semana*, n. 3, 15 de janeiro de 1955.

OGUM BEIRA MAR

Alterosa, n. 204, 19 de fevereiro de 1955

Talvez pareça estranho que esta revista procure tal assunto para suas páginas e que um fotógrafo se molhe todo colhendo cenas de Umbanda. Acontece, porém, que, na Capital da República, o número de tendas e terreiros licenciados pelas autoridades ultrapassa a casa dos seis mil. Umbanda é portanto um caso pitoresco de jornalismo e nós o tomamos apenas pelo lado curioso sem procurar discutir se é na ignorância, na incultura ou na incompreensão que estão as razões do prestígio dessa estranha forma de religião.

Uma das coisas que mais causa espanto ao observador dos terreiros é ver nas tendas as imagens de templos católicos. Mas é que, sem a imagem, – disse-nos alguém – o homem andaria desarvorado no campo espiritual; com a imagem ele se concentra. E assim, Umbanda tem imagens, tem coro, tem até uma espécie de turíbulo, pois o serviço do defumador na abertura das sessões e nas orações de início é queimar ervas aromáticas, como na igreja queimam incenso.

– O altar e os santos servem de entretenimento aos olhos, desviando assim o espírito de outras preocupações: do salário mínimo, da duplicata vencida, da derrota para a Suíça.[49]

Os terreiros do Rio sempre atraíram a atenção dos turistas; escritores de fama têm andado por lá e naturalmente tiraram muitas conclusões diante daquele frenesi de rodopios, de saltos e contorções.

– Tudo isso é físico, são fenômenos físicos que ainda não tiveram a sua explicação. Você pensa então que a eletricidade só existe depois de Galvani e Volta?

– Perguntava um personagem de Oswald de Andrade.

Há quem ache profundamente significativa toda aquela série de movimentos, aquele tocar de ombros, o atirar-se a fio comprido no chão, o bater de cabeças no solo. E já vimos um adepto de Umbanda queixar-se do chefe do terreiro, que só procurava atender a pessoas de classe alta, enquanto os verdadeiros membros da casa ficavam aguardando pacientemen-

[49] A Seleção Brasileira de futebol disputou a Copa do Mundo na Suíça e não passou da fase inicial.

te uma possibilidade de aproximação para as suas consultas. E por que não atender os curiosos? Por que não conseguir mais prosélitos? Aquele pessoal engravatado não poderia sair dali e ir contar pelos jornais e pelas revistas o que viu no terreiro famoso? Religião também precisa de propaganda.

A preparação de amuletos de Umbanda é um ritual interessante, demorado e trabalhoso. A nossa reportagem conseguiu, graças à paciência eàa ousadia do fotógrafo, apanhar as cenas mais pitorescas, a fim de mostrar ao leitor como é complicada a confecção das "guias". A *guia* é um colar com 91 contas de carapiás arrematados por uma fava "olho de boi", tendo em um dos extremos uma cruz de guiné e arruda. O preparo da guia deve ser iniciado em uma sexta feira, ao meio dia, quando levam o colar a um cemitério, juntamente com sete velas, três charutos e três caixas de fósforos. Procuram-se então no cemitério sete campas que representam sete almas sofredoras e toca-se em cada uma com a guia; acendem-se as sete velas e pede-se proteção de São Lázaro. No sábado vão à praia clamar pela proteção de Iemanjá. Iemanjá, na língua de Umbanda, é Nossa Senhora da Conceição. Aguarda-se depois a vinda natural de sete ondas com as mãos em concha, e o rosário de carapiás toma um banho de água do mar. São necessárias ainda sete flores brancas presas por um laço de fita; velas são acesas para o anjo da guarda. Alguns cantam:

Minha águia
Minha didá [50]
Quem não tem águia
Para que quer didá

Minha ponto é seguro
No fundo do mar
Minha ponto é seguro
Na fé de Iemanjá
Minha ponto é seguro
No fundo do mar
Minha ponto é seguro
Na fé de Oxalá

[50] Palavra yorubá que significa "o poder da criação".

A cerimônia continua em uma segunda feira. Os possuidores da guia procuram então sete igrejas que possuam água benta e lá dão novo banho nos carapiás. Depois é só entregar o amuleto a um chefe de terreiro para ser devidamente "cruzado". E pronto. O seu dono estará garantido contra todo o mal, provavelmente até contra os atos do governo.

Para muitos, tudo isso não passa de tartufaria[51] ou tenebrosa ignorância das coisas de fé e de Deus, mas, de qualquer maneira, é uma forma de súplica e talvez seja até uma forma de amor. Leon Rachel, no seu livro *Trente-deux ans à travers d'Islam*, conta-nos que o árabe Abd-el-kader costumava dizer: "O cristão é inferior ao muçulmano; o judeu é pior que o cristão; o idólatra é pior que o judeu; o porco é pior que o idólatra; mas o homem que não ora é pior que o porco".

Ogum Beira Mar é uma forma de oração, queiram ou não os turistas e os curiosos.

Beira Mar auê, Beira Mar
Beira Mar auê, Beira Mar
Ogum já venceu demanda
Na ponta de Humaitá
Ogum é homem de guerra
Ora vamos saravá

SÃO JORGE GUERREIRO – O SANTO DE TODA A GENTE

Revista da Semana, n. 17, 23 de abril de 1955

João Alvarenga

Por incúria do destino, pelo menos em um ponto, Carlos Lacerda e Gregório Fortunato[52] pensam da mesma maneira, foi o que apuramos, em um inquérito que visava saber quais as pessoas, em sua maioria artistas, escritores e políticos, que veneram São Jorge, o santo mais cultuado no Distrito Federal.

Abordando Carlos Lacerda, dele ouvimos palavras de fé e respeito para com São Jorge, santo que venera e que também é para Gregório Fortunato o seu ídolo, pois vem a ser o

[51] Hipocrisia, falsidade.
[52] Chefe da Guarda Pessoal do Presidente Getúlio Vargas.

Ogum dos seguidores da linha de Umbanda, religião do "Anjo Negro". A propósito convém lembrar que justamente por ser São Jorge um santo venerado não apenas pela religião católica, é que maior se torna o número de pessoas que o cultuam. Dentre esses, e além dos umbandistas, estão incluídos "as gentes" de Quimbanda (magia negra) além de inúmeras outras seitas menos conhecidas. Para o leitor ter uma ideia exata da popularidade de São Jorge, conseguimos ouvir até um ex-Presidente da República, que nutre tanta fé quanto Ademir de Menezes,[53] no milagroso santo do dragão.

IARA SALES (Radialista): "Sou devota de São Jorge, e sinto-me por ele protegida. Ainda agora, fui vítima de um acidente de automóvel. Meu carro derrapou e foi de encontro a uma árvore e graças a São Jorge nada sofri. Creio no santo guerreiro e nunca deixo de comparecer aos seus festejos. Acho mesmo que sendo ele o padroeiro dos militares, qual a mãe brasileira que não o cultua? São Jorge está em todos os lares, da mesma forma que está no coração dos soldados do Brasil".

ADEMIR DE MENEZES (Jogador de futebol): "Para que os leitores tenham uma ideia de minha devoção por São Jorge, digo apenas isto: eu e Celeste fizemos questão de casar no dia 23 de abril. E sou um homem feliz por isso. Tenho em minha casa uma bela imagem do meu protetor, e cada vez que entro em campo tenho um pensamento para o glorioso santo guerreiro. Repito: sou fervoroso adepto de São Jorge, e no seu dia, como sempre faço, irei ajoelhar-me a seus pés e pedir que as coisas continuem a correr como até o presente momento".

[53] Famoso jogador de futebol da época.

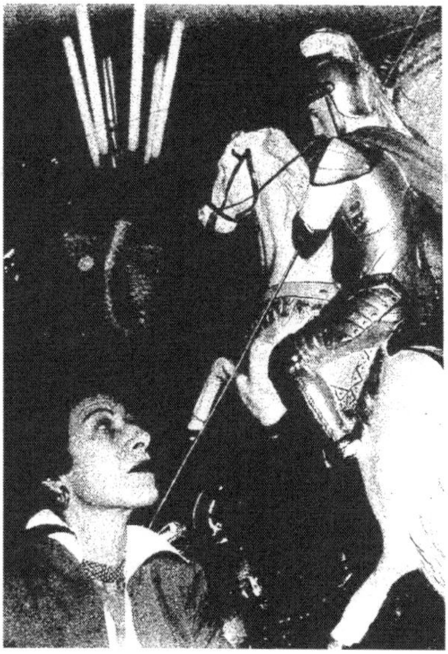

Iara Sales
Revista da Semana, n. 17, 23 de abril de 1955

Ademir de Menezes
Revista da Semana, n. 17, 23 de abril de 1955

FECHAMENTO IMEDIATO DE CENTROS E TERREIROS

Luta Democrática, n. 743, 10 de julho de 1956

Da Confederação Espírita Umbandista recebemos o seguinte:

A Confederação Espírita Umbandista, entidade de âmbito nacional, está registrada no Cartório do Registro das Pessoas Jurídicas – DF – sob número 1.350 e seus Estatutos foram publicados, em resumo, no Diário Oficial de 19 de maio de 1950. Não é, pois, uma associação clandestina, como afirma a nota do comissário Lírio, publicada em LUTA DEMOCRÁTICA de sábado último.

Na forma do art. 3º dos mencionados Estatutos, as propostas para sócios coletivos (centros, tendas e terreiros) conterão: a) nome e sede; b) prova de licença para funcionar; c) relação minuciosa sobre os diretores; d) atestado de ideologia do responsável e folha corrida de cada diretor; e) relação de todos os elementos filiados.

A C.E.U. está também registrada na Delegacia de Costumes sob o número 500, o que prova ser inverídica a nota do comissário Lírio.

Os representantes da C.E.U. convidam os centros e terreiros para ingresso em seu quadro social. A prova de licença para funcionar é exigida antes e não depois, sob ameaças como diz o mesmo comissário. A Constituição não obriga pessoa alguma a seguir esta ou aquela religião, pelo menos até agora.

Se algum inescrupuloso usa de processos condenáveis ele, somente ele, deve responder pelos seus atos, porque de acordo com o Código Penal, a pena não deve passar da pessoa delinquente, se houver delinquente, pelo menos até agora.

Seria, pois, interessante que os centros citados na nota leviana do comissário Lírio comparecessem à Delegacia de Costumes, para reconhecerem o responsável, dentre os outros representantes reunidos. Não acobertamos o erro de quem quer que seja, e na Rádio Guanabara, no programa *Ronda do Capitão da Mata*, no dia 29 de junho passado, já alertamos os centros, para que nos avisem de qualquer anormalidade verificada.

Pensamos que, efetuando-se esse reconhecimento, o comissário Lírio vai ter uma grande decepção.

Quando fomos convidados pelo comissário Lírio para cooperar com a "sua" polícia, sabíamos das dificuldades que iríamos encontrar. Em todos os meios (dada a grande desagregação moral que o Brasil atravessa), há bons e maus elementos, pois este mundo não é de anjos.

Estranhamos que, apenas pela cobrança (ainda não esclarecida) de quinhentos cruzeiros por um diploma de sócio, o comissário Lírio que se diz umbandista, haja tomado a inexplicável atitude de querer desmoralizar injustamente uma confederação umbandista.

Não recebemos auxílio algum financeiro dos poderes públicos, ao contrário de outras religiões privilegiadas. Assim, a Confederação é mantida apenas pelas mensalidades e taxas de carteiras e diplomas de sócios como acontece em qualquer outra associação.

Autoridade pública de espécie alguma tem competência legal para determinar quais as taxas que devem ser cobradas pelas associações particulares registradas.

Sabemos que inimigos poderosíssimos procuram todos os meios, lícitos e ilícitos, para desmoralizar a Religião de Umbanda e, especialmente, a Confederação Espírita Umbandista, seu mais forte baluarte. Meios por exemplo, como esse de que foi simples instrumento o comissário Lírio, que se diz nosso irmão de seita.

Irmãos umbandistas; a Umbanda está correndo um grave perigo. O comissário Lírio nos avisou francamente que iria fechar, no prazo de 60 dias, todos os centros e terreiros que não estejam registrados no cartório. O comissário Lírio está engendrando planos de campanha contra os terreiros não registrados em cartório. Nesse particular, ele tem razão e nós constantemente temos chamado a atenção dos centros e terreiros para que se legalizem o mais breve possível. Agora, querer desmoralizar uma seita religiosa é que a lei não permite, como demonstraremos em juízo, dentro em breve.

Agora mesmo a Organização das Nações Unidas (ONU), de que o Brasil faz parte, está realizando um inquérito para apurar se no Brasil há perseguição religiosa. Pois bem, estamos reunindo um vasto dossiê documentando a perseguição religiosa no Brasil., e vamos em breve encaminhá-la à ONU. Aliás, a documentação já reunida, está em lugar seguro e secreto.

Diversas tentativas têm sido dirigidas contra a Confederação, no sentido de alterar os seus Estatutos e permitir a entrada de elementos subversivos. Resistimos sempre e sempre resistiremos para que a Umbanda não seja atrelada ao carro de Moscou.

Há, pois, muita gente satisfeita com essa denúncia escandalosa e infundada do comissário Lírio. Mas isso não tem importância. O nosso barco pode suportar tempestades muito maiores, pois os seus timoneiros têm moral elevado que pode ser investigada a qualquer momento.

Repetimos e devolvemos em dobro as injúrias e calunias que nos assacam.

Não é a primeira vez e nem será a última investida fracassada contra nós.

TANCREDO DA SILVA PINTO – Presidente
BYRON TORRES DE FREITAS – Consultor Jurídico

VENCIDA A PRIMEIRA ETAPA

O Semanário, n. 100, 13 de março de 1958

Desde o número 49, referente à semana de 14 a 21 de março de 1957, tem a Umbanda a sua tribuna livre, graças ao espírito liberal em que se inspiram os atos da direção deste jornal.

Esta seção apareceu, precisamente há um ano, em razão de um apelo que Dom Jaime Câmara, cardeal-arcebispo do Rio de Janeiro, dirigiu às nossas autoridades policiais, no sentido de reprimirem pela violência, as manifestações de fé dos adeptos da Umbanda.

O SEMANARIO, porta voz inconteste das aspirações democráticas do povo, não poderia calar ante tão arbitrária atitude, que, sobre ser chocante, era profundamente atentatória à liberdade de consciência e de crença, garantida pela Constituição brasileira em seu parágrafo sétimo do art. 141.

Assim é que se abriu um espaço neste periódico, que nos valeu na hora do desarvoramento do chefe do clero brasileiro, que então nos ameaçava de perseguição e violências, para que a Umbanda silenciasse, como se o nosso lugar ao sol estivesse congestionando o trânsito de Dom Jaime.

Há um ano, pois, que em todas as semanas aqui aparece a colaboração doutrinária dos trabalhadores de Oxalá, em uma sequência positiva do incontestável progresso da Umbanda, que neste ano festejará o seu primeiro cinquentenário de existência livre, a penetrar em todas as camadas sociais levando o fruto do seu laborioso trabalho de auxilio e amparo às criaturas necessitadas física e moralmente.

Os colaboradores desta seção não podiam silenciar a sua grande alegria por atingirem a primeira etapa de trabalho educativo, esclarecedor e fraternal, reservando ao grande amigo José Alvares Pessoa, a mais sincera saudação pelo seu entusiasmo, pelo seu carinho e dedicação fraterna no exercício do seu honroso cargo, na direção do movimento espiritualista.

E ao ilustre diretor de O SEMANARIO, jornalista Dr. Oswaldo Costa, a profunda simpatia e o maior reconhecimento pela valiosa cooperação destas colunas, tribuna respeitável que todos queremos cada vez mais merecedora das bênçãos divinas.

Aqui continuaremos neste labor semanal, levando aos companheiros de todo o Brasil, a nossa mensagem de fé e de esperança, na certeza de que, de nossas palavras, jamais teremos motivo de arrependimento. Lutaremos sempre com as armas da inteligência, a serviço da causa santa da Umbanda, que é a sacrossanta Causa de Jesus.

MANIFESTO DOS UMBANDISTAS

Nas décadas de 1940 e 1950 eram comuns as manchetes jornalísticas policiais sobre a exploração da boa fé do povo por parte dos chamados macumbeiros que se escondiam por trás da capa de "Terreiros de Umbanda".

No início de 1959 o periódico Última *Hora* registrou o

crime do ferroviário João Rosa da Cunha a mando da esposa Maria de Lourdes. Encarregaram-se da execução Cesarina Martins do Nascimento e dirigentes da "Tenda de Umbanda São Judas Tadeu", em São Paulo. A motivação do crime, que previa também a morte dos cinco filhos, era o seguro de vida deixado por João. Havia também a suspeita que Cesarina tivesse matado um americano, um húngaro e um sargento da Força Pública.

Como o crime envolvia, indevidamente, o nome da Umbanda, alguns umbandistas publicaram um alerta no jornal Última *Hora*.

Última Hora, n. 2088, 30 de janeiro de 1959

Umbandistas:

Devido às ultimas e alarmantes notícias veiculadas pela Imprensa de São Paulo, que, de certa forma e indevidamente, envolve o nome da Religião de Umbanda, resolve a ASSOCIAÇÃO PAULISTA DOS OBREIROS DE UMBANDA, solicitar aos legítimos Babalaôs e Diretores Espirituais, seu comparecimento urgente, a fim de completar seu cadastro e ficha individual de informações e dos Terreiros, Tendas e Centros de São Paulo e do Interior, pois que, através de seu Corpo Jurídico, desenvolverá intensa campanha e ação contra os mistificadores e aproveitadores, que se acobertam na sublimidade da Religião de Umbanda, para a prática dos mais variados delitos.

Desta forma, e, no sentido de proteger os lídimos profitentes[54] de fé, está a ASSOCIAÇÃO DOS OBREIROS DE UMBANDA à disposição dos irmãos interessados, em sua sede social, à Rua Quintino Bocaiuva, 176, 3° andar, conjunto 313, diariamente, das 14 horas em diante.

UMBANDA RENDEU HOMENAGEM A SÃO JORGE

Última Hora, n. 2161, 27 de abril de 1959

Umbandistas de São Paulo prestaram ontem, no Ginásio do Pacaembu, longa homenagem conjunta ao "Ogum Guerreiro" São Jorge da Capadócia. Foi o encerramento do ciclo

[54] Que professam.

de festas que as tendas paulistanas fazem ao Santo Cavaleiro.

A solenidade teve sua direção confiada à União de Tendas Espíritas de Umbanda do Estado de São Paulo, contando com a presença de quase duas dezenas de tendas e mais de mil fiéis.

Apresentação

Por volta das 16 horas, os conjuntos religiosos começaram a chegar ao Ginásio, entoando os hinos de suas cores. Seus membros vestiam trajes brancos, colares ao pescoço e pés descalços, em sinal de humildade. Pela ordem, apresentaram-se as seguintes tendas: Pai Francisco de Ogum Beira Mar; São Jorge; Caboclo Guaiachá; Vila Maria; Caboclo Tupi; Santa Rita de Cássia; Pai Oxóssi; Congá de Pai Congo; Pretos Velhos e Caboclos do Brasil; Jesus-Maria-José; São Bom Jesus do Bonfim; Pai Joaquim etc. À medida que entravam no tablado, os atabaques irrompiam em vigoroso acompanhamento aos hinos e, depois, os grupos iam-se enfileirando junto da cerca.

São Jorge

Ogum guerreiro, de um quadro ladeado pelas bandeiras brasileira e paulista, dominava a cena, de cima de uma espécie de altar. Cada vez que uma tenda chegava, o Pai ou a Mãe do terreiro aproximava-se e formulava reverencia, deitando-se em um grande tapete vermelho colocado de frente. Os filhos de santo seguiam os movimentos, cantando e batendo palmas ritualísticas.

Discursos e trabalhos

A apresentação das tendas levou cerca de três horas, tendo a Senhora Almerinda Fraga Abarassu, presidenta da União, permanecido todo o tempo junto do altar, recebendo os saravás. Quando Joãozinho da Goméia, famoso pai de terreiro de Caxias, Estado do Rio, chegou, houve entusiástica recepção e, em seguida, tiveram início os discursos proferidos por médiuns e pais de terreiro. Os oradores falaram dos trabalhos da união, da importância da Umbanda em São Paulo, mas destacaram com especial ênfase a figura de São Jorge, recordando trechos de sua vida de soldado romano que renunciou ao paganismo para se converter ao cristianismo que vicejava nas catacumbas por volta do ano 300 de nossa era.

Aos discursos se sucederam os trabalhos. Fumando charutos, os fiéis ficaram "tomados" longo tempo. A sessão terminou depois das 23 horas. Com ela encerraram-se também as homenagens ao Ogum Guerreiro, que voltará a ser cultuado no próximo ano, alguns dias antes ou depois de 23 de abril, data que o calendário umbandista lhe consagra especialmente.

Candomblé

Pelo colorido das vestes de seus integrantes, destacava-se, entre outras tendas, a Boa Mensagem, a mais numerosa de quantas se apresentaram. Segundo nos informaram, trata-se de uma tenda de Candomblé, que se irmanou às de Umbanda para a cultuação do Santo Cavaleiro.

YEMANJÁ

O Semanário, n. 192, 09 de janeiro de 1960

YEMANJÁ

Dilah Maria

Quando no ocaso tomba o Rei dos Astros,
E o mar, sereno, a um lago se assemelha,
E acompanhando os cintilantes rastros
Um cândido crescente ao longe espelha;
O olhar sereno, a cabeleira sôlta,
Tendo sòmente o colo e os ombros nus,
Surge Yemanjá, das águas, tôda envôlta
Nos véus argênteos de sua própria luz!
E que estupenda a cauda dos seus véus!...
Ornada de ouro e prata refulgentes,
Dir-se-ia a nesga de infinitos céus
De estrêlas de ouro e múltiplos crescentes!
E, como insígnia do seu reinado,
Cinge-lhe a fronte esplêndido diadema

Das mais preciosas pérolas formado
Que grande estrêla ostenta como emblema.
O negro dos cabelos junto à alvura
Do lindo rosto, fazem-nos lembrar
O ideal contraste de uma noite escura
Emoldurando a palidez lunar.
Pousando com a leveza de uma pluma
No mar que os pés lhe beija, reverente,
Caminha sôbre as ondas, sôbre a espuma,
Seguindo de ocidente para oriente;
E quando as verdes ondas se matizam,
Em culto a Yemanjá, com níveas flores,
Mil pérolas balsâmicas deslizam
Das mãos da Deusa às mãos dos sofredores.

Poema publicado no *O Semanário*, n. 192, 09 de janeiro de 1960

UMBANDA TEM CINCO MIL FIÉIS E TRINTA TERREIROS EM PARANAGUÁ

Última Hora, n. 0669, 30 de julho de 1963
Reportagem de Mauricio V. de Souza

Introduzida na cidade há cerca de dez anos, a prática da Umbanda iniciou-se com um simples e modesto terreiro, nas imediações da Vila Guarani. A princípio, segundo narrativa dos seus chefes, o povo de Paranaguá estranhava a sua prática e havia até mesmo os que a temiam dizendo serem "coisas do demônio". Entretanto, com o correr os anos, o número de terreiros aumentou bastante e, também, novos adeptos e médiuns foram surgindo para se chegar, hoje, a predominância religiosa na cidade, com trinta templos (terreiros) e cinco mil crentes.

Segundo o Senhor José Baka, Pai de Santo e chefe de um dos terreiros, muita gente confunde o seu credo, a Umbanda (magia branca), com Quimbanda (magia negra). "É verdade – disse – existem, também terreiros dessa espécie. Que só existem para fazer o mal. Mas nós nada temos a ver com sua prática. A Umbanda só pratica o bem, a caridade e grandes milagres de cura têm se verificado seguidamente".

Ritual

O ritual umbandista é caracterizado pelos pontos cantados e riscados. No princípio dos trabalhos, de frente ao altar (que parece muito com os altares das igrejas católicas) são riscados pontos de firmamento para que os trabalhos estejam isentos das más influências, com a proteção de espíritos superiores.

Batendo palmas e requebrando o corpo cadenciadamente, os médiuns da "gira" (título que se dá ao círculo em que se postam), liderados pelo ogan (membro que orienta os trabalhos) começam a cantar os pontos e passam, a partir daí, a receber incorporações, obedecendo às Sete Linhas da Lei de Umbanda.

Linhas e falanges

As Sete Linhas, que por sua vez são divididas em falanges, estão assim compostas: Linha de Oxalá, de Iemanjá, do Oriente, de Oxóssi, de Xangô, de Ogum e Africana. Na sequência dos trabalhos, os guias correspondentes à falange de cada linha vão sendo chamados a incorporar ordenadamente e o fazem obedecendo as ordens do chefe do terreiro, a quem, em sua chegada, saúdam ajoelhando-se e batendo três vezes a cabeça a seus pés. A expressão do "cavalo" (assim é chamado o médium de Umbanda) se modifica a cada diferente incorporação. Ora tem o corpo ativo e falando alto quando está com Caboclo, ora arcado e falando baixinho, quando está com Preto Velho.

Religião de todos

Assim é que, cultuada por uns e combatida por outros, a Umbanda nestes seus poucos anos de existência em Paranaguá impõe-se e, a cada dia que passa, seu número de adeptos aumenta como jamais se viu com qualquer outro culto nesta cidade. Seus dirigentes fundamentam esse crescimento constante na proteção de seus guias e, porque, segundo dizem, é a religião verdadeira. Por outro lado, é de se notar que não só o negro e pobre a praticam, como costumam dizer os que a combatem. Em Paranaguá, a Umbanda é religião praticada por gente de todas as classes sociais. Brancos, negros, pobres e ricos se misturam em uma só fé. Há quem diga que ela aqui é praticada mais por ricos do que por pobres. O número de automóveis estacionados na porta dos terreiros em dias de trabalho é um atestado desta afirmativa.

Igrejas

Às igrejas existentes na cidade não ocorrem maior número de fiéis do que os que comparecem aos terreiros de Umbanda. Com exceção das funções dominicais, os templos pela manhã e começo da noite, enquanto os terreiros existentes são quase insuficientes para o grande número de espíritas que a eles comparecem nos dias de trabalho. Este fato motivou reação por parte dos dirigentes de igrejas, que há cerca de um mês vêm promovendo campanha sistemática contra a Umbanda.

União

Os umbandistas, em vista da campanha que vêm lhes promovendo outras igrejas preparam-se para a realização de um congresso, objetivando ciar a União dos Umbandistas de Paranaguá, pela qual pretendem solidificar-se para defesa do livre direito de professar seu culto religioso.

NOS DOMÍNIOS DA FÉ

Luta Democrática, n. 3658, 13 de janeiro de 1966

O escritor Decelso foi responsável por muito tempo por uma coluna, no jornal *Luta Democrática*, denominada *Nos Domínios da Fé*.

Oração do dia

"Apieda-te Senhor dos que sofrem, a cada um o lenitivo do Teu Amor, Senhor. Que a inclemência do tempo, a fragilidade de seus lares, a perda dos bens materiais e afetivos sejam dores que o Teu Amor suaviza. Perdoa Senhor os que errarem e socorre-nos. Assim seja".

Flagelo

A Escola Superior Iniciática de Umbanda do Brasil por nosso intermédio apela a todos os irmãos umbandistas que ajudem no socorro das vítimas, seja oferecendo suas tendas, suas roupas e alimentos para socorro dos desabrigados. Qualquer oferecimento deve ser feito diretamente à comissão instalada na Rádio Globo, ao irmão Luís de Carvalho ou aqui para "Nos Domínios da Fé", em LUTA DEMOCRÁTICA.

Desencarnes

Registramos com pesar o desencarne das irmãs: Emília Freitas Vargem, mãe do irmão Irênio Vale dos Santos, da União Espírita Umbandista do Brasil; Maria José da Conceição, tia da ialorixá Maria Cláudia de Jesus. Pelo descanso espiritual de ambas será rezada prece dia 30, na Fraternidade de Umbanda do Brasil.

Corrente

Corrente Espiritual e Mental e Umbanda, hoje, às 18 horas, sob a irradiação de Pai Ambrósio, Avenida Automóvel Clube, 3188, Irajá. Seguem-se passes e palestras para os médiuns. Pede e aceita: óleo, flores e velas.

UMBANDA SEM DEMANDA

Luta Democrática, n. 3664, 30 de janeiro de 1966
Direção do Dr. Rodolfo Gonçalves
e do Coronel Vitor Hugo de Brito Veiga

Irmãos umbandistas!

O programa *Umbanda sem demanda* assume nesta data o patrocínio e a responsabilidade do Primeiro Congresso Estadual de Umbanda da Guanabara, instituído e recomendado pela Escola Superior Iniciática de Umbanda do Brasil.

Iniciamos hoje em LUTA DEMOCRATICA, mais um noticiário espiritualista e umbandista, em conexão com o programa Umbanda sem demanda, que vai ao ar todas as quintas feiras de 21 às 22 horas, na Rádio Difusora Duque de Caxias, com o objetivo de divulgar o noticiário do referido Congresso, a ser realizado em data próxima, como também acolher a correspondência que nos for enviada pelos nossos irmãos espiritualistas.

Damos o nome de Umbanda sem demanda, a fim de atender às sugestões de nossos irmãos, e mesmo porque, o nosso objetivo é divulgar e unir a nossa religião, através do rádio e da imprensa sem críticas e afofôs,[55] o que não fica bem é usar esses meios de divulgação para desunir.

A Umbanda é a religião do amor, da caridade e da fraternidade, e todo o seu trabalho deve ser praticar o bem em proveito do próximo tal qual fazem os nossos guias quando incorporados. A demanda traz graves prejuízos para quem a prática, porque quem faz o mal colhe o mal e os nossos irmãos

[55] Que falam demais.

sabem muito bem que nesta circunstância estão sujeitos às leis de retorno. Por esse motivo, o nome do nosso programa deve constituir o lema de todos os umbandistas, praticando a Umbanda sem demanda.

Imploramos ao glorioso São Sebastião (Oxóssi) na nossa religião, que nos livre de todos os males e que nos ajude nessa cruzada que iniciamos com o pensamento voltado para a união e engrandecimento de nossa divina Umbanda.

Salve Oxalá. Salve Oxóssi. Salve Xangô.

COMISSÁRIO RECEBE TRANCA RUAS E BOTA OS EXUS NO XADREZ

Correio da Manhã, n. 22702, 09 de abril de 1967

Para colocar no xadrez 18 macumbeiros que receberam Exus no interior da 27ª Delegacia Distrital na madrugada de ontem, o comissário Meneses, que é chefe de um terreiro de Umbanda, recebeu o Exu Tranca Ruas, que doutrinou os "colegas", cujos cavalos (médiuns) haviam sido presos no terreiro de Paizinho Valdeco, devido a reclamações de vizinhos.

Valter Barbosa de Oliveira – o chefe do centro de Quimbanda (magia negra) – recebeu, na delegacia, o Exu das Sete Encruzilhadas, e as 17 mulheres que com ele foram presas receberam todas o Exu Pombagira, e negavam-se categoricamente a entrar no xadrez, lutando furiosamente com os policiais, até que o comissário Meneses se enfureceu e resolveu receber também o seu Exu.

Por volta das 20h30min da madrugada de ontem, o Senhor Dias Ferreira Godinho (casado, 43 anos), compareceu à 27ª DD, dando queixa de que toda vizinhança do terreiro de Paizinho Valdeco, na Rua Beira do Couto, 477, Rocha Miranda, estava indignada com o barulho da macumba, que corria solta, com cinco atabaques tocando, médiuns urrando e imitando vozes de animais e com queimação de grande quantidade de pólvora o que não deixava ninguém dormir.

O detetive Nelson Duarte, chefe da Seção de Vigilância e Investigações Gerais, foi com suas turmas de ronda ao local efetuando a prisão do chefe do terreiro – Valter Barbosa de Oliveira, o Paizinho Valdeco, 37 anos – e de 17 mulheres que ali estavam recebendo diversos tipos de espíritos. Na Delegacia, ficou apurado que Paizinho Valdeco saíra recentemente da Colônia Penal, onde cumpriu 10 anos por homicídio.

Na hora de meter os macumbeiros no xadrez a coisa engrossou: Paizinho Valdeco recebeu o seu Exu – Exu das Sete Encruzilhadas – que mandou o Exu Pombagira incorporar nas 17 mulheres. O recinto, em poucos segundos transformou-se em um pandemônio, com gritos, urros e pedidos de cachaça e charutos que eram formulados entre os piores palavrões. Em seguida os macumbeiros começaram a agredir os policiais, generalizando-se uma luta.

O comissário Meneses, que é espírita, resolveu então receber também o seu guia, Exu Tranca Ruas de Umbanda: a autoridade mandou busca em casa uma guia de Exu (colar com contas vermelhas e pretas), um tridente e vários charutos. Ao chegar o material, entrou firme na dança, iniciando uma demanda (trabalho de doutrinação), finda a qual logrou convencer os macumbeiros a entrar no xadrez, de onde foram libertados pela manhã. À exceção de Paizinho Valdeco, que será interrogado sobre suas atividades, desconfiando-se que seja ele o culpado pelo furto de carteiras que se vêm ultimamente verificando nos cemitério da cidade.

GIRA DA UMBANDA

Gira da Umbanda era uma coluna do periódico *Correio da Manhã*, escrita por Átila Nunes Filho nos anos de 1969 e 1970. A coluna apresentava notícias das tendas e entidades federativas, lançamento de livros e discos e artigos sobre a Umbanda.

Apresentamos alguns trechos versando sobre temas interessantes sob o ponto de vista histórico: o "não lançamento" de uma obra preciosa de Lilia Ribeiro; a inusitada construção de um cemitério umbandista; a utilização da linguagem africana nos rituais de Umbanda. Devemos lembrar que os rituais do Omolokô eram de origem africana, professados pelo Tata

Tancredo da Silva Pinto; os primórdios do programa radiofônico *Melodias de Terreiro* em 1947, por Attila Nunes. Este é o programa mais antigo do rádio brasileiro em atividade desde 1947; o casamento na Umbanda. A Umbanda acompanha a evolução da sociedade. Aqui vemos fatos anacrônicos para os dias de hoje como a necessidade de os noivos não poderem ser irmãos do mesmo terreiro.

Correio da Manhã, n. 23522, 19 de dezembro de 1969
Livros

É realmente uma pena não ter ido avante a publicação do livro *Luzes da Umbanda*, que teria sucesso garantido. Apesar de os originais estarem quase prontos, houve uma mudança nos planos, não permitindo que pelo menos durante este ano, que ora termina, tivéssemos o prazer de ler uma obra da escritora e jornalista Lilia Ribeiro.

1970 está próximo, e é bem provável que tenhamos, lá pelos meados de junho *Luzes da Umbanda* em nossa biblioteca. Lilia Ribeiro precisa deixar mais uma herança para a Umbanda, a exemplo de *Macaia*.[56] O livro perpetua ideias que poderão servir para um futuro bem próximo, como fonte de pesquisa para a evolução do culto de Umbanda. Este aspecto precisa ser analisado pela escritora, que na sua humildade de praticante da nossa crença, talvez não tenha ainda observado o quanto poderá beneficiar a nossa Umbanda.

Como amigo de Lilia Ribeiro, posso garantir que o livro *Luzes da Umbanda* seria mais uma contribuição valiosíssima para a literatura umbandista. Aqui ficam os meus votos de que a ideia siga em frente, pois evoluir também é nosso lema.

Correio da Manhã, n. 23529, 28 de dezembro de 1969
O casamento na Umbanda

Várias vezes reafirmei um ponto de vista de que devemos prestigiar a nossa Umbanda em todas as ocasiões em que houver oportunidade. É o caso do matrimônio, que consiste em uma das cerimônias mais sublimes do ritual umbandista.

[56] Boletim mensal da TULEF (Tenda de Umbanda Luz, Esperança e Fraternidade), casa dirigida por Lilia Ribeiro.

Muitos irmãos de crença, todavia, quando resolvem casar-se, escolhem primeiramente a Igreja como se o casamento na lei de Umbanda não fosse válido.

É bem verdade que existem alguns procedimentos impostos pela família do noivo ou da noiva, que impedem a realização pura e simples em um terreiro. E neste ponto é que ainda vemos a influência marcante dos costumes católicos em nossa pátria. Aos que são umbandistas e recorrem à Igreja para efetuarem seus matrimônios, eu pergunto: acaso não tem valor religioso o casamento na Umbanda? Acaso Deus não abençoa uma união dentro da nossa crença?

De qualquer forma, apesar de ainda não ter ser sido criada uma mentalidade mais racional a este respeito, resta a esperança de sabermos que a cada dia que passa, mais casamentos são realizados em nossa lei, prestigiando assim a religião de Umbanda.

O cerimonial[57] é simples e coberto de beleza, como a maioria dos nossos rituais. Existem diferenças, evidentemente, de terreiro para terreio, mas a base é sempre mais ou menos a que descrevemos a seguir:

Em primeiro lugar, o casal deve dirigir-se à Pretoria,[58] para efetuar o matrimônio no civil, pois ninguém pode fugir deste dever, sendo uma exigência legal. Antes, todavia, é preciso ter em mente que não é permitida a união entre homem e mulher iniciados pelo mesmo Pai de Santo, não podendo assim, os noivos serem irmãos de terreiro.[59] Esta exigência, diga-se a bem da verdade, é um tanto rigorosa pela sua natureza puramente ritualística, e acredito que com o passar dos anos venha a cair, porquanto, alguns babalorixás não respeitando este item, têm efetuado casamentos que resultam em felicidade completa para o casal.

Quando procurado pelos noivos, o babalorixá deve jogar os búzios, para verificação do anjo da guarda, isto é, se combinam ou não.[60] Segundo o ritual, o anjo da guarda do noivo deve ser Orixá masculino e o da noiva feminino e vice versa,

[57] Fundamentado aqui por Átila Nunes Filho nos preceitos da Umbanda africanizada.

[58] Cartório.

[59] Algo anacrônico para os dias de hoje.

[60] Também algo fora de propósito nos dias atuais.

para evitar uma incompatibilização de gênios.[61]

Confirmada a intenção de casamento, o Pai de Santo estuda a posição da Lua e marca a data mais favorável. São escolhidos os padrinhos e são iniciados os preparativos para a cerimônia.

Os noivos comparecem no dia marcado, com os trajes no culto umbandista, entrando no "caricó"[62] sob pontos riscados dos seus anjos da guarda. O padrinho entrega o obi de quatro quinas ao cambono-chefe, e a madrinha entrega o de três quinas à cambona. Os noivos ficam de mãos dadas enquanto o chefe de terreiro derrama o amaci sobre as duas mãos entrelaçadas.

Logo depois se quebram os obis que se fragmentam no chão. O noivo come um pedaço do obi da noiva, e esta retribui comendo um pedaço do obi do noivo. Os presentes fazem o mesmo.

O Pai de Santo, então, falando na linguagem sacerdotal do culto (em africano),[63] manda tocar o adjá,[64]dando o casamento como celebrado. Todos então aplaudem os noivos em verdadeiro regozijo, jogando sobre os mesmos folhas de mangueira ou de cajá, cumprimentando-os naquela tradicional forma de aperto de mão e ombro a ombro.

A cerimônia é encerrada com o oferecimento aos presentes de comidas e bebidas dos santos. Foram tomadas todas as precauções para uma união perfeita, mas como a natureza humana é contraditória, pode haver pequenas rusgas, que caso venham a se agravar, devem ser sanadas pelos padrinhos, em último caso, pelo Pai de Santo, que joga os búzios para verificar com quem está a razão.

Fato a ser discutido, é a ausência de divórcio na Umbanda, constituindo falta grave. Afirma-se que se houve a união dos anjos da guarda (união espiritual) não poderá a dissolução do casamento (união material). Os tempos, entretanto, mudaram, e é preciso atentar para os problemas que envolvem a

[61] Pelo descrito homens que tem Orixá feminino de cabeça não poderiam se casar.

[62] Congá.

[63] Algo um pouco inviável, pois poucos sacerdotes conhecem a língua yorubá ou a língua kibundo.

[64] Sineta metálica.

humanidade. Sei perfeitamente que em primeiro lugar devem vir os preceitos umbandistas, mas o rigor com que são cumpridos pode vir a prejudicar as maiores vítimas de um casamento mal realizado: os filhos.

Correio da Manhã, n. 23534, 05 de janeiro de 1970 É necessária a linguagem africana?

A discussão das práticas de certas cerimônias ritualísticas é uma maneira honesta de mudarmos o que já está errado e melhorar o que já vem sendo feito. Minha intenção é tão somente colocar em pauta determinados rituais, discutidos nos bastidores da Umbanda, e que raramente são comentados, com o medo de se ferir suscetibilidades.

O uso da linguagem africana em nossas práticas umbandistas é um tema que embora não sendo apaixonante, tem e deve ser estudado, analisado e pesquisado. O uso ou não de linguagem africana poderá alterar o efeito de uma obrigação? Ele é o tema em debate, não nos cabendo, todavia, julgar, porquanto existem malungos[65] bem mais categorizados.

Segundo a tradição, toda palavra mágica obedece a uma cabala vibratória que pertence às partes positiva e negativa. Ainda segundo os costumes, existem palavras que ditas em português não surtem o efeito almejado, não dando assim, a vibração desejada, devido à perda da influência de atração cabalística.

Todo país tem suas palavras cabalísticas. Estas obedecem à atração de seu povo, justificando assim, o porquê de todos os nomes de pessoas terem sua origem, seu significado e influência registrados dentro de sua cabala.

A missa dita em latim é acaso menos válida do que a dita em português? A missa oficiada em português não terá a mesma vibração do que a oficiada em latim? Partindo desta premissa, que acaba tornando-se um exemplo, ficamos um tanto indecisos: a cúpula católica, através de sua Santidade o Papa Paulo VI, em recente reforma nos costumes e cerimoniais litúrgicos católicos, tornou optativo o uso do latim nas missas. Os fiéis terão sido prejudicados? Houve perda de vibração? A

[65] Companheiros.

missa agora não terá mais o mesmo valor de antes?

Tancredo da Silva Pinto, autoridade categorizada pelos seus conhecimentos do culto umbandista, afirma: "As missas ditas em latim, com seus preceitos e rituais, têm uma vibração diferente das faladas em português, o que acontece com as curimbas que são cantadas nos cultos afro-brasileiros, no seu vocabulário de origem, porque o som formado em nossa língua não tem a vibração dentro da cabala daqueles cultos, que forma o eró (segredo) das forças ocultas".

Como disse no princípio não nos cabe julgar se é necessária ou não a linguagem africana em nossos rituais. O fato é que muitos rituais efetuados em português tem resultado em visível sucesso, nada sendo insuficiente para os efetuados em africano.

Por outro lado, acreditamos que haja um aumento de vibração com o uso da linguagem africana, pelo menos de algumas palavras de origem africana. E seja devido a estes pequenos pormenores que dizemos que a Umbanda é magia, não a magia negra de Bóris Karloff,[66] mas sim, algo que nem sempre sabemos identificar, mas podemos sentir em nossas práticas religiosas. É ainda a influência bastante forte do continente africano em nossa religião.

Existem fatos acontecidos, aqui no Brasil, em terreiros de Umbanda e de Candomblé, que *a priori* parecem não ter explicação, mas que na verdade são cópias de fatos acontecidos na África, onde nem sempre é aceita a palavra impossível.

Esta magia, além de ser um fato religioso em nosso meio, pode até ser um fenômeno desconhecido para nós brasileiros, mas perfeitamente compreensível para eles – africanos.

Muitos detalhes precisam ser analisados, discutidos. Não podemos fechar os olhos à realidade dos nossos tempos. Evoluir é o tema atual, porém não devemos julgar obsoletos certos rituais que somente têm valor quando efetuados dentro dos costumes e tradições africanos. Esta separação, este limite entre o obsoleto e o atual, é que deve se delineada cuidadosamente para evitar erros clamorosos.

[66] Ator de filmes de terror.

Correio da Manhã, n. 23576, 25 de fevereiro de 1970
Melodias de terreiro I

Muitos dos ouvintes assíduos do MELODIAS DE TERREIRO que eu apresento todos os domingos após as 21h45min min, pela onda da Rádio Rio de Janeiro, ignoram a origem deste programa, que não chega a ser uma novela, mas possibilita um pequeno conto, com passagens interessantes, cômicas e dramáticas.

Melodias de Terreiro nasceu em julho de 1947. Sofreu campanhas terríveis quando o saudoso Attila Nunes começou a irradiar inocentes pontos de Ogum e Oxóssi.

Naquele tempo, falar de Umbanda, ou mencionar o termo "macumba" em público, era algo que estarrecia, que assustava, havendo até os que achavam que "dava peso".

A coisa era tão séria, que poucos, pouquíssimos dos nossos irmãos tinham coragem de confessar abertamente sua crença. Calculem, portanto, meus irmãos, quando Attila Nunes iniciou as primeiras audições, os maus momentos que passou.

Houve pânico geral em certa noite e mês de março de 1947, quando Attila Nunes foi ao microfone da Rádio Guanabara, e disse com a maior calma do mundo: "meus amigos, vou apresentar hoje uma novidade. Vamos transmitir gravações de J. B. de Carvalho (vide foto na Galeria de Imagens)[67] com pontos de macumba".

Irradiou a seguir dois pontos de Oxóssi e Ogum. O resultado, bem, as consequências vocês saberão amanhã nesta seção.

Correio da Manhã, n. 23577, 26 de fevereiro de 1970
Melodias de terreiro II

Quando o nosso saudoso Attila Nunes acabou de irradiar os dois pontos, no seu programa "Baile Mathias", cinco minutos depois os telefones tilintavam, sendo a maioria de protestos violentos. O diretor da emissora entrou espavorido no estúdio e perguntou-lhe se enlouquecera. Foi um Deus nos acuda.

[67] Cantor de pontos de Umbanda e Macumba. Vide foto na Galeria de Imagens.

Ser umbandista naquele tempo era o mesmo que ser subversivo. Se já houvesse IPM[68] em ação, ele teria sido encarcerado inapelavelmente. E é neste ponto que deixo ao prezado irmão de crença leitor, a análise das consequências em divulgar modestas curimbas declarando-se umbandista pelo rádio.

Para os leigos, para os que tinham medo da palavra macumba e mesmo para alguns dos nossos irmãos atemorizados, não só em face das perseguições aos seus centros, como também por saberem que a Umbanda não era encarada com muita simpatia, Attila Nunes era considerado um quase louco.

Falar em Umbanda era ofender céus e terras. Na emissora onde ele começou as primeiras audições umbandistas, a coisa chegou a tal ponto que os diretores o intimaram para "que acabasse com o programa ou seria demitido".

Mas não houve apenas pressão por parte da diretoria da rádio. Houve outros protestos mais violentos ainda, que amanhã voltaremos a falar.

Correio da Manhã, n. 23579, 28 de fevereiro de 1970

Melodias de terreiro III

Com o lançamento pioneiro de pontos de Umbanda pelo rádio, Attila Nunes começou a sofrer pressões de todo lado. Certa organização federativa da época teve o desplante de mandar uma comissão à sua presença para fazer um apelo (pasmem) no sentido de que ele tirasse o programa do ar, pois "a Umbanda corria perigo pelo fato de divulgar curimbas pelo rádio". Houve, em suma, pressões de todos os lados para que ele desanimasse.

Teve instantes em que Attila Nunes quase cedeu às perseguições, pois se sentiu isolado na tarefa à qual havia se atirado, longe de imaginar os sofrimentos a que seria submetido pela audácia de divulgar a Umbanda pelo rádio.

O número de tendas em funcionamento naquele tempo era pequeno, de vez que os umbandistas praticavam o culto quase às escondidas. Nos poucos terreiros existentes, as sessões eram realizadas em um clima de apreensão constante, pois volta e meia surgiam grupos de policiais que invadiam,

[68] Inquérito Policial Militar.

perturbavam os trabalhos, apreendiam os atabaques e carregavam os babalaôs para as delegacias como se os mesmos fossem criminosos comuns.

Com todas as perseguições, entretanto, a Umbanda caminhava na base da fé e da coragem de alguns e jamais seus inimigos conseguiram extingui-la de todo. Com a promulgação da Carta Magna de 1946, os umbandistas da época julgavam que cessassem as restrições às atividades religiosas da Umbanda em face do parágrafo 7° do artigo 141 que estabelecia com absoluta clareza, o livre exercício de cultos religiosos.

Mas a perseguição continuou cada vez mais forte e violenta. Passamos dias de verdadeiro terrorismo em nosso Estado, aonde um policial conhecidíssimo por suas arbitrariedades[69] chegou a fechar centenas de terreiros não respeitando nem mesmo as associações umbandistas legalizadas juridicamente.

Muita coisa aconteceu e Attila Nunes conseguiu manter Melodias de Terreiro no ar a duras penas. Tudo fizeram para que ele desistisse da ideia de divulgar a Umbanda, de valorizá-la, de fazê-la respeitada, de difundi-la através dos cânticos (pontos), das explanações, das preces que irradiava.

Graças a sua fé, porém, continuou a sua luta em defesa da Umbanda, e hoje sob meu comando o programa Melodias de Terreiro é uma realidade. Começou em 1947 com 15 minutos, e hoje irradio três horas de programa na Rádio Rio de Janeiro, aos domingos às 21h45min.

Na Rádio Guanabara eu produzo Gira da Umbanda que é apresentado por Bambina Bucci todas as terças feiras à 20h30min, programa com a duração de duas horas.

Escrevendo em dois matutinos deste Estado, correspondo-me com milhares de associações religiosas do Brasil, posso garantir que a Umbanda brevemente será reconhecida como a verdadeira religião nacional.

Faço aqui uma pausa para dizer que fui entrevistado por Átila Nunes Filho no programa Melodias de Terreiro em 2010.

---

[69] Delegado Padilha.

Correio da Manhã, n. 23580, 25 de março de 1970

O cemitério da Umbanda

Não será a primeira vez que defendo a necessidade da construção de um Cemitério Umbandista. Minha tese é baseada em fatos que não podem mais ser acobertados, pois doa a quem doer, a Umbanda já é uma religião reconhecida oficialmente.

O humilde filho de fé para cumprir seu ritual em um cemitério qualquer, precisa antes de tudo ter duas coisas: dinheiro e coragem. Dinheiro para subornar o vigia e coragem para desobedecer a Lei, que proíbe "arriadas" nos campos santos.

Como o atual estado de coisas não pode continuar, é preciso que nos lancemos a uma luta que não fique apenas no papel, e sim, que seja posta em prática por aqueles que praticam verdadeiramente a nossa Umbanda.

Evidentemente nada poderemos conseguir sem o auxílio do Governo Estadual, que não foi dos melhores no que diz respeito aos interesses da Umbanda. Somente no ano de 1969, a Umbanda sofreu ataques verificados há mais de dez anos atrás, quando não passava de uma simples seita.

Lei do Silencio, zombarias em TV, não cumprimento dos dispositivos que protegem a Umbanda, foram os itens mais votados no ano de 1969, ano em que a Umbanda deve ter mais sentido a falta de um defensor legislativo.

Imaginemos agora as dificuldades para conseguirmos um Cemitério Umbandista. Quantos contras lançarão aos nossos ideais? Quantas críticas e combates sofreremos? Mas porque não podemos ter um cemitério exclusivamente umbandista, se as demais religiões possuem seus campos santos próprios?

Com a construção de um Cemitério Umbandista, a Umbanda não precisaria mais subornar os vigias, não precisaria cumprir os preceitos que exigem "arriadas" dentro do cemitério. Seria a realização de um sonho acalentado durante muitos anos pela totalidade dos praticantes do nosso culto!

A indiscutível necessidade da construção de uma necrópole umbandista é tão grande que não podemos jamais abandonar a ideia de realizá-la. Precisamos a qualquer custo vencer todas as barreiras que colocarem em nosso caminho, pois Oxalá está ao nosso lado, e contamos com um aliado poderoso: Obaluaiê, o Orixá sincretizado com Lázaro!

Não acredito que tenhamos qualquer auxílio por parte do Governo Estadual (pelo menos o atual) para a construção de uma necrópole umbandista. Acredito, sim, que em um futuro não muito distante, possamos ver os nossos sonhos realizados. O importante é que não desanimemos, e que um dia possamos ter certeza, quando virmos realizadas nossas aspirações, que contribuímos um pouco com esta religião, que ainda tanto sofre pela teimosia dos leigos, daqueles que teimam em não aceitar a sua força, a sua beleza, e o seu poder fabuloso.

A Umbanda já teve menos direitos do que agora. Se as demais religiões possuem seus campos santos, nós também os teremos, na fé de Oxalá. A luta continua com redobrado vigor e nós ainda conseguiremos ver realizado o maior sonho dos praticantes da Umbanda: o Cemitério Umbandista!

O DESENCARNE DE BYRON TÔRRES DE FREITAS

Byron Tôrres de Freitas foi um umbandista de grande produtividade tanto na área litúrgica quanto na literatura de Umbanda. Escreveu diversas obras, algumas em parceria com o Tata Tancredo da Silva Pinto. Apresentamos um boletim da CEUB, publicado no jornal *O Dia*, que anunciava o seu falecimento. Nesse mesmo boletim havia, também, uma nota registrando o falecimento da Mãe de Santo Dora, esposa do famoso Orlandino Cobra Coral.

Em seguida, apresentamos uma matéria de Átila Nunes Filho sobre Byron, na coluna *Gira de Umbanda*, no jornal *Correio da Manhã*.

O Dia, 2 de março de 1970

Noticiário da Congregação Espírita Umbandista do Brasil

A Diretoria da CEUB apresenta voto de pesar pelo falecimento do Dr. Byron Tôrres de Freitas, ocorrido recentemente, o que infelizmente, só foi do nosso conhecimento, quando era do domínio público por intermédio da imprensa. O extinto era conselheiro da CEUB e por intermédio desta coluna o Tata de Inkice Sr. Tancredo da Silva Pinto e demais dirigentes da CEUB conclamam aos irmãos umbandistas em geral, filiados ou não à Congregação, a fazerem um "Orongongi" como homenagem póstuma àquele que em vida muito trabalhou em prol do engrandecimento e divulgação na religião.

Comunicamos o falecimento, no dia 23 de fevereiro último da Yalorixá Dona Dora, esposa do falecido Babalaô Orlandino (Cobra Coral).

Correio da Manhã, n. 23574, 22 de fevereiro de 1970

Coluna Gira da Umbanda

No último dia 17 do corrente, o Dr. Byron Tôrres de Freitas fez sua passagem no Hospital dos Servidores do Estado, onde se encontrava internado, deixando mais uma lacuna no rol dos homens que deram tudo de si pela nossa Umbanda.

Fui um dos poucos que não teve oportunidade de conhecer Byron Tôrres de Freitas, fundador da Congregação Espírita Umbandista do Brasil e da Federação Espírita Umbandista do Estado do Rio de Janeiro. As notícias, entretanto, que me chegavam do trabalho deste homem, sempre assessorado pelo seu filho Vladimir Cardoso de Freitas, eram sempre boas.

Homem de um dinamismo fora do comum, Byron Tôrres de Freitas deixou um legado importante para a nossa Umbanda: o Hospital e a Maternidade Espírita e Umbandista, que foi inaugurado no dia 26 de novembro de 1967. Naquela data, Vladimir Cardoso de Freitas, fundador e presidente executivo do Hospital e Maternidade Umbandista, fez um retrospecto da luta que tiveram que encetar para a concretização da maior necessidade dos espíritas e umbandistas.

Byron Tôrres de Freitas, contudo, não legou à Umbanda somente seu trabalho à frente da Federação Espírita Umbandista do Estado do Rio de Janeiro e do Hospital. Essa herança, talvez maior sob o ponto de vista eterno, foram as obras magnificas, repletas de ensinamentos, que enriqueceram indiscutivelmente a literatura umbandista.

Autor de dezenas de livros, ora em parceria com o Tata Inkice Tancredo da Silva Pinto, ora com Vladimir Cardoso de Freitas, legou para as futuras gerações uma contribuição importantíssima: a afirmação na literatura nacional religiosa, da literatura umbandista. Entre outras obras, Byron Tôrres de Freitas nos deixou: Mirongas de Umbanda (Com Tancredo), Doutrina e Ritual de Umbanda (Com Tancredo), Umbanda – Guia e Ritual para organização de terreiros (Com Tancredo), O jogo de búzios, Na Gira de Umbanda, Os Orixás e o Candomblé. E por último, Os Orixás e a Lei de Umbanda (Com Vladimir) e Na Gira da Umbanda e das Almas (Com Vladimir).

A Umbanda perde um homem que deixou sua marca profunda de saudade àqueles que viveram ao seu lado e conheceram seu trabalho. Byron Tôrres de Freitas cumpriu sua missão na Terra à qual fora destinado, e agora, ingressou na verdadeira vida, aquela que vem depois da morte.

Aqui fica minha humilde homenagem póstuma àquele que não tive oportunidade de conhecer em vida, mas que aprendi a estimar mesmo distante. Que seu espírito tenha muita luz no espaço, e que Oxalá o traga para perto de si, são meus mais sinceros desejos.

Byron Tôrres de Freitas se foi, assim como tantos outros, que lutaram por uma Umbanda que tano amamos. Um dia, também chegará nossa hora e quando soar o momento do juízo final espero também ter cumprido meu dever, como o saudoso Dr. Byron Tôrres de Freitas.

FALECEU MATTA E SILVA, O PAI DA UMBANDA

Gazeta de São João (SP), n. 664, 27 de abril de 1988

Faleceu no último dia 17, no Rio de Janeiro, onde residia, Woodrow Wilson da Matta e Silva, o Pai da Umbanda no Brasil, uma das personalidades mais respeitadas não só no Brasil, como no exterior.

Filho de José Gaspar da Silva e Othília da Matta e Silva, Matta nasceu em Palmares, Pernambuco, em 1916. Jornalista, professor e escritor umbandista esotérico, Matta tinha nove obras publicadas: *Umbanda de todos nós*, *Umbanda e o poder da mediunidade*, *Segredos da Magia de Umbanda*, *Lições de Umbanda e Quimbanda na palavra de um Preto Velho*, *Mistérios e Práticas da Lei de Umbanda*, *Doutrina Secreta da Umbanda*, *Umbanda e sua eterna doutrina*, *Umbanda do Brasil* e *Macumbas e Candomblés na Umbanda*. Matta, que escrevia para a Livraria Freitas Bastos há 32 anos, tem suas obras divulgadas não só no Brasil, como na Argentina, Peru, Uruguai, Paraguai e França.

Contra a má fé

Da Matta foi um dos maiores batalhadores contra o misticismo, as fraudes, macumbas, crendices e superstições. Ele divulgava a Umbanda em seu sentido correto, isto é religioso-científico.

Todas as terça feiras, Da Matta atendia os intelectuais e interessados na matéria, na Livraria Freitas Bastos, no Rio de Janeiro.

Os atendimentos religiosos eram feitos na Tenda de Umbanda dos Orixás, Itacuruçá, no Rio de Janeiro, onde há uma escola de iniciação fundada por Da Matta, que deixou um congá e cerca de 830 tendas filiadas em todo o Brasil e uma no Estado da Califórnia, nos EUA.

Em nossa cidade, é seguidor de Da Matta e Silva o YAPACANI, a Tenda de Umbanda dirigida pelo Ovídio Carlos Martins.[70]

OBS: Por dever de ofício de historiador mantive o título original da matéria, mas cabe ressalvar que Matta e Silva não foi o Pai da Umbanda.

PAI EDU (EDWIN BARBOSA DA SILVA)

O Babalorixá Pai Edu, Edwin Barbosa da Silva, nasceu em 1° de maio de 1934 em Olinda, Recife, em uma família humilde de 15 irmãos. Foi seminarista, mas sua verdadeira vocação era o culto aos orixás. Dedicou-se também à Umbanda e ao culto da Jurema. Com a morte de José Ribeiro, no Rio de Janeiro, passou a ser o Rei do Candomblé, em 1972.

[70] Tenda de Umbanda Caboclo Pena Azul.

Sua estreita ligação com os Orixás o levou, em 1951, para a casa que depois reconstruiu, o Palácio de Iemanjá no Alto da Sé. Foi iniciado no Candomblé por José Romão Felipe da Costa e Mãe Bernardina do Sítio de Pai Adão. Na década de 1960 o Palácio de Iemanjá tornou-se uma das referências nos cultos afro-indígenas-brasileiros. Sua casa era visitada por diversas celebridades da música, política e esportes.

Na sua luta contra a intolerância à prática dos cultos afro-brasileiros, Pai Edu contribuiu na elaboração da Lei Edmir Régis que afastou dos cultos a fiscalização policial. Pai Edu foi figura de destaque nas atividades religiosas e culturais de Olinda. Conseguiu aproximar o Candomblé da alta sociedade, aumentando o conhecimento sobre a religião e reduzindo o preconceito.

Clara Nunes com seu Pai de Santo, Pai Edu (ao centro), Edwim Barbosa da Silva – http://umbandarealalmir.blogspot.com.br.

Pai Edu foi o primeiro Pai de Santo de Clara Nunes, feita por ele a Iemanjá, porém depois de um tempo ela se afastou do terreiro dele em Olinda, e procurou outros terreiros no Rio e Minas e reapareceu como filha de Ogum com Iansã, algo que deixou Paio Edu magoado. Formou várias gerações de mães e pais de santo.

Faleceu em 4 de maio de 2011, no Hospital Miguel Arraes, após 40 dias de internamento causado por insuficiência renal e infecção respiratória. Tinha, também, câncer na próstata. Deixou cinco filhos e netos. Formou várias gerações de mães e pais de santo. O sepultamento ocorreu no Cemitério de Guadalupe, em Olinda.

Em 12 de março de 2016, aniversário da cidade de Olinda, o Prefeito Renildo Calheiros assinou a declaração de Patrimônio Cultural Imaterial para o Terreiro de Pai Edu, aprovada pelo Conselho de Preservação dos Sítios Históricos de Olinda.

CURIMBEIRAS DA ATUPO EM TERREIROS BRASILEIROS

A Cabana de Pai Benguela recebeu, em 11 de novembro de 2016, a visita das irmãs Cristina e Vanessa da Associação Templo de Umbanda Pai Oxalá, da cidade de Braga, Portugal.

A Umbanda tem crescido significativamente nos últimos vinte anos em Portugal. Um dos terreiros de referência no país é o ATUPO, que conta com aproximadamente uma centena de médiuns em sua corrente. O atendimento ocorre aos sábados à tarde. A instituição pública o periódico *Jornal Umbandista Português - Fundamento* que traz importantes matérias elucidativas sobre a nossa religião. No site institucional encontramos o relato de como se formou o terreiro.

http://www.atupo.com

Mãe Larayara e Pai Diamantino receberam as irmãs Vanessa e Cristina da ATUPO na Cabana de Pai Benguela em 11 de novembro de 2016

Capa do *Jornal Umbandista Português Fundamento*, n. 21, março de 2017.

O TEMPLO DE UMBANDA MAIS ANTIGO DE BRASÍLIA

Centro Espírita Assistencial Nossa Senhora da Glória

http://sintapaz.blogspot.com.br

O CEANSG foi fundado em 15 de agosto de 1965 na residência do Sr. Carlos Rodrigues de Angelis; estando presentes os senhores Newton Egydio Rossi, Neomésia Rodrigues de Angelis, Edda Vettori, Décio Faria, Atílio Saran, José Garcia Ribeiro, Carlos Rodrigues de Angelis, Jurema Pituba Faria, Jorge da Costa Faria e Luciano Gnone, por unanimidade, aprovaram o atual nome do centro em homenagem à Santa do dia de sua fundação.

Algum tempo depois, por iniciativa do Sr. Newton Egydio Rossi, primeiro presidente do centro, foi tentada junto à Novacap a doação de um terreno para o CEANSG, sendo baldados os esforços até que, já em 1970, na presidência do Sr. Abelardo Maurício de Freitas, foi adquirido e registrado em nome do CEANSG o terreno em que se construiu o barracão que nos serviu para os trabalhos espirituais de Umbanda.

Devido às dificuldades financeiras, somente no dia 23 de abril de 1971, graças ao decidido apoio monetário de um grupo de amigos espíritas, que em uma demonstração de humildade, encareceu perdurar no anonimato, é que foi possível a inauguração do Terreiro de Umbanda, que foi assentado pelo Caboclo Pena Branca e pelo Preto Velho Pai Joaquim das Almas.

Em um mesmo dia 23 de abril, consagrado como de homenagem ao senhor Ogum, o sonho do templo definitivo tornou-se realidade em 1989.

Assim, Nossa Senhora da Glória, Mãe Iemanjá, chefe das falanges do mar, é nossa padroeira e o caboclo Pena Branca e o preto velho Pai Joaquim das Almas são os guias espirituais do centro, isto é, responsáveis perante a espiritualidade maior pelos destinos dos integrantes do CEANSG e orientadores dos trabalhos espirituais realizados no mesmo.

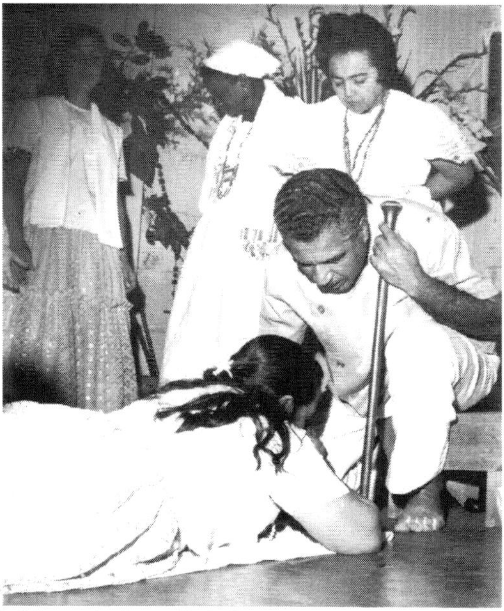

Pai Jorge da Costa Faria incorporado com Preto Velho
Centro Espírita Assistencial Nossa Senhora da Glória

A sede do CEANSG em 1973

A sede atual

W4 - 711/911 – Asa Norte – Brasília – DF

ALVORADA DE UMBANDA

Sílvio Pereira Maciel

Este raro livro, de Sílvio Pereira Maciel, retrata a prática dos terreiros de Umbanda segundo a ótica da época e do autor. Na primeira orelha da obra podemos ler:

Este livro é um verdadeiro repositório de ensinamentos, em linguagem simples e ao alcance da compreensão de todos.

Trata de tudo que se prática em Umbanda, desde o ponto cantado até de como se realiza batismo, casamento, encomendação etc.

Explica o "porquê" de muita coisa que se vê nas sessões, mas que não se tem conhecimento.

Dá um ritual completo de como se organiza e dirige uma sessão.

O autor, praticante de longa data, do verdadeiro Umbandismo deixa extravasar neste livro sua longa experiência como diretor de uma sociedade das mais acatadas e reconhecidas da capital gaúcha.

Amigo leitor. Quer conhecer e praticar a Umbanda? Adquira, então, este maravilhoso livro.

Capa do livro *Alvorada de Umbanda*
Gráfica Editora Aquário – Silvio Pereira Maciel

O autor classifica os trabalhos de Umbanda em três sistemas: corimá, rodado e tabla (mesa). Transcrevemos dois capítulos do livro sobre essa terminologia, pouco conhecida dos umbandistas de São Pulo e do Rio de Janeiro da época.

Umbanda de fé

Umbanda de fé é a que damos o nome de Umbanda de tabla. Os trabalhos são realizados em mesa; é feita doutrinação dos espíritos, preleções evangélicas aos assistentes; são dados passes em forma de corrente ou individual, sem incorporação total, apenas irradiações astrais, ficando os médiuns conscientes. Assemelha-se aos trabalhos de Kardec.

Como os trabalhos são em uma mesa, como os kardecistas, estes médiuns não precisam passar por ritos de magia, porque não são empregadas nos trabalhos as magias vibratórias da Lei de Umbanda.

Assim sendo, o seu rito é doutrinário, material e espiritualmente. Estes umbandistas não se servem das forças da natureza para seus trabalhos. Apenas lançam mão das preces e sinais cabalísticos e da força vibratória dos próprios caboclos.

O diretor dos trabalhos pode ser um cidadão que já conheça os trabalhos kardecistas e que já foi doutrinador, sabendo fazer a abertura dos trabalhos com os pontos cantados e o encerramento. Isto é o bastante para formar uma corrente de Caboclo.

Caros irmãos. Este trabalho é fácil de fazer. Senão vejamos:

Põe-se uma mesa na ponta do salão. Os médiuns em desenvolvimento ficam sentados em redor da mesa, o diretor fica na ponta. Tendo como corrente de segurança e trabalho os médiuns desenvolvidos de cada lado da mesa, ou seja, de cada lado do salão, de acordo com o espaço da peça. Estes ficam irradiando para dar passes na assistência. E quando um filho é afetado por uma entidade perturbadora, o médium faz o passe e ordena que se manifeste o espírito para ser doutrinado. O diretor, então, ordena aos médiuns em desenvolvimento a se concentrarem na ordem dada pelo Caboclo, que está ordenando ao espírito perturbador que assim o faça. Este, diante da atração e da força vibratória do Caboclo, abandona o consulente e manifesta-se por intermédio de um dos médiuns. Sendo doutrinado e exortado pelo diretor dos trabalhos e assim sucessivamente, até o último assistente, o espírito será esclarecido e receberá a luz necessária para sua melhor compreensão das leis evolutivas.

Após o término dos passes é feito o trabalho de irradiação a todos os que deram os nomes para serem irradiados. Findo isto, é formado um círculo dos médiuns em desenvolvimento, que se encontram em redor da mesa, ligando as mãos uns nos outros, juntos ao diretor dos trabalhos. Formando, também, os médiuns já desenvolvidos uma segunda corrente em círculo como a primeira.

O diretor faz o encerramento.

Os dias destinados a consultas são independentes dos dias de passes. Só sendo atendidos por médiuns receitistas, que atenderão os consulentes por escrito ou pessoalmente, de acordo com a necessidade ou o local do trabalho. Apenas, para isto, fazem a prece de abertura do trabalho e concentram-se, pedindo a presença do protetor que os virá assistir. Porque este médium não tem, para as consultas, o Caboclo definido.

Como alcançar sua vibração no Astral? Será de acordo com a harmonia do médium sua assistência espiritual. Podendo vir um hindu, malaio, asteca ou brasileiro. Neste sistema de trabalho de Umbanda o médium tem o seu protetor definido para protegê-lo em outros trabalhos, mas não nos receituários, porque cada protetor de medicina tem sua especialização como os da terra. Esta especialização é formada em um lugar denominado Cabala, onde existem todas as raças e lá vão galgando os graus de sabedoria para conservação da criação do Pai.

São os mesmos que atendem todos os ritos espiritualistas existentes.

Acompanhando o ritmo da organização material e para que não haja choque entre o espírito e a matéria, na Umbanda de fé não é empregada, nos trabalhos, nenhuma matéria. Pode, no entanto, formar-se um altar, como ponto de apoio material para os filhos ou para a assistência fazer melhor concentração e ter mais respeito diante do mesmo. Pode ser acesa uma vela para preparação de ambiente, podendo também ser tocado música sacra com a mesma finalidade, antes da abertura dos trabalhos.

Os médiuns são obrigados a estar todos de branco ou com guarda-pó branco e calçados com tênis também brancos. Isso para facilitar aos médiuns caminhar, e também para uniformizar todos, fazendo, assim uma melhor vibração de harmonia e igualdade entre os irmãos. As senhoras médiuns, quando menstruadas, não devem tomar parte nos trabalhos espirituais, em qualquer rito espiritualista, pois há quebra de harmonia nas vibrações com o Astral.

Os médiuns homens não podem entrar na corrente se têm vício da bebida ou se seu caráter é vicioso, pois com isto podem perturbar os trabalhos e trazer grandes prejuízos para eles mesmos.

Os diretores devem ter senso de responsabilidade daquilo que vão desempenhar. A Umbanda de fé faz prodígios e traz surpresas a quem bem a emprega, dentro das recomendações.

Médiuns kardecistas podem ser iniciados, sendo eles os primeiros iniciados. Formando em redor da mesa e quando estes já estiverem trabalhando com seus protetores, passam para a segunda corrente, para darem passes, ficando de pé e outros tomam conta de seu lugar na mesa.

Quanto ao número não importa. Basta ter um diretor, um médium na mesa e outro para os passes, para poder-se trabalhar. No entanto, não devem atender muitos consulentes, para não cansar os médiuns, para que eles, enfim, não desprendam muita energia.

Este sistema é a Umbanda de Fé, muito pouco usada no Brasil.

A fé transpõe montanhas, e é com a própria vibração do homem ligada à do protetor é que se faz a atração e a repulsão das cargas fluídicas.

Quantos sistemas de desenvolvimento existem no rito da Umbanda?

Existem três sistemas: corimá, rodado, tabla (mesa).

Corimá

A corimá é um desenvolvimento de origem africana, formado do compasso ritmado dos pontos cantados, com toda a harmonia, gesticulando os braços e as pernas de acordo com cada palavra dos pontos cantados, formando um atrás do outro no meio do terreiro. Ao cantar os pontos todos pedem licença, curvando-se, batendo três vezes com as pontas dos dedos no assoalho e dizendo: Saravá! Umbanda! Depois de feita esta reverência, começam os médiuns a caminhar em volta do terreiro, cantando os pontos de chamada dos caboclos e fazendo uma marcação rigorosa, para fazer a aproximação do seu protetor.

Este sistema de desenvolvimento é de grande eficiência, facilitando muito a incorporação dos iniciados, desenvolvidos e em desenvolvimento, formando um elo de fluído quase irresistível.

Rodado

No rodado é formada de cada lado do salão uma corrente de médiuns, de um lado homens, de outro mulheres, assim fazendo o iniciado, com a frente para o altar. É, então, puxado o ponto da falange a que pertence o iniciado. Se for filho de Ogum, será deste o ponto cantado.

O filho fica parado até sentir o fluído e perder o equilíbrio e rodar pela própria força do protetor. Para isto o Cacique diretor deve rodar em roda do iniciado, fluidizando para facilitar a incorporação, com sua corrente de irradiação e mesmo procurando apoiar, quando o iniciado perder por completo o equilíbrio, evitando assim uma queda brusca.

O Cacique pode ser auxiliado por tantos quantos precisar, para evitar qualquer coisa desagradável com o médium noviço em desenvolvimento.

Este sistema individual é de atração do protetor a que pertence o iniciado. É direto e de muita força vibratória.

Desenvolvimento de tabla – mesa

Este desenvolvimento, como já foi explicado, é a Umbanda de Fé, sendo muito eficiente.

Os médiuns sentam-se em redor da mesa. É feita a abertura. Cantam os pontos de chamada dos protetores. Pelo Cacique diretor dos trabalhos é feito o ponto riscado de segurança e faz, também, a chamada dos caboclos coletiva ou individualmente, de acordo com a vibração do médium. Se este for de Oxum, será um ponto de Mamãe Oxum ou de Iara, que é a mesma coisa e assim sucessivamente fazendo a chamada de cada um de acordo com a falange pertencente ao médium.

Este sistema afiniza muito os médiuns e dá grande desenvolvimento mental e faz a aproximação dos diversos trabalhos, principalmente o Hinduísmo, que é muito afinizado aos trabalhos calmos e de irradiação.

FEITIÇARIA

Gazeta de Notícias, n. 105, 5 de maio de 1935

Na noite negra da minha saudade
Na encruzilhada triste
Da minha alma de braços abertos
Que estava morrendo de te esperar
Uma semana passou arrastando
As horas amargas dos seus dias intermináveis
Como os espíritos malfazejos
Das Sete Linhas de Umbanda
Deixando em meu coração a desesperança
Qual uma feitiçaria forte para matar

Mas o teu amor, o Ogum guerreiro
Que enfrenta todos os perigos
Confiante na sua lança
E no corcel do sonho de asas
Penalizou-se de me ver esperar

E tu vieste mais linda e alegre

Do que eu te esperava
Tu que és a Yemanjá que me orienta
Aqueceste minhas mãos em teus cabelos
Quando tive frio
Perfumaste minha alma
Com tua boca fresca de orvalho
E afogaste minha sede nos teus olhos de mar

Luiz Antonio Pimentel
Do livro *Salada de beijos*

ETIMOLOGIA – UMBANDA

Luta Democrática, n. 1, 3 de fevereiro de 1954

Umbanda – Em *Folk-Tales of Angola*, edição de 1894, esse vocábulo é derivado de Krimbanda e quer dizer: consulta que se faz a uma sombra.

Na tese do jornalista Diamantino Coelho Fernandes, apresentada ao Primeiro Congresso Brasileiro do Espiritismo de Umbanda, realizado em outubro de 1941, Umbanda é de origem hindu, ou melhor, é oriundo do sânscrito, formado do prefixo Aum e do sufixo Bandha e que quer dizer: o limite no ilimitado.

Heraldo Menezes, estudioso das crenças e costumes afro-aborígenes, afirma que Umbanda é corruptela de Umbamba, vocábulo nheengatu de origem tupi.

No dicionário de Jaime de Seguier Umbanda é uma palmeira, natural do Brasil, cuja palmas, em forma de gigantescos leques, proporcionam magnífica sombra.

Pela grande afluência de costumes aborígenes nas tendas e terreiros, consequência do sincretismo religioso, está a nos parecer que o vocábulo Umbanda é realmente originário da língua tupi. É mesmo brasileiro.

A menos que outros valores, mais altos, nos contestem.

ETIMOLOGIA – QUIMBANDA

Luta Democrática, n. 2, 4 de fevereiro de 1954

Na afobação natural das *estreias* há sempre falhas a corrigir. Todavia nosso primeiro trabalho sobre a etimologia do vocábulo Umbanda, apesar de pequeno erro de revisão, supomos satisfez os estudiosos do assunto.

Hoje, segundo dia de auspiciosa vida de *Luta Democrática*, oferecemos aos nossos leitores a etimologia do vocábulo Quimbanda, cujo significado, face às deturpações e interpretações errôneas, precisa ser esclarecido.

O Espiritismo praticado nas tendas e terreiros caminha a passos de gigante para conquistar a sua carta de alforria. Em futuro pouco remoto essa grande seita será uma religião reconhecida pelo Estado e terá, naturalmente, os seus sacerdotes devidamente credenciados, por colégio superior. O Espiritismo desaparecerá como fenômeno natural da lei das evoluções e os eruditos surgirão com o esperado compêndio para uniformizar os cultos.

O que é preciso é que cada um de nós contribua com o pouco que sabe para apressar a realização desse ideal. É mister, porém, frisar que para tal cometimento é fator primordial a pesquisa eminentemente filosófica e que sem raciocínio não se chega à verdade.

Os ingênuos, comprometedores por falta de base e que ocupam situações de liderança, embora crentes sinceros, precisem fazer autocrítica constante para evitar o ridículo nos debates.

Aos elementos de real valor, na maioria anônimos, o nosso *darrum* que emana das vozes dos Embandas milenários.

Quimbanda – Esse vocábulo é corruptela de quimbunda, tribo de negros ferozes localizada a nordeste de Angola (Jaime de Seguier).

Segundo a história, os escravos que provinham daquela região africana eram useiros e vezeiros à prática de depredações às propriedades dos colonizadores sem alma que lhes infligiam os mais atrozes castigos. Com o correr dos anos o falso pudor transformou o quimbunda que falava a língua bunda em quimbanda e hoje, este último, é sinônimo de maldade.

Nas tendas espíritas, e nunca nos terreiros, quando um espírito que animou o corpo de um quimbunda incorpora no médium é logo acoimado pelos apressados em entidade maléfica a serviço da magia negra. Erro crasso dos que assim o julgam.

Fica esclarecido, pois, que Quimbanda, ou melhor, Quimbunda, não é magia negra. Mesmo porque a divindade do mal da mitologia africana, segundo o panteão angolês, é Elegbá.

HOMENAGENS A YEMANJÁ NA NOITE DE 31 DE DEZEMBRO

Gazeta de Notícias, n. 301, 28 de dezembro de 1954

Os umbandista vão à Praia do Arpoador prestar suas homenagens a Yemanjá, na noite de 31 para 1° de janeiro. Como é do seu ritual, todos os anos, os adeptos da Religião de Umbanda passam a noite de 31 de dezembro para 1° de janeiro nas beiras das praias, onde fazem suas oferendas e seus pedidos a Yemanjá, a Rainha do Mar, a Divina Mãe de Umbanda. Neste ano, a União Espiritista de Umbanda do Brasil programou uma grande concentração de adeptos na Praia do Arpoador, para as 10 horas da noite, para a qual está convidando as tendas filiadas ou não.

Daquele ponto de reunião, os umbandistas se espalharão pelas praias do Arpoador, Ipanema e Leblon, onde cada um prestará suas homenagens de agradecimento pelo ano decorrido e de propiciação para o ano que irá raiar em seguida.

(a) Jayme Madruga
Presidente da União Espiritista de Umbanda do Brasil

AS ELEIÇÕES DA UEUB PARA O BIÊNIO 1956-1957

Jornal de Umbanda, n. 63, janeiro de 1956

Conforme fora anunciado, reuniu-se na noite de 20 de dezembro p. p. na sede social da UEUB, na Rua Acre, 47 – 6° andar, o Conselho Deliberativo, sob a presidência do companheiro João Severino Ramos e em presença de número legal de conselheiros, em segunda convocação.

Expostos os motivos da reunião, na conformidade dos Estatutos, o senhor presidente convocou os conselheiros e se manifestaram pelo voto secreto para a constituição da nova Diretoria da UEUB, excluído o cargo de presidente, cujo titular ainda está no uso dos seus direitos, apenas em período de licença.

Iniciada votação que decorreu absolutamente em ordem, ficou constatada a presença de 11 conselheiros com direito a votar e ser votado. Conferidas as assinaturas no Livro de Presença com o número de cédula, o Sr. Presidente do Conselho mandou que se procedesse à abertura das sobrecartas e dois escrutinadores foram anotando os nomes e cargos dos candidatos, verificando-se por fim o seguinte resultado:

Vice–Presidente dos Interesses Administrativos – Aristóteles Gomes Oliveira; Vice–Presidente dos Interesses Financeiros – Raymundo Guedes Cavalcante; Vice–Presidente dos Interesses Religiosos – Narciso Cavalcante de Albuquerque; Vice–Presidente dos Interesses Estaduais – Floriano Manoel da Fonseca; Vice–Presidente das Obras Sociais – W. W. da Matta e Silva; Vice–Presidente do Departamento Feminino – Lídia Nunes de Carvalho; Vice–Presidente do Departamento Feminino-Infanto-Juvenil – Lídia Nunes de Carvalho; Vice–Presidente do Departamento de Propaganda, Divulgação e Cultura – Olívio Novaes.

Não havendo nenhuma impugnação por parte dos conselheiros presentes, procedeu-se à proclamação dos eleitos e, ato contínuo, à respectiva posse, embora somente em princípios deste mês sejam efetivados nos devidos cargos, com a transmissão dos mandatos dos vice-presidentes, em 31 de dezembro p. p.

Louvamos o clima democrático com que se realizou o pleito, cabendo aqui tecermos louvores aos senhores conselheiros que, integrados ao espírito de ordem e fraternidade, escolheram os futuros dirigentes da UEUB, elementos que muito se recomendam à consideração dos umbandistas do Brasil, por seu passado de trabalho, dedicação e amor à Causa. Todos bastante conhecidos, com responsabilidades definidas nos meios em que militam há longos anos, daí porque tudo de bom e bem feito se há de esperar da nova administração da UEUB.

Reconduzido à presidência, no impedimento do Sr. Presidente efetivo, encontra-se o companheiro Floriano Manoel da Fonseca, nome sobremodo estimado e respeitado, tal a sua conduta no desempenho de idêntica função, em outras ocasiões, quando tudo fez por desobrigar-se com galhardia de cargo espinhoso de titular da Diretoria.

Dada a exiguidade de espaço, deixamos de alongar comentários em torno dos demais elementos que irão no biênio 1956-57 desenvolver suas atividades nas vice-presidências dos Departamentos, todos portadores da confiança dos umbandistas pelo trato que dispensam em suas agremiações à causa umbandista.

A todos os recém-eleitos, JORNAL DE UMBANDA apresenta seus melhores votos de feliz mandato.

ZÉLIO FERNANDINO DE MORAES

Jornal de Umbanda, n. 67, dezembro de 1956

É sempre com indizível alegria e encantamento que nos defrontamos com o nosso querido Zélio de Moraes, ardoroso propagandista da Umbanda e um dos mais antigos, senão o mais antigo dos trabalhadores em terreiros em dia com o movimento umbandista do Brasil.

Não poucas vezes temo-lo encontrado em São Paulo, em visita aos núcleos que ajudou a instalar na Capital Bandeirante, sempre inspirado nos sagrados princípios de aproximação dos umbandistas. Entusiasta da Umbanda, tem levado a efeito o seu trabalho hercúleo de fundação de várias agremiações, às quais orienta e empresta o concurso valioso dos seus vastos conhecimentos, quer pessoais, quer de orientação do Caboclo das Sete Encruzilhadas e ainda sob a humilde orientação do venerável Preto Velho Pai Antonio, uma luz que ilumina os honrados terreiros da nossa querida Umbanda.

Esta nota tem um significado todo expressivo. É que o nosso companheiro Zélio Fernandino de Moraes esteve conosco na fundação do *Jornal de Umbanda*, incentivando-nos nos primeiros passos, dando-nos o calor da sua vibração e cedendo-nos uma dependência da Tenda que preside para que instalássemos a redação desta folha, que nascia sob o signo do seu fraternismo e amor à causa que há longos anos se constituiu parte integrante de sua vida.

Nesta altura, portanto, é de justiça que recordemos o companheiro da primeira hora, navegador seguro dos mares revoltos do idealismo sagrado de Umbanda, a que tem servido com dedicação, interessado somente em seu progresso e na sua propagação por todo o território brasileiro.

Ao Zélio amigo, ao Zélio companheiro de todas as horas, ao Zélio inseparável da Umbanda, as nossas melhores saudações, e nosso melhor reconhecimento e o convite, sincero e leal, para que venha às nossas colunas, trazendo a sua valiosa bagagem de conhecimentos doutrinários, a fim de darmos um sabor especial ao alimento com que deseja o *Jornal de Umbanda* multiplicar os manjares de suas páginas, com o colorido incomparável da sua inteligência.

AS FALANGES DE UMBANDA DESCERAM PARA INAUGURAR UM NOVO TERREIRO

Folha da Noite, 15 de abril de 1957

Pai Miguel de Xangô ganhou uma tenda lá pelas bandas do Bom Retiro. Houve festa na inauguração e os trabalhos religiosos (Umbanda) tiveram início com a defumação do congá. José Onofre, diretor espiritual do terreiro, fez a oração ao guia da tenda, Pai Miguel de Xangô e aos Orixás-guias e protetores da Umbanda. Cinquenta médiuns que participavam dos trabalhos receberam os seus guias e espíritos protetores "saravando" a nova tenda.

Ritual

O ritual de Umbanda é rico, impressionante. Nas tendas organizadas com base nos princípios rígidos da seita, a disciplina é quase militar. Na Tenda Pai Miguel de Xangô, filiada à Federação Umbandista do Estado de São Paulo, é assim. Tem início a função religiosa, os médiuns (homens e mulheres trajando vestes brancas) entram, silenciosos e reverentes, no terreiro ou congá. Entram dois a dois e são incensados à entrada. Dirigem-se depois ao altar, acendem seus "carundás" (velas), que são oferecidos aos seus guias. Em seguida, estendem-se no chão, na parte que é propriamente denominada terreiro, recoberta de uma fina camada de areia. Fazem as preces e retornam a uma das duas alas (mulheres de um lado e homens do outro). Vem a cena do beija mão.

Essa parte do ritual umbandista é solene. O médium-chefe ou diretor espiritual estende a mão para cada um dos outros médiuns, que a beijam reverentemente. A homenagem, segundo o ritual, é prestada ao guia da tenda (no caso Pai Miguel de Xangô), e não ao médium que a recebe.

Cada médium em seu lugar no congá, é entoado o ponto ou cântico de chamada dos espíritos-guias. Aos poucos, os médiuns vão sendo "tomados".

Incorporação

Outros pontos de chamada são entoados. A música é bela, impressiona. Música e ritmo vão-se tornando mais intensos até que se verifica o que os umbandistas chamam de incorporação, isto é, a recepção do espírito pelo médium. Estes estremecem, contorcem-se, como se estivessem recebendo um choque elétrico. Cessam os cânticos. Os homens e mulheres que estão participando dos trabalhos adquirem uma fisionomia estranha. É o momento supremo, a base da religião de Umbanda, este em que o homem deixa de ser ele e se transforma em mero instrumento das entidades do além.

Os guias (pelos seus médiuns) vão todos ao altar, para a

saudação aos Orixás (Santos da Umbanda). Três vezes tocam a areia do congá, com a testa, em sinal de humildade e submissão; O guia principal saúda também os Orixás e também o "filhos de fé" (os participantes dos trabalhos), exortando-os a amar Oxalá (Jesus Cristo). Por fim, determina que os guias de sua falange deem passes mediúnicos nas pessoas da assistência.

E vêm outras falanges, atendendo a outros pontos de chamamento: Falange de Oxóssi, ou dos Caboclos; Falange dos Pretos Velhos, ou São Benedito; Falange de Ogum, ou de São Jorge. Todas elas desceram e participaram da alegria dos filhos de fé que compõem a Tenda Umbandista Pai Miguel de Xangô.

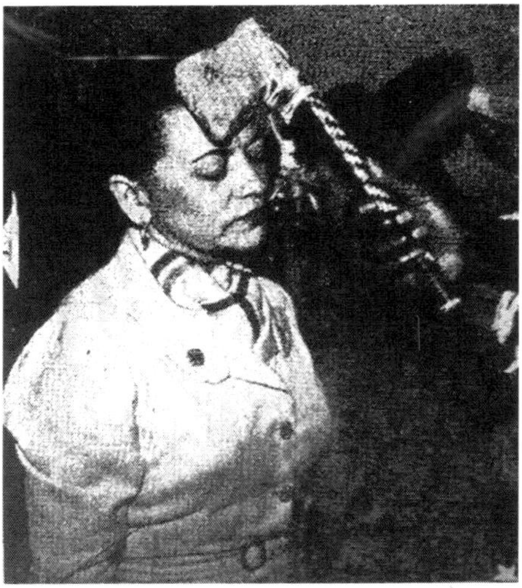

Um passe especial com o machado de Pai Miguel de Xangô
Folha da Noite, 15 de abril de 1957

É UMA RELIGIÃO CODIFICADA, EM PLENA EXPANSÃO POR TODO O PAÍS

Ubiratan de Lemos

O Semanário, n. 60, 30 de maio de 1957

Ubiratan de Lemos, o grande repórter de *O Cruzeiro*, conhecido em todo o Brasil pelos seus magníficos trabalhos, assim falou a *O Semanário* sobre a Umbanda, movimento que ele estudou a fundo e de longa data vem acompanhando, aqui e nos Estados:

– A Umbanda não é apenas o rito afro-brasileiro, o caldo do sincretismo de culturas diversas, que ocuparam estudiosos como Nina Rodrigues, Arthur Ramos e outros. É, agora, uma religião codificada, em plena expansão por todo o país. Se o seu ritual é belo, e compõe as mais expressivas páginas do nosso folclore, também é verdade que as suas bases têm origem nos mais puros princípios cristãos.

Como repórter, que há mais de seis anos investiga terreiros no Distrito Federal, tive a oportunidade de sentir a necessidade do culto umbandista, que pratica a caridade gratuita, mercê do sacrifício pessoal dos médiuns, a maioria gente humilde dos bairros federais. As Crianças, os Caboclos e os Pretos Velhos – para citar apenas as entidades mais populares – são figuras mansas e simpáticas que pregam o "amai-vos uns aos outros" em tom de suave simplicidade, em um linguajar que toca diretamente ao entendimento do homem do povo. Daí, o imoderado expansionismo da Umbanda, que não pode ser confundida com a mistificação grosseira e remunerada.

A caridade por amor à caridade – é o *slogan* dos verdadeiros umbandistas, segundo pude observar, simples, democrática, ao nível de todas as inteligências compreensivas e a Umbanda, segundo pude observar, revolucionária.

UMBANDA DE NOVO EM DISCUSSÃO

Zilah Monteiro

O Semanário, n. 65, 4 de julho de 1957

Esperei, deliberadamente, que os líderes de Umbanda dessem como deram, em artigos brilhantes, sua opinião sobre a perseguição que sofre a religião humilde dos Pretos Velhos, para com a mesma sinceridade, embora com menos brilho, trazer a minha colaboração de umbandista convicta.

Jornalista que sou não poderia deixar de lado minha pena quando furiosamente se investe sobre a nossa crença com uma argumentação que poderá servir para orientar até uma viagem à Lua, mas não para diminuir sequer, o conceito em que é tida a nossa Umbanda. Não se destrói com fantasias uma verdade milenar. O desespero com que se ataca a religião dos caboclos, só tem servido para elevá-la entre os seus adeptos e conseguir novos crentes, tal a limpidez dos seus ensinamentos a grandeza da sua fé nas lições de Jesus.

Umbanda é bondade, é amor ao próximo, é o desejo infinito de servir ao seu irmão sem olhar crença religiosa, fortuna ou posição social. Porque então perseguir, pedir extinção do que é bom? Porque chamar de insensato a um médium que é alguém que se sacrifica diariamente, em benefício dos que não conhece, para lhes restituir a saúde perdida, o bem estar espiritual? E o médium não pede recompensa, não aceita dinheiro, não aceita presentes para cumprir o que é uma obrigação. Ele que perde horas de sono, o repouso merecido da luta pela vida, o alimento do seu corpo físico. Ao finalizar uma noite em que muitas vezes, o seu guia atende a um número exagerado de crentes, a compensação única do médium é ter cumprido o seu dever, a sua alegria é saber que muitas dores, inúmeros desesperos mitigados pela palavra sábia e bondosa da entidade indispensável para aguentar a que serviu de aparelho.

Haverá nisto um crime? Alguém já ouviu da boca de um médium que recebe realmente um espírito de luz, um conselho mau, uma palavra de ódio, um pedido de dinheiro?

Torno a perguntar se há crime em ser humilde. O esplendor de Umbanda é na sua espiritualidade e não na modéstia, na simplicidade dos teus terreiros. É na sua grandeza dos seus ensinamentos, na virtude da sua inquebrantável serenidade, que ela vence porque ela é a própria fé, ela é que traduz em gestos de bondade o que Jesus mandou que se fizesse sem arroubos de eloquência, sem preocupação de retórica, sem ameaçar com torturas, sem chamas eternas, os que acreditam nos ensinamentos do Mestre, nos que socorrem os seus irmãos sem pensar em nenhuma recompensa.

Os terreiros que todos os dias se multiplicam, sendo frequentados por pessoas de todas as classes sociais, atestam bem a grandiosidade da Umbanda. E agora é tarde para querer terminar com o amor que a religião dos Pretos Velhos se espalha entre milhares de criaturas. Sem ter argumentos dos seus companheiros e amigos como Carlos Azeredo e tantos esteios de Umbanda, aqui fico, por hoje, reafirmando que para terminar com essa modesta mas grandiosa religião é preciso que se acabe com o amor sobre a terra, que não se fale mais em Jesus!

UMBANDA VITORIOSA

Zilah Monteiro

O Semanário, n. 85, 21 de novembro de 1957

Nem com certa e intensa campanha de pretendida desmoralização a nossa Umbanda perdeu um milímetro sequer do seu prestígio. Não há mesmo nenhuma dúvida quanto aos seus benefícios que ela presta a todos os segundos do dia sem olhar a quem, sem exigir quantia em troca.

O leitor amigo sabe que o mal não dura muito e que, por bastante que se oculte, que se disfarce sob gestos de desprendimento ou de enérgicos sermões sobre a liberdade, uma doutrina cai fragorosamente se os seus princípios não são sólidos, se os seus exemplos não são sinceros. É o que acontece com a Umbanda. Pois se ela é a Luz! É a Verdade.

Tanto é clara esta afirmativa que nós, umbandistas, não precisamos de reclame, não recorremos a ameaças.

Vai aos terreiros quem acha que ali se encontra tranquilidade, bem estar. Quem, seguindo os conselhos de um Preto Velho ou um Caboclo, acena com a solução de seus problemas, solução que é sempre honesta, coerente com os princípios cristãos. E, como segundo um grande umbandista, não existe milagre, uma simples prece feita com o coração, um pedido de resignação, bastam para sossegar o mais atribulado dos espíritos. Na simplicidade da filosofia dos Pretos Velhos há uma irradiação de luz tão forte que os mais arraigados dos descrentes sentem que a verdade está naquelas palavras.

Hoje podemos afirmar – sem receio de erro – ser difícil encontrar quem não tenha, ao menos por curiosidade, procurado ouvir os conselhos de um Caboclo, comer de um doce que tenha vindo das mãos de uma Criança do Espaço. Mesmo na narração de alguém em um sorriso de ironia, que diz que foi a um terreiro e que nenhum ensinamento lá adquiriu, a semente da fé entrou no seu coração. Se não voltar a esse centro, a esse terreiro, procurará mais tarde outro centro. Acreditar, estudar os fenômenos da Umbanda não é ser ignorante. É procurando, é pesquisando, que encontramos na beleza da fé a resposta para as nossas indagações. Umbanda responde com a suavidade do seu consolo ao apelo dos que se sentem infelizes e nada mais definitivo para inspirar a fé do que a resposta firme a um pedido de socorro espiritual.

Não há quase um só bairro sem terreiro no Rio.

No Rio só? Indagará o leitor, caso ainda não conheça o assunto. No Rio e em todos os Estados da União! Minas Gerais tem inúmeros. Ao nosso conhecimento vêm chegando ultimamente notícias de fundação de centros e mais centros, naquele belo Estado da União. E por que essa proliferação? Porque os ensinamentos do Mestre são tão belos, tão sinceros feitos em casas humildes como em lugares suntuosos.

A prece pura para ser atendida por Jesus não precisa ser guardada, para em dia e hora exatamente marcados ser dirigida com fervor.

A multiplicação dos terreiros parece responder aos inimigos de toda crença, sem ofender, sem levantar calúnias.

Umbanda vai de vencida porque não prejudica, porque

responde sempre com a verdade às calúnias que lhe são levantadas pelos inimigos.

Umbanda é árvore cheia de frutos saborosos, daí as pedras que lhe são jogadas.

EXPULSARAM A UMBANDA DA RÁDIO MAUÁ

Luta Democrática, n. 1168, 26 de novembro de 1957

O produtor do programa Cânticos Folclóricos e Ritmos de Atabaque fala à reportagem da *Luta Democrática*

Acompanhado de seu advogado, Dr. Renato Lima, esteve na nossa Redação o radialista Rodasil, produtor e criador dos populares programas radiofônicos Cânticos Folclóricos e Ritmos de Atabaque, que vêm sendo, há cerca de dois anos, irradiados pela emissora Rádio Mauá, todas as terças e sextas feiras no horário das 21:30 às 22 horas.

Contou-nos Rodasil que desde que o Sr. Paulo Nunes Vieira, atual diretor-geral da Rádio Mauá, assumiu a direção daquela emissora, vem cerceando as atividades profissionais daquele radialista, mesmo no que se refere a programas de gêneros diversos do que vem produzindo para aquela emissora, uma vez que aquele diretor não concordava com a permanência dos citados programas nesta Rádio, bem como com a atividade de um funcionário que professasse religião diferente da dele.

Reiteradas vezes mandou propor a Rodasil o cancelamento do contrato que este mantém com aquela emissora pelo prazo de quatro anos, do qual são apenas decorridos apenas um ano e dez meses, bem como o contrato de trabalho que este radialista mantinha com a Rádio Mauá, cujas propostas não encontraram ressonância por parte de Rodasil.

No entanto há cerca de 14 dias passados, aquela direção, exercendo coação, rescindiu o contrato de trabalho do radialista em apreço, culminando com a suspensão dos programas radiofônicos produzidos e apresentados por Rodasil naquela emissora.

Fazendo um veemente protesto, Rodasil entende que uma estação de rádio oficial, isto é, de propriedade do governo, não pode impedir a divulgação de cânticos folclóricos extraídos e recolhidos no ritualismo umbandista visto que a liberdade de culto está amparada pela Constituição Federal, cabendo mais do que outras emissoras, à Rádio Mauá, respeitar o que preceitua a nossa carta magna.

Além de outras associações umbandistas, a Associação dos Umbandistas e Adeptos das Seita Afro-Índio do Brasil, em sua sessão de diretoria, realizada no dia 19 findo, resolveu patrocinar a causa de Rodasil, determinando que o setor jurídico desta associação, dirigido pelo D. Leopoldo de Oliveira Massona, desse provimento e andamento às medidas cabíveis ao caso, pois entenderam que esta atitude do diretor da Fundação Rádio Mauá, que tem como presidente eventual o Excelentíssimo Sr. Dr. Parsifal Barroso, ministro do Trabalho, Indústria e Comércio, incorreu em falta grave, impedindo que uma estação de rádio oficial continuasse divulgando uma religião que possui cerca de 80.000 centros e tendas espalhados por todo o Brasil.

ANIVERSARIOU A TENDA ESPÍRITA SANTO AGOSTINHO

O Semanário, n. 87, 5 de dezembro de 1957

Constituiu acontecimento de marcante projeção nos meios assinalar a passagem do décimo sexto aniversário de fundação da simpática Tenda de Santo Agostinho, instituição que vem realizando, na seara de sua atividade, importante trabalho de aproximação e fortalecimento da Umbanda. Assinalamos, nessa oportunidade, quanto é querida a casa do santo da inteligência, filho de Mônica.

Repleta de visitantes, de associados e com o corpo mediúnico a postos, foram os trabalhos iniciados sob a presidência do Sr. Coriolano de Gusmão, atual presidente da diretoria administrativa que convidou para formarem a mesa vários confrades e diretores.

Inicialmente, saudando a todos os presentes e fazendo um retrospecto da vida associativa da Tenda de Santo Agostinho, falou o presidente que deu como aberta a sessão festiva.

Saudando a coirmã, falou em nome da Tenda São Jerônimo o confrade Altamir Mendes Freitas, que enalteceu a data que se estava comemorando, muito grata a todos os companheiros da casa de Xangô. Em seguida fez o uso da palavra o ilustre jornalista Dr. Amador Cysneiros que rememorou os primórdios da Tenda de Santo Agostinho, congratulando-se com os filhos de fé do primeiro grande pensador e gênio intelectual da era cristã. Outros oradores se fizeram ouvir, cabendo ao vice-presidente da Tenda aniversariante, Senhor Renato Braga, a palavra final da primeira parte das solenidades, no que se desobrigou com todo o carinho focalizando o aspecto das festividades, agradecendo pôr fim a presença de todos, especialmente do nosso ilustre companheiro José Alvares Pessoa que, embora estivesse adoentado, não deixou de comparecer àquela reunião que assinalava mais uma etapa vitoriosa na vida da Tenda de Santo Agostinho.

Encerrada a primeira parte, procedeu-se a abertura do terreiro, iniciando-se as festividades espirituais, fazendo-se presentes os nossos irmãos encarregados da segunda parte, que se prolongou até às 23 horas em ambiente da mais suave vibração, a lembrar aquela figura do passado, o primeiro universalista e fundador da civilização cristã – Agostinho.

Aspecto da mesa, vendo-se os Senhores Coriolano de Gusmão, José Alvares Pessoa, Altamir Mendes Freitas, Renato Braga, Dr. Amador Cysneiros e outros confrades e senhoras

TEMPLO DE OGUM TIMBIRI

Jornal de Umbanda, n. 80, junho de 1958

Do irmão João Severino Ramos recebemos a seguinte missiva, comunicando a fundação desta nova casa de caridade.

Prezado Senhor:

Apraz-me levar ao conhecimento de Vossa Excelência que, no dia 1 de abril do ano em curso, após a leitura e aprovação de seu estatuto realizada em assembleia ordinária, foi fundado o Templo Espiritual de Ogum Timbiri que teve eleitos os seguintes membros:

João Severino Ramos, presidente; Alda Apparecida Campana, secretaria; Nídia Lopes Pinto, tesoureira.

Esta nova filiada procederá dentro das normas da Unidade Espiritualista de Umbanda, isto é, visando tão somente um ambiente favorável ao desabrochar de uma aurora de Paz e Harmonia.

O Templo Espiritual Ogum Timbiri terá a sua sede, provisoriamente, na Casa de Nossa Senhora Monte do Carmo, à Rua Dom Gerardo, 43, onde funcionará às terças e quintas feiras.

Agradecendo a visita de Vossa Excelência, permanecerei sempre ao inteiro dispor.

João Severino Ramos – Presidente.

UMBANDA ADOTA OS SANTOS CATÓLICOS PARA CONFUNDIR A IGREJA COM O TERREIRO

Diário da Noite, n. 11217, 4 de junho de 1959

O disfarce dos umbandistas para atrair católicos – Orixás com nome de Santos, imagens cristãs nos altares de terreiros – conforme vimos ontem – tem sido denunciado até mesmo por autores umbandistas.

– Da desmedida ambição desses indivíduos – escreveu Yonori sobre os propagandistas de Umbanda – nasceu uma ideia diabólica que veio modificar, da noite para o dia, o curso do Espiritismo no Brasil, fazendo com que o número de seus adeptos se tornasse, com o tempo, maior que número de fiéis do Catolicismo. Sim, o católico jamais entraria em um Terreiro de Umbanda para pedir auxílio de Ogum, nem daria dinheiro para a ornamentação de um Terreiro do Oxóssi. Porém, qualquer católico tem fé em São Jorge, ou faz donativos em dinheiro ou outros valores, para a instituição de uma casa religiosa cujo padroeiro seja São Sebastião. Hoje, 60% dos católicos frequentam Centros Espíritas, Terreiros de Umbanda etc. porque neles os Santos são os mesmos e mesmas são as imagens.

Quem fala assim é o autor do livro *Umbanda, indústria rendosa*. Diz mais:

– Os Orixás das Linhas de Umbanda ganharam mais um nome, ficando, na parte material, metade africana e metade católica. Ao nome do Orixá, que chefiava uma determinada linha de Umbanda, juntava-se um Santo de grande evidência no Catolicismo. E mais adiante:

– Sendo o povo brasileiro fundamentalmente católico, sua fé nos Santos que decoram a Igreja torna-se quase indestrutível vindo, como vem, do berço. Este é um dos principais motivos pelo qual eles procuram imitar a ornamentação das Igrejas Católicas, enchendo seus pejis, congás etc., de santos e santas, cópias reduzidas dos que se encontram nas Igrejas. Sabem que assim atrairão os católicos e os que possuírem alguma fé naquelas entidades. Ora, adotando as figuras decorativas do Catolicismo, os espertalhões nada mais fazem que manter a fé que os adeptos têm nos santos, dentro de um círculo material católico.

O autor reconhece ainda que os ensinamentos trazidos pelos africanos terão de ser adaptados. Terão de obedecer a certos princípios da Igreja Católica, porém só na aparência, não só para não caírem em contradições, como ainda para forçar a Igreja a constituir-se em advogada de seus próprios santos, defesa que ela faz gratuitamente.

– Sendo a adoção dos santos uma inovação assentada sobre uma base falsa – prossegue o autor – mais falsos, logicamente, serão os ensinamentos daí decorrentes. Tendo que justificá-los para os que, professando o Espiritismo, não aceitam o Catolicismo, os dirigentes umbandistas formam dentro dos falsos princípios católicos outros falsos princípios espíritas, causando uma tremenda confusão para os adeptos e estudiosos.

Frei Boaventura Kloppenburg.

CÍRCULO DE ESCRITORES UMBANDISTAS

Luta Democrática, n. 3550, 20 de setembro de 1966

João de Freitas e Antônio Ales Teixeira Neto
Luta Democrática, n. 3550, 20 de setembro de 1966

O escritor João de Freitas (foto), palestra com o nosso superintendente, Antônio Cavalcanti, a quem veio comunicar a criação do Círculo de Escritores Umbandistas, em reunião realizada na sede da Editora Eco, Rua Marquês de Pombal, 172, e que contou com a presença, além de João de Freitas, do escritor Antônio Alves Teixeira Neto; editor Emanuel Mandarino; jornalista Celso Rosa (Decelso), representando *Nos Domínios da Fé*, coluna editada na *Luta Democrática* e o escritor Attila Nunes. Comunicaram ainda que o referido Círculo de Escritores Umbandistas se reunirá em todos os primeiros sábados do mês, sendo a próxima reunião dia primeiro de outubro, às 10 horas, no mesmo local.

Naquela oportunidade, o escritor João de Freitas, em amistosa palestra com Antônio Cavalcanti, rememorou fatos de sua vida jornalística ao lado do fundador deste jornal, Tenório Cavalcanti, convidando o Dr. Antônio Cavalcanti para a próxima reunião do Círculo de Escritores Umbandistas.

RIO TERÁ AMANHÃ PRIMEIRO DIA OFICIAL DE IEMANJÁ

O Jornal do Rio de Janeiro, n. 14190, 30 de dezembro de 1967

O carioca comemorará amanhã, conjuntamente com a passagem do ano, o primeiro Dia Oficial de Iemanjá dentro do calendário turístico do Rio. Os festejos da Mãe D'Água terão início às 24 horas do dia 31 e prosseguirão até o amanhecer do dia 1. Para o evento, como em todos os anos, os umbandistas já estão preparando uma série de romarias às praias da Guanabara e cidades fluminenses com caminhões, ônibus, camionetes que conduzirão centenas de adeptos da Umbanda ao encontro de Iemanjá, a Mãe D'Água.

Enquanto os umbandistas preparam-se para seus festejos a Iemanjá, a Secretaria de Segurança visando garantir-lhe tranquilidade nas praias armou um esquema de segurança contando com vários guardas distribuídos nas praias, em locais estratégicos e agentes civis de segurança. Conforme admitiu o setor de execução e planejamento para policiamento, muitos são os que aproveitam as atividades dos umbandistas para a prática de pequenos furtos e ainda para atos atentatórios ao pudor. Para que isto seja evitado, uma distribuição minuciosa de agentes nos locais mais procurados propiciará vigilância constante sem ferir os melindres dos praticantes do Culto de Iemanjá.

Motivação

A oficialização do Dia de Iemanjá trouxe características ao evento, que segundo a Federação Umbandista da Guanabara proporcionará os umbandistas que temiam comparecer às atividades, a motivação suficiente para tanto. Garantiu ainda fonte ligada à Federação que o número de pessoas para o evento será, este ano, bem maior que aos anos anteriores, devido ao fato de a prática da Umbanda não estar como em outras épocas na marginalidade.

Se bem que uma das mais concorridas áreas para a prática do culto à Mãe D'Água seja Copacabana e Ipanema, os atabaques, as baianas e os guizos também irão deslocar centenas de pessoas às praias da Barra da Tijuca, Guaratiba, Saco de São Francisco, Icaraí, Paquetá, e ontem uma caravana seguiu rumo a Santos.

Conforme explicou a Federação, nos anos anteriores à oficialização do culto nas praias chamado "Noite de Iemanjá", muitos queriam comparecer, mas temiam repressões policiais e até, quando lugares ermos, os possíveis assaltos, uma vez que nenhum esquema de segurança era armado. Mas atualmente os mais temerosos poderão comparecer sem que haja inconveniente, tendo, à margem de outras medidas, a polícia para garantir a segurança dos presentes.

A Igreja Católica, segundo fontes oficiais, não se manifestou sobre a oficialização, somente podendo fazê-lo com o aval do Papa Paulo VI, que, conforme garantiram, é a única autoridade da Igreja apta a pronunciamentos dessa ordem. Afirmaram, porém que como em todos os anos não haverá missa, mas os sinos da Guanabara tocarão as 24 badaladas do último dia do ano.

TENDA AFRICANA SÃO SEBASTIÃO: TRINTA ANOS A SERVIÇO DO BEM

Jorge Oliveira

O Jornal do Rio de Janeiro, n. 14190, 30 de dezembro de 1967

A majestosa sede da Tenda Africana São Sebastião, localizada na Rua Dr. Ferrari, 364, próxima ao Meier, no dia 31 de maio último tornou-se pequena para abrigar um grande número de pessoas que ali compareceram com o fim de festejar os trinta anos de sua atividade em prol do trabalho fraterno do amor ao próximo.

Para tal festividade, a diretoria daquela Casa de Caridade programou uma série de solenidades, tendo início às 18 horas quando foi celebrado o casamento dos irmãos médiuns Osmar da Silva Cavalheira e Relicta Garcia de Oliveira, dentro do ritual umbandista, sob a orientação do sublime espírito do Caboclo Ogum Rompe Mato.

Às 18h50min horas o presidente da Tenda – Moacir Augusto Fernandes – procedeu à abertura da solenidade cívica, constando a entrega de medalhas de São Sebastião aos irmãos que completaram 25 anos como médiuns daquele terreiro.

A seguir fizeram uso da palavra diversos companheiros umbandistas a fim de saudarem os componentes e integrantes daquela sociedade, entre os quais, assinalamos, Dr. Jurandir, na qualidade de representante do presidente da União Espiritista de Umbanda do Brasil – Henrique Landi – Babalaô da Tenda Espírita Fraternidade de Luz; W. W. da Matta e Silva, conceituado escritor da várias obras sobre a Lei de Umbanda; Floriano Manoel da Fonseca – Babalaô da Cabana Espírita Senhor do Bonfim e finalmente o Dr. Nathalio Thomé de Souza, como orador oficial da T. A. S. S., agradecendo o encerramento dessa parte.

Às 20h00min horas deu entrada no terreiro o Quadro de Iemanjá, obra de rara beleza artística que peregrina há longos anos pelos terreiros de Umbanda, sob a orientação da Dra. Dala Paes Leme. O quadro levado pelo corpo mediúnico da Cabana Espírita Senhor do Bonfim foi depositado à frente do congá, ocasião em que todos os presentes o reverenciaram dentro da ritualística umbandista.

Quando a Ialorixá da casa, Irmã Amélia da Costa Leal (Amelinha) dirigiu-se ao centro do terreiro para proferir a prece de abertura dos trabalhos espirituais, o ambiente já estava impregnado das vibrações dos trabalhadores do espaço, e ao se sucederem os cânticos, um após outro, o ambiente vibra com a chegada do fundador e chefe de terreiros Caboclo Ventania, que transmite a todos os presentes sua mensagem fraterna, de luz e amor espiritual.

Ficando algum tempo em terra, o Caboclo Ventania, deu passagem ao Caboclo Arranca Toco e a seu Ogum Rompe Mato, a fim de que esses bons espíritos pudessem dizer alguma coisa esclarecedora aos filhos de fé.

Realmente, foi uma noite inesquecível, principalmente pela vibração espiritual que cercou todo o ambiente.

Anotamos ainda a presença dos Senhores Pedro Miranda e Antonio Venâncio do Nascimento, diretores da UEUB; Francisco Monteiro de Queiróz, presidente da Casa de Oxalá; Diva Porto Magalhães, dirigente da Tenda Espírita Estrela do Oriente, acompanhada do seu corpo mediúnico.

CURIMBAS TIVERAM PRIMEIRO ENCONTRO NO DOMINGO

Diário do Paraná, n. 6067, 10 de setembro de 1975

O antigo campo do Palestra, no Centro Cívico, foi palco de brilhante festa neste domingo. Ali se reuniram mais de 600 pessoas para participar do Primeiro Encontro de Curimbas do Estado do Paraná.

A festa teve início às primeiras horas da manhã, com a chegada das tendas umbandistas, sendo duas de Paranaguá, uma de Antonina, uma de Lages – Santa Catarina e oito de Curitiba, além da presença de mais 26 tendas esparsas, que completaram o brilho deste encontro.

A primeira atividade foi esportiva, confraternizaram-se em uma movimentada partida de futebol. Após, os participantes saborearam uma apetitosa churrascada, oferecida por Lourival Cordeiro, promotor deste encontro.

Entre o som dos atabaques os curimbas entoaram o cântico dos Orixás. Eram 14 horas e dava-se assim início ao empolgante Primeiro Encontro de Curimbas. Nem a garoa fria conseguiu diminuir o ânimo dos que ali foram.

Em uma barraca improvisada, cada tenda dava sua "zuelada" (apresentação rítmica) perante a comissão julgadora, formada por conhecedores do ritual umbandista. O destaque da festa foi o colorido do vestuário de cada tenda, simbolizando sua Nação (linha de Umbanda).

E, após a última tenda concluir sua apresentação, todos entoaram o Hino da Umbanda em homenagem ao promotor oficializando daí o dia da Curimba, nesta data.

Teve seu ponto culminante quando 38 Babalaôs formaram uma assembleia, dando origem à CEU, Congregação das Entidades Umbandistas, que terá por objetivo responder pelos assuntos umbandistas do Paraná.

O Primeiro Encontro de Curimbas coroou-se de êxito, atingindo seu propósito: o entrelaçamento perfeito dos umbandistas demonstrou a possibilidade de uma sólida união, para que se ofereça condições nos futuros encontros.

CASAMENTO DA NAÇÃO BANTU

Diário do Paraná, n. 7266, 10 de agosto de 1979

A Tenda Espírita São Sebastião, localizada à Rua José Moscalowski, 70, oficializou no sábado passado o casamento do médium Astrogildo Proença Ferro e Veronica Garcia.

O Babalorixá Edmundo Rodrigues Ferro e sua esposa a Yalorixá Stelinha de Iansã, pais do noivo, receberam em seu terreiro os vários convidados entre os quais anotamos, Embaixatriz da Nação Angola Beatriz de Omolu, Babalorixá Dandemy de Oxum, Ogan Sergio de Ogum (Zacarias), o Rei da Umbanda Pai Veco, Rei da Quimbanda Luis Schaffer, Yalorixá Hilda de Oxóssi, Príncipe da Nação Kabula Edson Centanini, Joaquim Alves do jornal *Mundo dos Espíritos*, Axogum Onofre de Xangô, Yalorixá Neusa de Xangô, Ekede Aracy de Oxum, Mãe Pequena Stelinha de Oxum e nossa secretaria Rosana de Pombagira.

A cerimônia foi realizada com glórias e pompas. Os noivos entraram no salão ao som da marcha nupcial e o oficiante com palavras de amor e carinho, muito emocionado, abençoou-os em língua yorubana.

Antes do término da cerimônia Pai Edmundo homenageou sua Mãe de Santo com uma cantiga que emocionou a todos e a mesma incorporou sua entidade Xangô que saudou a todos. O Babalorixá Edmundo não esperava que a entidade se fizesse presente e ficou deveras agradecido com a demonstração de carinho. Sua Mãe de Santo já bem idosa, cantou o Hino da Umbanda junto com todos os presentes.

No flagrante vemos a Sacerdotisa de Ogum Shoroque Dirce de Iansã, Mãe Beatriz de Omolu, Embaixatriz da Nação Angola, Sergio de Ogum (Zacarias), Oxogum Onofre de Xangô, o médium Beto de Oxóssi, o Príncipe da Nação Kabula Edson Centanini e a Senhorita Vera Medeiros na Tenda Espírita Caboclo Ventania, no Xaxim, em recente confraternização

A GIRA DOS VELHOS

Luta Democrática, n. 8181, 21 de novembro de 1981

Muita gente estranha quando é receitada para certos males esta ou aquela droga. Achando absurda a ideia de o curandeiro indicar determinadas ervas para debelar alguns tipos de doenças.

Os descrentes julgam que "algumas folhas" não têm o mesmo poder dos grandes remédios de laboratórios, desconhecendo que na composição destes a flora sempre se faz presente.

Para que o leitor tenha uma ideia exata a respeito de curandeirismo, transcrevemos do livro *Xangô D'Jacutá* de João de Freitas, importantes trechos que merecem ser observados:

A medicina é a arte de curar os enfermos com a prescrição de drogas extraídas das sementes, das raízes, das plantas ou de substâncias minerais. Talvez, há uns quatro mil anos, teria sido ela codificada graças a algum curandeiro esclarecido, para atravessar os tempo e chegar aos laboratórios ultramodernos da atualidade.

Prossegue – A terapêutica ensina como tratar o doente através das drogas, medicamentos manipulados nos laboratórios, de modo científico, para que as substâncias minerais em combinação com as essências e sucos de raízes ou sementes, não venham piorar os males do doente ou ocasionar sua morte. Acompanhando, pois, a evolução da arte de curar, o Espiritismo condena, como não poderia deixar de fazer, a prática de processos obsoletos. Mesmo porque há médicos espíritas dando assistência nas tendas e terreiros na base de remunerações modestas. São verdadeiros curandeiros diplomados segundo as exigências da lei, realizando milagres na cura de moléstias rebeldes a que os médicos materialistas se curvam e muitas vezes se estarrecem. Nos Terreiros de Umbanda há sempre um médico que os guias indicam para o filho de fé portador de doenças materiais.

ESPIRITUALISTAS REUNIDOS

Última Hora, n. 11051, 17 de agosto de 1983

A Ordem Espiritualista do Brasil (OEB) encerrou ontem, com a presença de autoridades e grande número de conselheiros, as comemorações de seu 17° aniversário. Após a leitura do código de ética da entidade, foi anunciada a criação do Conselho Superior Deliberativo da Religião Afro-Brasileira. Por motivos de saúde, o presidente da OEB, Dário Veloso, se licenciou por 90 dias, assumindo em seu lugar o vice-presidente, Agnaldo José da Conceição, o Tata Legy de Logun.

Também assumiram seus postos no Conselho Superior da OEB a ebomim Irene Alves Bastos, Kacilê Abaçá de Oyá-Caboclo Urubatão e o Oxogum Jorge Damásio, Abaçá de Omolu e Obaluaiê.

Foram entregues várias comendas de Legionários Obreiros da Fé. Entre os agraciados, o jornalista Celso Rosa (Decelso), o vereador Alcir Lemos (de Nova Iguaçu), o comunicador Osvaldo de Ogum, a ebomim Kacilê, a ebomim Arte Amasi-Legy, o tata Jerônimo de Sousa, o babalorixá João Batista de Xangô e os diretores da Rádio Solimões, Sidney Maurim e Mário Jorge.

YORUBÁ: CURSO AMPLIA INTERCÂMBIO CULTURAL

Última Hora, n. 11122, 8 de novembro de 1983

Promovido pela Ordem Espiritualista do Brasil, com sede em Nova Iguaçu, será iniciado, no dia 14 próximo, um curso de língua Yorubá, cuja finalidade, além do aspecto religioso do Candomblé, é o de aumentar o intercâmbio cultural entre o Brasil e as nações africanas que falam aquele idioma, como a Nigéria, Togo e Daomé.

O curso tem o apoio do Consulado Geral da Nigéria e será ministrado pelos professores nigerianos Michael Kayode e Michael Oluyemi, que atualmente são bolsistas da Universidade Federal do Rio de Janeiro, nas cadeiras de Comunicação e Arquitetura. A iniciativa é também uma extensão do recente II Encontro dos Orixás, realizado em Salvador, Bahia, coordenado pelo professor Wande Abimbola, reitor da Universidade de Ifé, na Nigéria.

Segundo o professor Michael Kayode, o aprendizado do Yorubá é de grande importância para os brasileiros, já que a língua portuguesa aqui falada está cheia de palavras naquele idioma, trazidas pelos escravos que para cá vieram, no período colonial, e que deram origem à população negra do Brasil.

– Acontece – explicou – que com o passar do tempo essas palavras foram sofrendo corruptelas. É o caso de acarajé. Em yorubá, a comida chama-se apenas acará. Jé é o verbo comer.

Lembrou, porém, que isso não ocorre em outros países latino-americanos, onde é grande a influência negra, citando o exemplo de Cuba, onde 85% da população falam perfeitamente o yorubá. Por isso mesmo, durante o II Encontro dos Orixás, em Salvador, foi proposto que o ensino do idioma africano seja incluído no currículo escolar do Brasil, já que a Universidade de São Paulo e a Universidade Federal da Bahia têm cursos específicos.

Disse ainda que o curso é abrangente, já que não se limitará ao ensino da língua (gramática e conversação), mas se estenderá aos aspectos culturais, religiosos, costumes e noções gerais sobre as nações que falam o yorubá. O curso terá a duração de quatro meses e as aulas serão realizadas às segundas e quintas feiras, das 19 às 21 horas. Os interessados deverão se dirigir à sede da Ordem Espiritualista do Brasil, na Avenida Feliciano Sodré, 1917 – grupo 15, em Mesquita, onde poderão se inscrever. A matrícula custa Cr$ 5 mil e a mensalidade Cr$ 10 mil. Todos os participantes receberão certificados avalizados pelo Consulado Geral da Nigéria.

JOSÉ MANOEL ALVES E O HINO DA UMBANDA

Diamantino Fernandes Trindade

No primeiro volume do livro *História da Umbanda no Brasil*, escrevi sobre os aspectos históricos do Hino da Umbanda e sobre o autor de sua letra: João Manoel Alves.

José Manoel Alves

Alguns registros não comprovados, da época, diziam que ele em busca da cura para sua cegueira, foi procurar a ajuda do Caboclo das Sete Encruzilhadas. Não conseguindo a cura, por ser o seu problema de origem cármica, escreveu a letra do Hino da Umbanda para mostrar que poderia ver, a partir do seu contato com a Umbanda, o mundo e a religião de outra maneira. Até hoje ninguém comprovou esta história e também as fotos que temos dele não mostram que ele era cego. Havendo a comprovação dessa história, faremos as devidas correções históricas.

José Manoel Alves, compositor e instrumentista, nasceu em Tangil, Freguesia do Concelho de Monção situada no Minho, no norte de Portugal. Dos 12 aos 22 anos tocou clarineta na Banda Tangilense, em sua terra natal. Em 1929, veio para o Brasil, indo residir no interior do Estado de São Paulo. No mesmo ano, mudou-se para a capital paulista, ingressando na Banda da Força Pública, em que ocupou vários postos, aposentando-se como capitão. Foi autor de diversas músicas populares e pontos de Umbanda. O seu maior sucesso, em parceria com Mário Zan, foi o dobrado *Quarto Centenário*.

A maravilhosa letra do Hino da Umbanda, escrita por

José Manoel Alves, foi musicada por Dalmo da Trindade Reis, maestro tenente do Grande Conjunto da Polícia Militar do Rio de Janeiro.

No Segundo Congresso Nacional de Umbanda, em 1961 no Rio de Janeiro, a música foi oficialmente reconhecida como o Hino da Umbanda. Originalmente tinha como título: "Refletiu a Luz Divina", sendo cantada nos Terreiros como um ponto comum.

O *Diário do Paraná*, publicou matérias sobre o tema duas vezes. O autor da primeira matéria, 1972, ainda não conhecia a autoria do Hino.

Hino da Umbanda

Desidério Peron

Diário do Paraná, n. 5038, 25 de abril de 1972

O Hino da Umbanda, executado domingo pela primeira vez por uma banda de música, por ocasião do encerramento do I Congresso de Umbanda do Paraná, não tem autor conhecido. Antigo, o maestro da Banda da PMEP, capitão Acyr Tedeschi teve que se valer, para o arranjo, de um antigo disco 78 rotações.

Embora sua melodia seja conhecida por quase todos os que frequentam os trabalhos de terreiro do Brasil, a execução desse Hino por uma banda de música não deixou de sensibilizar os quase cinco mil presentes ao Ginásio de Desportos do Tarumã, que aplaudiram a execução, de pé, enquanto cantavam a letra.

O Hino da Umbanda, composto de quatro estrofes com quatro versos cada, é uma composição poética denominada de Redondilha Maior (sete pés poéticos).

Hino da Umbanda

Dirce Alves

Diário do Paraná, n. 7027, 24 de outubro de 1978

Poucas pessoas sabem quem é José Manoel Alves. É compositor, clarinetista e já fez muita música. Está com 67 anos e começou a compor em 1938, quando lançou a marcha carnavalesca *Olha a Alva*. De lá até 1978 já se passaram 40 anos e 100 músicas populares foram gravadas.

Mas o grande sucesso de José Manoel Alves foi em 1954 quando gravou o Hino do IV Centenário de São Paulo, em parceria com Mario Zan, que vendeu dois milhões de discos. Em 1962 o segundo sucesso foi o Hino da Umbanda para o Segundo Congresso Nacional de Umbanda. Com o cantor Araripe Barbosa e a orquestra de Hélcio Alvares e o Coral de Eloá. José Manoel Alves lançava, em 1962, o hino que hoje é cantado por milhões de umbandistas em todo o Brasil.

Vejamos agora alguns dados colhidos no site http://www.dicionariompb.com.br

Sua primeira composição gravada foi "Olha a alva", por Januário Pescuma e Arnaldo Pescuma com acompanhamento do Grupo X na RCA Victor. Em 1945, Osni Silva gravou na Continental, com acompanhamento da Banda da Força Pública de São Paulo, a marcha "Pela Pátria", composta em parceria com Antônio Romeu. Citamos outras de suas composições: em 1957, realizou sua única gravação, acompanhado de sua Banda: gravou pela RCA Victor, de sua autoria, os dobrados "Craveiro Lopes" e "Domingo em festa". No mesmo ano, Zaccarias e sua Orquestra gravaram dele e Mário Zan o dobrado "Quarto Centenário", seu maior sucesso. Ao longo de sua carreira, compôs diversos pontos de Umbanda e pontos de terreiro, gravados por diversos intérpretes. Em 1961, Otávio de Barros gravou o ponto de terreiro "Saravá Banda". Em 1962, a cantora Maria do Carmo gravou a curimba de Umbanda "Prece a Mamãe Oxum". Outras melodias umbandistas foram compostas por ele: "Saravá Oxóssi"; "Saudação aos Orixás"; "Xangô rolou a pedra" e "Xangô, rei da pedreira".

Na fotos a seguir não é possível garantir que José Manoel Alves era cego. Podia no máximo ter alguma deficiência visual.

Hino da Umbanda

Refletiu a Luz Divina
Com todo seu esplendor
Vem do reino de Oxalá
Onde há paz e amor
Luz que refletiu na terra
Luz que refletiu no mar
Luz que veio de Aruanda
Para tudo iluminar

Umbanda é paz e amor
Um mundo cheio de Luz
É força que nos dá vida
E a grandeza nos conduz

Avante, filhos de fé
Como a nossa lei não há
Levando ao mundo inteiro
A bandeira de Oxalá

PARTE FINAL

A última parte da obra consta de oito capítulos: "A importância da Linha de Santo", "A Linha de Santo", "A Tenda Espírita São Jerônimo", "A trajetória de um jovem umbandista", "Momentos históricos", "O falso Caboclo das Sete Encruzilhadas", "Padrinho Juruá partiu para o **Òrún**" e "Desenvolvimento mediúnico".

Encerramos com a tradicional Galeria de Imagens e a Galeria dos Orixás.

Recorremos às notas de rodapé para explicar palavras e termos pouco conhecidos dos leitores.

Diamantino Fernandes Trindade
Hanamatan Ramayane
O pena inquieta!
Saravá!

A IMPORTÂNCIA DA LINHA DE SANTO

Gabriel Federicci[71]

Leal de Souza foi o primeiro umbandista a propor a codificação para as Sete Linhas de Umbanda, dentro da chamada LINHA BRANCA DE UMBANDA E DEMANDA preconizada pelo Chefe, o Caboclo das Sete Encruzilhadas. Essas Sete Linhas têm como patronos os seguintes santos católicos:

LINHA DE OXALÁ (Nosso Senhor do Bonfim)
LINHA DE OGUN (São Jorge)
LINHA DE EUXOCE[72] (São Sebastião)
LINHA DE SHANGÔ (São Jerônimo)
LINHA DE NHAN-SAN[73] (Santa Bárbara)
LINHA DE AMANJAR[74] (Nossa Senhora da Conceição)
LINHA DE SANTO[75]

No capítulo intitulado "As Sete Linhas Brancas" de sua obra *O Espiritismo, a Magia e as Sete Linhas de Umbanda*, Leal de Souza diz: *A Linha de Santo é transversal e mantém a sua unidade através das outras.*

O trabalho da Linha de Santo é algo fascinante, porque é comparável à artilharia nos tempos de guerra, além de trazer muitos ensinamentos acerca da magia de muitas procedências.

Desde os tempos de Zélio Fernandino de Moraes, na Tenda Espírita Nossa Senhora da Piedade e nas Sete Tendas Mestras, fundadas pelo Caboclo das Sete Encruzilhadas, era comum a defesa da tronqueira ficar aos cuidados de caboclos e pretos da Linha de Santo. O Caboclo Giramundo era o comandante dos caboclos de tronqueira da Tenda Espírita Nossa Senhora da Piedade (assim como Pai Joba era dos Pretos). A partir da chegada do Orixá Malet, em 1913, os Exus passaram a trabalhar na defesa do terreiro, junto a esses antigos trabalhadores, e sempre sob o ensino e a supervisão destes.

---

[71] Mestre e bacharel em Filosofia pela FFLCH/USP. Autor, pesquisador e tradutor. Presidente e dirigente da Tenda Espírita São Jerônimo, situada em Morungaba - SP.
[72] Oxóssi.
[73] Iansã ou Oyá.
[74] Iemanjá.
[75] Também denominada de Linha das Almas.

Um exemplo básico de como isso acontece, é o seguinte ponto de descarga, geralmente puxado na firmeza da tronqueira nas sessões de Preto Velho:

Pinto piou na Calunga
Galo cantou, lá em Angola
Congo que vem lá de Carangola
Trazendo mussanga na sua sacola
Congo que vem lá de Carangola
Tocando inimigo de porta pra fora

Este ponto é cantado em todas as giras, há trinta e seis anos, no Templo Cristão Umbanda do Brasil, dirigido por Diamantino Fernandes Trindade e no Templo Umbandístico Choupana do Caboclo Beira Mar, dirigido por Edison Cardoso de Oliveira. Isso ocorre por conta da orientação que Pai Diamantino e Pai Edison receberam da querida e saudosa Mãe Zilméia de Moraes, em 1984, na Cabana de Pai Antonio. Esse ponto é cantado, também, na Casa de Pai Benedito, dirigida por Pai Ronaldo Linares, na nossa Tenda Espírita São Jerônimo (Morungaba – SP) e em centenas de Tendas, Centros, Cabanas e Terreiros por este Brasil afora.

A letra desse ponto nos evidencia que o Pinto (Exu), que é novo, atua na Calunga, e o Galo (Preto de Tronqueira), em Angola.[76] Nesse sentido, o Galo ensina ao Pinto. *Mussanga* significa carne, ou seja, é a arriada preparada pela Linha de Santo, que serve como uma espécie de cilada para apanhar os obsessores. Além de, no referido ponto, Carangola ser uma corruptela de Angola, vale ressaltar que Pai Diamantino observa que Carangola é o nome de um Exu, serventia da Cabocla Estrela do Mar, da vibração de Iemanjá. Avaliação esta que faz muito sentido, levando em consideração a travessia que os africanos fizeram pela Calunga Grande até chegarem ao Brasil. Foram tantas as mirongas que os nossos Pretos Velhos trouxeram da Costa d'África que, como diz outro ponto antigo: "Quem não pode com a mandinga, não carrega patuá."

A seguir apresentamos a matéria de Leal de Souza sobre a Linha de Santo.

[76] Os Pretos trabalham em uma das seguintes dimensões astrais: Angola e Congo.

A LINHA DE SANTO

Leal de Souza

Diário da Notícias (RJ), n. 903, 16 de dezembro de 1932

A Linha de Santo ou das Almas é formada de "pais de mesa", isto é, de médiuns "de cabeça cruzada", assim chamados porque se submeteram a uma cerimônia pela qual assumiram o compromisso vitalício de emprestar o seu corpo, sempre que seja preciso, para o trabalho de um espírito determinado, e contraíram "obrigações", equivalentes a deveres rigorosos e realmente invioláveis, pois acarretam, quando esquecidos, penalidades aspérrimas e inevitáveis.

Os trabalhadores espirituais da Linha de Santo, Caboclos ou Negros, são egressos da Linha Negra, e tem duas missões essenciais na Branca – preparam, em geral, os "despachos" propiciatórios ao Povo da Encruzilhada, e procuram alcançar amigavelmente de seus antigos companheiros, a suspensão de hostilidades contra os filhos e protegidos da Linha Branca. Por isso, nos trabalhos em que aparecem elementos da Linha de Santo disseminados pelas outras seis, estes ostentam, com as demais cores simbólicas, a preta, de Exu.

A missão da Linha de Santo, tão desprezada quanto ridicularizada até nos meios cultos do Espiritismo, é verdadeiramente apostolar.

Os espíritos que a constituem, mantendo-se em contato com a banda negra, de onde provieram, não só resolvem pacificamente as demandas, como convertem, com hábil esforço, os trabalhadores trevosos.

Esse esforço se desenvolve com tenacidade, em uma gradação ascendente.

Primeiro, os conversores lisonjeiam os espíritos adestrados nos malefícios, gabam-lhe as qualidades, exaltam-lhe a potência fluídica, louvam a mestria de seus trabalhos contra o próximo, e assim lhes conquistam a confiança e a estima.

Na segunda fase do apostolado, começam a mostrar aos malfeitores o êxito de alcançar a Linha Branca, com a excelência de seus predicados.

Aproveitando para o bem um atributo nocivo, como a vaidade, os obreiros da Linha de Santo passam a pedir aos acolhidos para a conversão, pequenos favores, consistentes em atos de auxilio e benefício a esta ou aquela pessoa, e, realizado esse obséquio, levam-nos a gozar, como uma emoção nova, a alegria serena e agradecida do beneficiário.

Convidam-nos, mais tarde, para assistir aos trabalhos da Linha Branca, mostrando-lhes o prazer com o que efetuam em cordialidade harmoniosa, sem sobressaltos, os operários ou guerreiros do espaço, em comunhão com homens igualmente satisfeitos, laborando com a consciência em paz.

Fazem-nos, depois, participar desse labor, dando-lhes, na obra comum, uma tarefa à altura de suas possibilidades, para que se estimulem com o seu resultado.

E quando mais o espirito transviado intensifica o seu convívio com os da Linha de Santo, tanto mais se relaciona com os trabalhadores do amor e da paz, e, para não se colocar em esfera inferior àquela em que os vê, começa a imitar-lhes os exemplos, elevando-se até abandonar de todo a atividade maléfica.

Depois que esse abandono se consumou, o converso não é incluído imediatamente na linha, mas fica como seu auxiliar, uma espécie de adido, trabalhando sem classificação. Geralmente, nessa fase, exalta-o o desejo de se incorporar efetivamente às falanges brancas e a seu trabalho de fé se reveste daquele ardor com que se manifestam, pela ação ou pelo verbo, os crentes novos.

Permitida, afinal, a sua inclusão na Linha de Santo, ou em alguma outra, o antigo serventuário do mal vai resgatar as suas faltas, corrigindo as alheias.

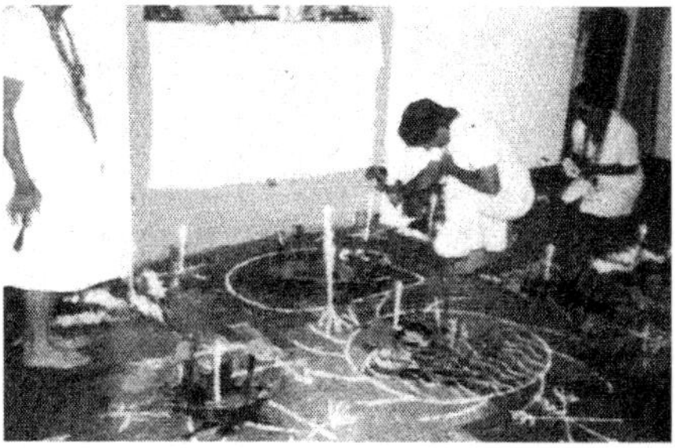

Pai Diamantino oferecendo uma flor no ponto riscado do Chefe, Cabana de Pai Antônio (1984) – Acervo de Diamantino Fernandes Trindade

A TENDA ESPÍRITA SÃO JERÔNIMO

Morungaba – SP

Gabriel Federicci

Fundada em 30 de setembro de 2013, a Tenda Espírita São Jerônimo, primeiramente chamada de Cabana de Umbanda Estrela da Mata, completa este ano seu sétimo aniversário. Situada em Morungaba, cidade interiorana do Estado de São Paulo, a nossa Tenda tem como Guia Chefe o Caboclo Serra Negra, sendo seu substituto imediato o Preto Velho Pai Balbino de Aruanda. De acordo com as recomendações de Seu Serra Negra, e por afinidade espiritual, seguimos os princípios doutrinários da Umbanda do Caboclo das Sete Encruzilhadas, bem como a ritualística trazida por Pai Antônio e Orixá Mallet.

Embora a nossa Tenda Espírita São Jerônimo não descenda materialmente da Tenda de mesmo nome, que foi fundada pelo Caboclo das Sete Encruzilhadas na capital do Rio de Janeiro, tendo sua direção material confiada a José Álvares Pessoa – o notório e ilustrado Capitão Pessoa – e a espiritual ao médium Anírio Bacinca, ela tem por objetivo resgatar igualmente os fundamentos originários da Umbanda trazida do espaço pelo sempre humilde e ao mesmo tempo grandioso Caboclo das Sete Encruzilhadas, a quem chamamos, com total apreço e devoção, de Chefe.

A esse respeito, recorremos à fala de Leal de Souza: "O próprio Caboclo das Sete Encruzilhadas, assiste, fora de sua organização, a outras Tendas, e costuma auxiliar, com suas falanges, os trabalhadores de boa-fé que o invocam e chamam em suas reuniões, e creio que os demais protetores não deixam de atender aos apelos de corações honestamente devotados ao serviço do próximo, em nome de Deus"[77]. Graças à generosidade e ao amor, qualidades inerentes a espíritos excelsos como o Caboclo das Sete Encruzilhadas, que sua doutrina e liturgias podem ser reiteradas nas Tendas que humildemente o seguem. Desse modo, adotamos em nossa Tenda os mesmos preceitos litúrgicos, junto à mesa de Umbanda com os pontos

[77] SOUZA, Leal de. *O Espiritismo, a Magia e as Sete Linhas de Umbanda*. Obra publicada pela **EDITORA DO CONHECIMENTO**.

riscados das Sete Linhas, tal qual foram disseminados pela Linha Branca de Umbanda e Demanda, a partir da Tenda Espírita Nossa Senhora da Piedade.

De modo similar ao que sempre ocorrera na primeira Tenda de Umbanda, e como consta na tradição do Caboclo das Sete Encruzilhadas, por razões reiteradamente explicadas e divulgadas, não utilizamos atabaques (e sequer outros instrumentos de percussão), palmas, roupas vistosas ou de seda, e tampouco Sessões Públicas de Exu. Embora saibamos da infinidade de falanges que hoje se manifestam dentro dos terreiros, as Sessões de Caridade de nossa Tenda são apenas de Caboclo e de Preto Velho. É claro que, desde que respeite este formato, qualquer espírito bem intencionado tem direito à manifestação durante as Sessões.

Para fins de resguardo de nossa corrente mediúnica, bem como de nosso terreiro, realizamos mensalmente as nossas Sessões de Descarga, as quais são restritas a trabalhadores internos, e, quando determinado por nosso Guia Chefe, organizamos as nossas Sessões de Demanda.[78] Embora a Linha de Ogum seja perita nesses trabalhos, não podemos nos esquecer que as demais Linhas e Falanges também são evocadas para cumprirem, dentro de suas delimitações, a descarga e a defesa do terreiro.

Via de regra, tão logo se iniciem as Sessões, quando o Guia Chefe começa a riscar os pontos da mesa de Umbanda, entoamos o ponto dos *Três Caboclos*,[79] a saber, do Caboclo

[78] Sessões cada vez mais raras (semelhantes sob vários aspectos às de Descarga), que têm por princípio desmanchar magias e tratar pessoas obsidiadas em casos mais drásticos. Vale ressaltar que, tanto a Sessão de Descarga quanto a de Demanda, são realizadas sob o comando da Linha de Ogum com a cooperação da Linha de Santo, tendo estes trabalhos, pois, a supervisão direta do Capitão de Demanda da Umbanda, o Orixá Mallet. Conforme dito por Leal de Souza em sua obra *O Espiritismo, a Magia e as Sete Linhas de Umbanda*: "A linha de Ogum, que se caracteriza pela energia fluídica de seus componentes, Caboclos e Pretos da África, em sua maioria, contém em seus quadros as falanges guerreiras de Demanda." Assim, dentro da Linha Branca de Umbanda e Demanda, entendemos que os Exus são espíritos trabalhadores, comandados pelos Orixás e Guias; portanto, não assumem a presidência de uma Sessão, conscientes de que estão a serviço da Lei de Umbanda, cuja bandeira é, conforme as palavras do Caboclo das Sete Encruzilhadas, de "Humildade, Amor e Caridade".
[79] Que faz parte igualmente da liturgia da Tenda Espírita Nossa Senhora da Piedade.

Sete Montanhas, do Caboclo Sete Lagoas e do Caboclo das Sete Encruzilhadas. Em conformidade com o que nos foi passado por Seu Serra Negra, os *Três Caboclos* representam, respectivamente, a Linha de Xangô (Caboclo Sete Montanhas) a Linha de Ogum (Sete Lagoas) e a Linha de Oxóssi (Caboclo das Sete Encruzilhadas).[80] Logo, o referido ponto traz a força de todos os Caboclos que trabalham sob a irradiação de Xangô, de Ogum e de Oxóssi e, assim, faz o cruzamento com as demais Linhas. Como uma das funções dos pontos cantados é preparar a psicosfera do ambiente, bem como invocar presenças espirituais, o deste caso, firma as Sessões de Caridade junto às falanges trabalhadoras da Umbanda, ou seja, o Povo de Aruanda.

Então, na mesma perspectiva apresentada por Zélio Fernandino de Moraes, em nossa Tenda não ocorrem incorporações de Orixás, acreditamos que estes enviam seus falangeiros (Caboclos, Pretos Velhos, Crianças, Povo d'Água etc.) que os representam quando estão em terra.

A nossa tarefa, como a de tantas outras Tendas, era e é a de auxiliar o próximo por meio de nossa mediunidade, ao emprestarmos a nossa matéria aos amigos espirituais, para que estes façam com que a caridade pura se alastre nesse planeta de expiação. É de nosso conhecimento que a Umbanda é a religião que preza pela harmonia universal entre todas as criaturas, filhas do mesmo Pai. Por esta razão, em sua origem, a Umbanda veio do espaço para combater os malefícios provenientes da banda negra e, sempre ao vencê-la, resgata consciências que, no plano espiritual, passam do estado de ignorância ao de esclarecimento e regeneração.

Consideramos que cada Guia Chefe, responsável pela liderança de seu terreiro, tem sempre algo a dizer e suplementar em termos de atender e orientar os assistentes. Se por

[80] Aqui cabe ressaltar que cada médium da Linha Branca de Umbanda e Demanda recebe uma "guia de cabeça", que pode ser de Xangô, Ogum ou Oxóssi, e vem cruzada com as demais Linhas: praticamente todas as contas são entremeadas com miçangas brancas, que denotam a vibração de Oxalá (afinal, como diz o ponto: "Eles giram noite e dia/para os filhos de Oxalá"). Então, o ponto cantado dos *Três Caboclos*, além de saudar os Orixás dos nossos Guias, salva o Orixá que rege a nossa cabeça e, por assim dizer, aquele que assume a chefia de nossa missão espiritual em parceria com nosso Caboclo, seja ele de Xangô, de Ogum ou de Oxóssi.

um lado ele se solidariza com as nossas dores e problemas, por outro, ele nos ajuda a compreender as questões cármicas que cada um de nós trazemos, ora de ordem material, ora de ordem espiritual ou, no mais das vezes, ambos de forma conjunta. O coração da Umbanda é imenso e nos ensina, tal como no ponto riscado do Chefe, o Caboclo das Sete Encruzilhadas, que "a caridade é o amor em movimento".[81] Nesse contexto, não podemos nos esquecer jamais da tão difundida frase do Chefe: "A Umbanda é a manifestação do Espírito para a prática da caridade."

Ainda sobre a questão doutrinária, a nossa Tenda realiza estudos e Sessões de Experiência (de desenvolvimento mediúnico), paralelamente a isto, a corrente se reúne todas as quartas-feiras para a leitura do *Evangelho segundo o Espiritismo*, *O Livro dos Espíritos* e *O Livro dos Médiuns*, obras fundamentais de Allan Kardec que, somadas ao opúsculo *O Espiritismo, a Magia e As Sete Linhas de Umbanda*, de Leal de Souza, fornecem diretrizes contínuas aos discípulos do Espiritismo de Linha, tal qual o entendemos e praticamos.

Além disso, mantivemos em nosso calendário as Sessões Festivas obrigatórias, que são destinadas à homenagem dos Seis Patronos da Linha Branca de Umbanda e Demanda: Oxalá – Jesus Cristo; Ogum – São Jorge; Oxóssi – São Sebastião; Xangô – São Jerônimo; Iansã – Santa Bárbara e Iemanjá – Nossa Senhora da Conceição), mais a Falange de São Cosme e São Damião.

Ante o exposto, o Caboclo Serra Negra, sob a irradiação de São Jerônimo, criou a nossa Tenda e delegou sua direção espiritual a mim. Ele trouxe seus ensinamentos em conformidade com os do Chefe. Assim, sob os auspícios da corrente de Xangô, em profunda combinação com as demais Linhas, devemos dizer que nossa prática não é fruto do saudosismo, mas do compromisso com o que acreditamos, qual uma flâmula vivaz e sagrada, içada no cume de altiva montanha que, por resistir à ação do tempo, revela sua força espiritual.

Finalizamos com o ponto cantado de chamada de Seu Serra Negra, trazido por ele próprio, o qual curimbamos, com muita devoção, amor e gratidão, logo no início de cada Sessão:

[81] Definição extraída do Capítulo 13 do *O Evangelho segundo o Espiritismo*.

Mandai, mandai
Mandai, mandai
Buscar o nosso Protetor
Mandai, mandai
Mandai, mandai
Buscar o nosso Defensor (bis)
Quando a sua aldeia escurece
Na sua luz a mata toda silenciou
Com a amansar de todas feras
Meu Pai Seu Serra Negra chegou (bis)

Salve a Umbanda!

Gongá da Tenda Espírita São Jerônimo (Morungaba – SP) com as oferendas e pontos riscados

A TRAJETÓRIA DE UM JOVEM UMBANDISTA

Diamantino Fernandes Trindade

Em uma época onde muitos umbandistas jovens agem como profundos sábios da Umbanda e não respeitam a sabedoria dos mais antigos, que pavimentaram o árduo caminho da nossa religião, Gabriel não só respeita essa sabedoria como também dá continuidade, com grande competência, à tradição de Zélio de Moraes, Caboclo das Sete Encruzilhadas, Pai Antonio e Orixá Malet, ou seja, da Linha Branca de Umbanda e Demanda.

Gabriel Federicci começou sua trajetória mediúnica aos sete anos de idade, em Morungaba-SP, quando contou com a ajuda dos avós paternos (ambos rezadores). De família católica, ainda não pisara num terreiro, mas foi orientado desde cedo pelos Guias que lhe falavam, como montar seu Gongá e fazer a caridade a todos que o procuravam. No início, as imagens ficavam em seu quarto, numa longa cômoda, envolta de quadros e ervas. Devido a muitas incertezas, pensou em ser padre, mas a mediunidade que ele trazia pertencia realmente ao domínio da Umbanda.

Certa vez, enquanto rezava uma mãe com sua criança, uma entidade se apresentou, um Preto da Bahia, e continuou o passe, fazendo certos pedidos, como o uso de guias e banhos de erva. Dali em diante, depois de muito insistir com seus pais, o autorizaram a ter o seu Gongá[82] na parte externa da casa, onde atendia as pessoas que chegavam com os mais diversos problemas. Em seguida, passou a visitar uma senhora de uma cidade vizinha, em Itatiba, Dona Iracy, que trabalhava com o Caboclo Mata Virgem, em um pequeno Gongá, no fundo de sua casa. Assim, o Caboclo logo convidou o jovem de nove anos para ajudá-lo no atendimento às pessoas, pelo menos uma vez por semana. Os atendimentos ocorriam nas tardes de segunda, quarta e sexta. Seu Mata Virgem disse: «Esse trouxe do berço, já está pronto. Só precisa de mais tempo para lidar com as muitas contendas e demandas».

Foi assim que Gabriel entendeu como funcionavam as diferenças entre os passes comuns, os trabalhos de desobsessão e, muito frequentemente, as "puxadas". Por volta dos 16 anos, Gabriel afastou-se da Umbanda, voltando a ela aos 21 anos, quando não pôde mais resistir aos muitos chamados para reabrir a Tenda que um dia esteve em

[82] Nas Tendas da Linha Branca de Umbanda e Demanda utiliza-se o termo Gongá, em lugar de Congá.

suas mãos. Depois de percorrer muitas Casas, um dia a Preta Velha Vó Rita o chamou à atenção: "Fio, deixa de correr gira, assuma a sua missão de chefia. Uma alma aflita em busca de paz, uma vela e um copo d'água, isto é Umbanda." Ajoelhe-se todas as noites, antes de deitar, e peça força aos seus Guias e Orixás".

Depois de todo esse percurso, Gabriel foi orientado por seu Guia, O Caboclo Serra Negra, a fundar a sua própria Tenda, hoje nomeada como Tenda Espírita São Jerônimo – Cabana de Umbanda Estrela da Mata, localizada em Morungaba, onde tudo começou. "Há muito sangue derramado, muitos espíritos a serem despertados, é lá que o terreiro deve ser fundado", disse o Caboclo Serra Negra.

Logo depois, travou contato com a Umbanda do Caboclo das Sete Encruzilhadas, que muito se assemelha às diretrizes apontadas por seu Guia. Desse modo, o Caboclo Serra Negra autorizou que se buscasse retomar esse princípio, esquecido por muitos, mas plenamente existente no espaço: a Umbanda do Chefe.

Festa dos 110 anos da Tenda Espírita Nossa Senhora da Piedade. Gabriel Federicci é o último no lado direito da mesa. No meio podemos ver Pai Ronaldo Linares. www.santuariodaumbanda.com.br

MOMENTOS HISTÓRICOS

Registramos aqui alguns momentos fotográficos históricos da Tenda Espírita Nossa Senhora da Piedade.

Antes disso vou relatar um fato interessante: Zélio de Moraes tinha um paletó azul-marinho que ele vestia, por cima da roupa branca, antes de incorporar o Chefe, pois ele achava que aquele era um momento solene. E era mesmo!

Pintura do Chefe
Acervo da TULEF-Tenda de Umbanda Luz Esperança Fraternidade

Dona Jandira e Dona Cyria
Antigas e dedicadas médiuns da Tenda Espírita Nossa Senhora da Piedade – Acervo da Tenda Espírita São Jerônimo (Morungaba – SP)

Capitão José Alvares Pessoa
Acervo da Tenda Espírita São Jerônimo (Morungaba – SP)

Mãe Zélia de Mores em 1999 (um ano antes do seu desencarne)Acervo da Tenda Espírita São Jerônimo (Morungaba – SP)

Ponto de Tronqueira na Cabana de Pai Antonio
Acervo da Tenda Espírita São Jerônimo (Morungaba – SP)

Zélio de Moraes
Acervo da Tenda Espírita São Jerônimo (Morungaba – SP)

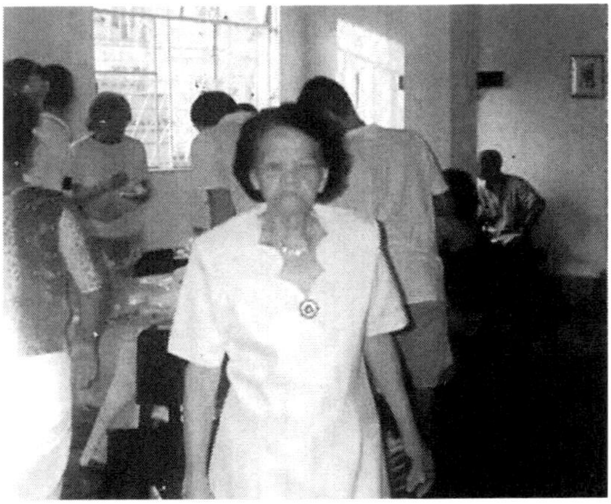

Dona Jandira
Tenda Espírita Nossa Senhora da Piedade – Rua Teodoro Silva – Acervo da Tenda Espírita São Jerônimo (Morungaba – SP)

Tenda Espírita Nossa Senhora da Piedade – Rua Teodoro Silva – Acervo da Tenda Espírita São Jerônimo (Morungaba – SP)

Tenda Espírita Nossa Senhora da Piedade – Rua Teodoro Silva – Corpo mediúnico masculino – http://tesj-tendaespritasaojorge.blogspot.com

Tenda Espírita Nossa Senhora da Piedade – Rua Teodoro Silva – Corpo mediúnico feminino – http://tesj-tendaespritasaojorge.blogspot.com

Busto do Capitão Pessoa na Tenda Espírita São Jerônimo
Acervo da TULEF-Tenda de Umbanda Luz Esperança Fraternidade

Placa homenageando o Capitão Pessoa na Tenda Espírita São Jerônimo – Acervo da TULEF-Tenda de Umbanda Luz Esperança Fraternidade

Ao Capitão Pessoa
Insigne fundador da Tenda Espírita São Jerônimo
Expressamos nossa profunda e sincera gratidão pelo muito que fez em prol da nossa casa
A Diretoria
Médiuns e cambonos
Membros da corrente
Rio, 31 - 5 - 1967

O FALSO CABOCLO DAS SETE ENCRUZILHADAS

A exploração da boa-fé alheia não é algo, apenas, dos dias de hoje. Na metade da década de 1950, uma "médium" e um falso Caboclo das Sete Encruzilhadas apareciam, em matérias pagas, nas páginas do periódico *Luta Democrática*.

Sete Encruzilhadas é o maior

Luta Democrática (RJ), n. 603, 22 de janeiro de 1954

Leitor amigo: se você é espírita ou acredita que está doente, seja qual for a sua doença; se tem algum problema a resolver, não se desespere. Faça o que eu fiz: procure o milagroso Caboclo Sete Encruzilhadas. Ele resolverá seu caso. Escute a minha triste história: eu era tuberculoso e paralítico há oito anos.

Todos os recursos procurei e de todos fui desenganado, só esperava a morte, mas graças ao Grande Orixá, estou completamente curado e andando. Não dou meu nome nem endereço por força maior. O Caboclo faz qualquer operação e resolve qualquer assunto. Ele mata a cobra e mostra o pau. Aconselho a todos a procurá-lo. Consultas todos os dias.

Choupana Caboclo Sete Encruzilhadas. Rua Piracanjuba, 109 – Estação do Éden – Estado do Rio. Ônibus São João, via Éden. Saltar na Tenda do Galo e pergunte pelo nome. Sabará (Baiana).

O Caboclo é um fenômeno. Ele mata a cobra emostra o pau! Salve o Grande e Poderoso Orixá 7 Encruzilhadas

Luta Democrática (RJ), n. 826, 14 de outubro de 1956

Eu, Lourival Gomes Pereira, brasileiro, casado, fazendeiro, residente em Petrópolis, venho levar ao conhecimento dos meus prezados crentes e descrentes e do público em geral, o meu caso:

Aos sete anos começou o meu martírio. Com um estreitamento do esôfago e atrofiamento das pernas, fiquei inutilizado, gastei um fortuna em duas operações, o que nada adiantou. Vivia em uma cadeira de rodas e era alimentado por intermédio de uma sonda e, desesperado tentei, por duas vezes, o suicídio, pois tinha sido desenganado.

No dia dois de julho próximo passado, por intermédio de um amigo, tive conhecimento de uma reportagem do assombroso Caboclo 7 Encruzilhadas e aconselhou-me a procurá-lo para uma consulta. O Caboclo fez a operação e estou completamente curado e bom, graças a Deus.

CHOUPANA 7 ENCRUZILHADAS – Rua Piracanjuba, 109 – Estação do Éden – E. do Rio – ônibus da Cidade: Praça Mauá – S. João do Meriti – Em São João tome o ônibus: SÃO JOÃO, via EDEN. Saltar no Bar Quitanda Santo Antonio de Pádua, antiga Tenda do Galo e pergunte por Sabará Baiana Babá Orixá – Consultas todos os dias.

Se vier por São João, é o primeiro ponto depois da Estação e, por Nilópolis é um ponto antes da Estação. Só salte neste endereço e não na Estação.

AVISO DO CABOCLO, O PODEROSO ORIXÁ 7 ENCRUZILHADAS a todos que precisarem dele e o público em geral que tomem cuidado, quando procurarem por este endereço, pois existem pessoas que ficam na Estrada e na esquina desviando os clientes que precisam de caridade, falando mal do terreiro e dizendo que "trabalham" com o Caboclo 7 Encruzilhadas. Na Terra só tem este cavalo e nele assume toda e qualquer responsabilidade, e SABARÁ é mulher e não homem e foi examinada sobre seus poderes mediúnicos e diplomada pela Confederação Umbandista. "Estou e estarei sempre ao dispor de todos os filhos da Terra".

A CIÊNCIA DESENGANOU, MAS O CABOCLO CUROU!

O Caboclo É Um Fenômeno, Ele Mata A Cobra E Mostra O Pau! Salve O Grande E Poderoso Orixá 7 Encruzilhadas

Eu, Lourival Gomes Pereira, brasileiro, casado, fazendeiro, residente em Petrópolis venho levar ao conhecimento dos meus prezados irmãos crentes e descrentes e do público em geral, o meu caso:

A 7 anos começou o meu martírio, com um estreitamento no esôfago e atrofiamento nas pernas, fiquei inutilizado, gastei uma fortuna em duas operações, o que nada adiantou. Vivia em uma cadeira de rodas e era alimentado por intermédio de uma sonda e, desesperado, tentei por duas vêzes o suicídio, pois tinha sido desenganado.

No dia 2 de julho p/passado, por intermédio de um amigo, tive conhecimento de uma reportagem do assombroso cabôclo 7 Encruzilhadas e aconselhou-me a procurá-lo para uma consulta. O cabôclo fez a operação e estou completamente curado e bom, graças a Deus.

CHOUPANA 7 ENCRUZILHADAS — Rua Piracajuba, 109 — Estação de Eden — E. do Rio. — Ônibus da cidade: Pça. Mauá — S. João de Meriti — Em São João tome o ônibus: SÃO JOAO via EDEN, saltar no Bar e Quitanda Santo Antonio de Pádua, antiga Tenda do Galo e pergunte por Sabará Baiana Babá Orixá — Consultas todos os dias. — Se vier por São João, é o primeiro ponto depois da Estação, e por Nilópolis é um ponto antes da estação, só salte neste endereço e não na estação.

* * *

AVISO DO CABOCLO O PODEROSO ORIXA 7 ENCRUZILHADAS, a todos que precisarem dêle e ao público em geral que tomem cuidado, quando procurarem por êste endereço, existem pessoas que ficam na Estrada e na esquina desviando os clientes que precisam de caridade, falando mal do terreiro e dizendo que "trabalham" com o cabôclo 7 Encruzilhadas. Na terra, só tem êste cavalo e nele assume tôda e qualquer responsabilidade, e SABARA é mulher e não homem e foi examinada sôbre os seus poderes mediunicos e diplomada pela Confederação Umbandista. "Estou e estarei sempre ao dispôr de todos", que Oxalá abençôe a todos os filhos da terra.

A CIÊNCIA DESENGANOU, MAS O CABOCLO CUROU

Luta Democrática (RJ), n. 826, 14 de outubro de 1956

PADRINHO JURUÁ PARTIU PARA O ÒRÚN

No dia 2 de maio de 2020, Paulo Rogério Segatto, mais conhecido como Padrinho Juruá, desencarnou na Santa Casa de Santo André (SP).

Padrinho Juruá iniciou as suas atividades mediúnicas aos 14 anos, em 1970.

Em 1993, com o desencarne de sua avó materna, assumiu a direção do Templo da Estrela Azul – Casa de Caridade Umbandista, em São Caetano do Sul, fundado em 1937 com o nome de Casa de Caridade Pai Matheus.

Padrinho Juruá foi um grande umbandista, autor de importantes livros umbandistas[83] e fundador da Escola Iniciática Umbanda Crística.

Tudo tem um propósito. Desencarne é apenas uma mudança de dimensão. Vamos ter fé. É apenas uma viagem, uma mudança de um estado líquido para o gasoso, tenhamos fé.

Padrinho Juruá.

Padrinho Juruá

[83] Disponível em www.umbanda.com.br

DESENVOLVIMENTO MEDIÚNICO

J. Edson Orphanake

Integração Umbandista (SP), n. 89, dezembro de 1985

Órgão Filosófico, Cultural, Religioso, Independente a serviço da Umbanda e do Candomblé

Embora todos sejamos médiuns, em razão de sermos espíritos encarnados e recebermos a influência de irmãos do Espaço, nem todos estamos em condições de desenvolver a faculdade mediúnica para trabalhos ritualísticos de pé nos terreiros ou sentados à mesa kardecista. A mediunidade é missão de certas pessoas, que necessitam labutar em benefício de semelhantes, a quem elas, médiuns, prejudicaram em encarnações passadas. É regra geral. Naturalmente, com raras exceções.

Assim, não vemos coerência em muitos chefes de terreiro apontarem, os que comparecem a seus terreiros com problemas espirituais ou materiais, como médiuns necessitando de desenvolvimento. Os problemas podem ser vários: obsessões, feitiços, neuroses, dificuldades financeiras, desajustes, enfermidades, pessimismo, relaxamento deles mesmos, maldade e outros fatores negativos que eles próprios criam a si mesmos, nada tendo a ver com mediunidade.

Este o motivo por que conhecemos muita gente girando, sacolejando, agitando-se, dançando em terreiros há longo tempo, sem haver a mínima manifestação de guias e protetores. Os fluidos que estas pessoas pensam sentir e que julgam provenientes de entidades são na verdade, produzidos por eles mesmos, em razão do estado em que se encontram após os violentos rodopios, com visíveis sinais de autossugestão ou auto hipnose.

Ademais, há consequências danosas ao desenvolvimento de médiuns despreparados. Nos templos orientais, os mestres hindus somente iniciavam alunos que preenchessem certos requisitos com referência a moral, altruísmo, força de vontade,, inclinação etc., pois sabiam eles que os candidatos fracos, interesseiros, viriam futuramente a utilizar-se do conhecimento das Ciências Ocultas em benefício próprio; os imorais e maus usariam o poder da Magia para prejudicarem semelhantes.

Na Umbanda e no Candomblé devemos também ter em conta esses inconvenientes na escolha de nossos futuros médiuns e chefes de culto. Caso contrário, se desenvolvermos mediunicamente qualquer indivíduo, mesmo que tenha o dom da mediunidade, sem antes estudar-lhe a situação moral, os antecedentes, a conduta ética, o temperamento, as fraquezas, a personalidade, enfim, estaremos formando futuro macumbeiro, mago negro, bruxo, a semear lágrimas, desespero e desgraças no seio da sociedade, atingindo inocentes e incautos, em flagrante desprestígio para a Umbanda e para o Candomblé.

Devemos também abordar o assunto com relação àqueles que desejam desenvolver suposta mediunidade, forçar sua ocorrência, para se exibirem, mostrando um dom não possuído apenas para satisfação de vaidade ou capricho tolo, mistificando inconscientemente e julgando possuírem assistência de guias, quando na realidade o transe é hipnótico, sugestionado, sem qualquer objetivo senão o de serem indiscretos, ao interferir na vida particular de irmãos que lhes confiam segredos, problemas e angústia, sem qualquer resultado positivo, pois esses falsos médiuns são vazios de força ou poder espiritual.

Há casos, outrossim, de pessoas que, embora médiuns em potencial, não devem ter suas mediunidades desenvolvidas, em virtude da precária situação em que se encontram. É o caso de homem ou mulher cuja carga familiar não lhes daria condições para ter também a responsabilidade de praticar a caridade, duas ou três vezes na semana, à noite, em uma tenda. Sabemos da dificuldade financeira que nosso povo suporta.

Não seria benéfico, por exemplo, uma mãe solteira, viúva ou desquitada, com dois ou mais filhos para sustentar, vivendo de salário em serviço cansativo e penoso, descuidar da assistência aos menores, para frequentar uma tenda. Assim também com o pai ou a mãe de família. Esta não deve deixar de preparar o alimento dos familiares, lavar, passar, costurar roupas, limpar a casa, arrumar a cozinha, omitir-se na educação e assistência aos filhos, que sabemos ser serviço árduo para, apressadamente, ir ao centro, trabalhar e chegar em casa tarde da noite. Ora, ela já está cumprindo seu dever de mulher e não pode fazer mais do que deve.

A maternidade, a família e os filhos são os primeiros, os primordiais e os mais sagrados deveres de uma mãe. Se cumprir satisfatoriamente, sua missão foi realizada a contento. O mesmo se dá com o homem, cujos encargos familiares são os primeiros. Caso sobre tempo, logicamente, devem cooperar na seara espiritualista.

Destarte, conscientizem-se, pois, nossos dirigentes de sessões, que a mediunidade forçada, inconveniente ou vaidosa, nenhum benefício traz à corrente mediúnica, ao templo, ao irmãos necessitados e muito menos à Umbanda ou ao Candomblé.

GALERIA DE IMAGENS

Guia de Seu Sete da Lira
Acervo de Cristiam Siqueira

Orixá Malet
Acervo de Pai Juruá

Mãe Sima Tchalian recebendo homenagem dos alunos do Barco 21 de Formação de Sacerdotes da Federação Umbandista do Grande ABC – Acervo de Renato Tchalian

Folder da União Espiritista de Umbanda do Brasil, a primeira federação de Umbanda

O Santo Guerreiro é da paz

As aparências enganam: São Jorge, santo por excelência guerreiro, é em verdade o mais pacífico de todos. Porque a sua lança vale por um símbolo para a destruição do mal, e quem o fizer há de por força trabalhar pelo predomínio do bem, obra de pacificação por excelência. O uniforme bélico de São Jorge – tal como o de Santa Joana D'Arc – é bélico só aparentemente, pois nele transparece, apenas, a visão plástica do milagre que eliminou o dragão, outro símbolo da luta em prol da comunhão dos espíritos. Eis porque vive São Jorge no coração do povo brasileiro de todas as classes

Revista da Semana, n. 17, 23 de abril de 1955

Esboço sobre Obaluaiê
Fonte: *Correio da Manhã*, n. 23534, 05 de janeiro de 1970

Capa do LP Umbanda, de J. B. Carvalho

J. B. de Carvalho

Fonte: *http://jornalggn.com.br/blog*

João Paulo Batista de Carvalho (26 de abril 1901 – 24 de agosto de 1979). Cantor e Compositor. Ficou conhecido como "O batuqueiro famoso". Notabilizou-se como cantor de curimbas e pontos de macumba. Iniciou a carreira artística em 1931, liderando o Conjunto Tupi, na extinta Rádio Cajuti, e interpretando curimbas. O conjunto Tupi teve entre seus integrantes o cantor e compositor Herivelto Martins. Nesse ano de 1931 o Conjunto Tupi lançou o batuque "Cadê Viramundo", de sua autoria, que se tornaria seu maior êxito como compositor (*http://dicionariompb.com.br*)

Desenho sobre trabalho de macumba na mata
Correio da Manhã, n. 20683, 23 de agosto de 1960

Médiuns saindo do mar após oferendas para Yemanjá
Correio da Manhã, n. 23446, 21 de setembro de 1969

Pintura de Seu Sete da Lira
Notícias Populares, 06 de setembro de 1971

Famosa pintura da Cabocla Jurema

Desenho sobre trabalho de macumba
A Manhã, n. 288, 29 de abril de 1951

W. W. da Matta e Silva diante do congá da TUO
http://umbandadobrasil.no.comunidades.net

João Severino Ramos, dirigente da Templo Espiritual Ogum Timbiri – Acervo de Padrinho Juruá

Selo comemorativo de Iemanjá
Arte de Darlan Rosa

Egungun, Ilha de Itaparica
Foto de Pierre Verger

Festa de Yemanjá, Rio Vermelho, Salvador, 1950
https://br.pinterest.com

Festa no Bonfim
Desenho de Kantor

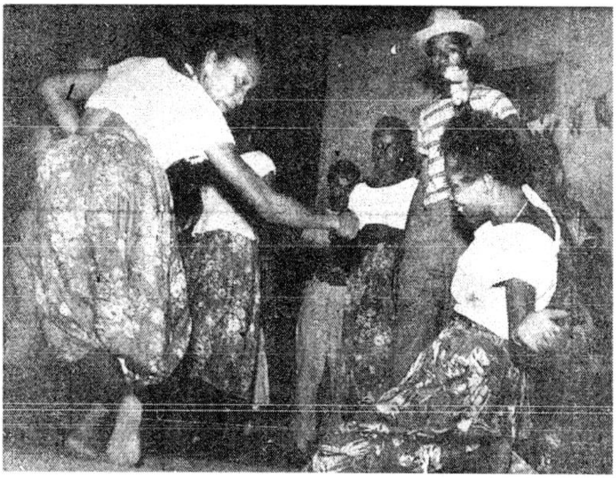

A dança da Macumba
O Semanário, n. 7, 17 de maio de 1956

Tambores usados em batuques no Rio Grande do Sul
https://pt.wikipedia.org

Terreiro da Casa Branca, Bahia, em dia de festa de Oxóssi, 1985. Foto: Cedoc. *A Tarde* (BA), 7 de junho de 1985.

Selo comemorativo em homenagem ao centenário de Joãozinho da Goméia, lançado pelo Terreiro São Jorge Filho da Goméia, instituição que agrega o Bloco Afro Bankoma (22 de dezembro de 2014)

Anúncio de reportagem sobre a Umbanda na revista Gil – *Correio da Manhã*, n. 23446, 21 de setembro de 1969

Selo comemorativo em homenagem a Zumbi dos Palmares

Indumentárias de Orixás
Envelope de Primeiro Dia de Circulação, 1982

Centenário do nascimento de Mãe Menininha do Gantois
Envelope de Primeiro Dia de Circulação, 1994

Chico Xavier e Waldo Vieira
http://www.famososquepartiram.com

San Jorge y el Dragón
Tela de Vittore Carpaccio, 1502

Ícone de São Jorge exibido no Byzantine and Christian Museum, Atenas – Pintura de Giovanni Dall'Orto, século XVI.

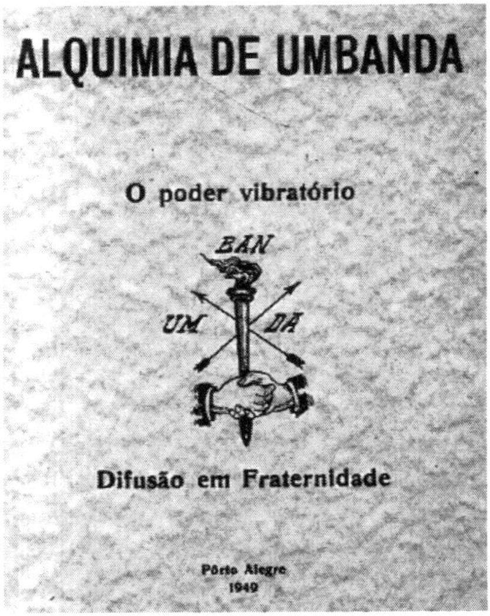

Capa do livro *Alquimia de Umbanda* - Sylvio Pereira Maciel

Pai Pedro Furlan
Fundador da Igreja Espiritual Cristã Maior de Presidente Altino em 1948

Mesa que presidiu a inauguração da sede da União Espiritista de Umbanda do Brasil, na Rua do Acre, 47, 6º andar – *Jornal de Umbanda*, n. 27, janeiro de 1953

Obsessão alcoólica
Desenho psicográfico de Pedro Machado
Jornal de Umbanda, n. 31, maio de 1953

Desenho sobre obsessão
Jornal de Umbanda, n. 34, setembro de 1953

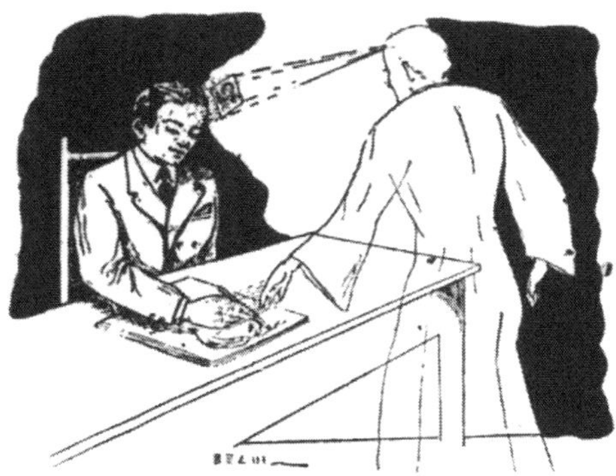

Desenho ilustrando a ação de um espírito sobre o médium psicógrafo – *Jornal de Umbanda*, n. 37, dezembro de 1953

Caso de materialização perfeita
Médium Francisco Peixoto Lins
Jornal de Umbanda, n. 41, abril de 1954

Fenômeno ectoplasmático formando um busto semelhante ao Papa Leão XIII.
Médium João Cosme – *Jornal de Umbanda*, n. 51, fevereiro de 1955.

Desenho mostrando o desprendimento do espírito no ato do desencarne – *Jornal de Umbanda*, n. 53, abril de 1955

Desenho do Índio Bien Boa
Médium Marta, 1905, Argélia
Jornal de Umbanda, n. 61, dezembro de 1955

Urubathan de Ocanahan e seu ponto cabalístico
Ordem da Irradiação Universal de Umbanda
em Fraternidade – Sylvio Pereira Maciel

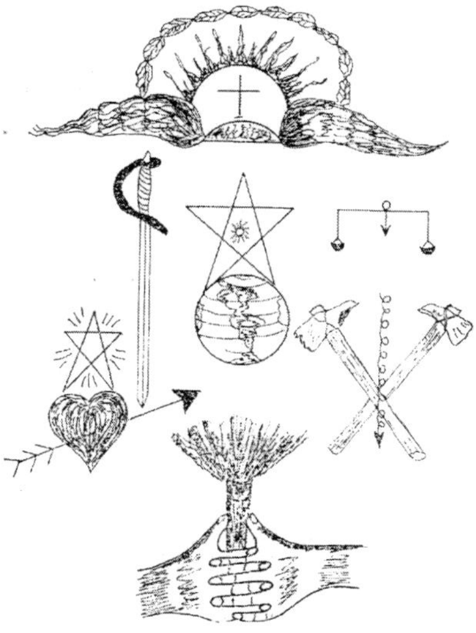

Painel para a frente do Altar na Sala dos Trabalhos
Ordem da Irradiação Universal de Umbanda
em Fraternidade – Sylvio Pereira Maciel.

Orixetan de Malaia
Ordem da Irradiação Universal de Umbanda em
Fraternidade – Sylvio Pereira Maciel.

Caboclo Sete Mares
Ordem da Irradiação Universal de Umbanda em
Fraternidade – Sylvio Pereira Maciel

Igreja do Bonfim, Bahia, 1911
Cartão Postal

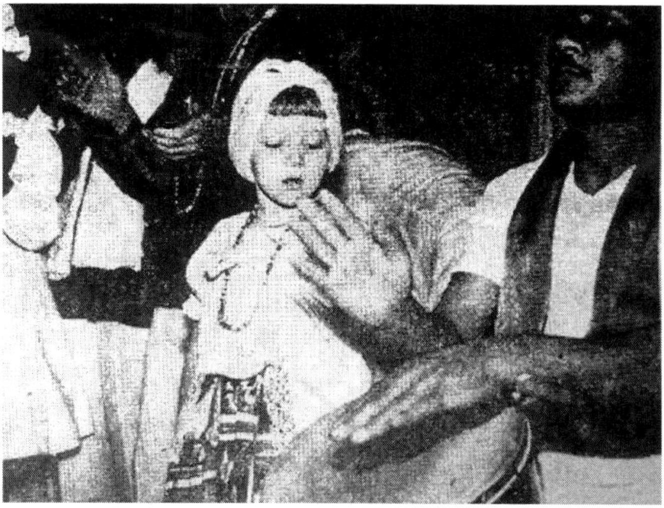

Criança participando do 72° aniversário da abolição da escravatura na Tenda de Umbanda Pretos Velhos e Caboclos do Brasil em São Paulo – *Diário da Noite*, n. 10523, 16 de maio de 1960.

Caboclo Jaguaré em frente ao seu congá na Tenda Santa Luzia – *O Jornal do Rio de Janeiro*, n. 14462, 17 de novembro de 1968.

Preleção do Caboclo Pedra Branca durante casamento. Foto de Carlos Roberto. *O Jornal do Rio de Janeiro*, n. 14569, 23 de julho de 1969.

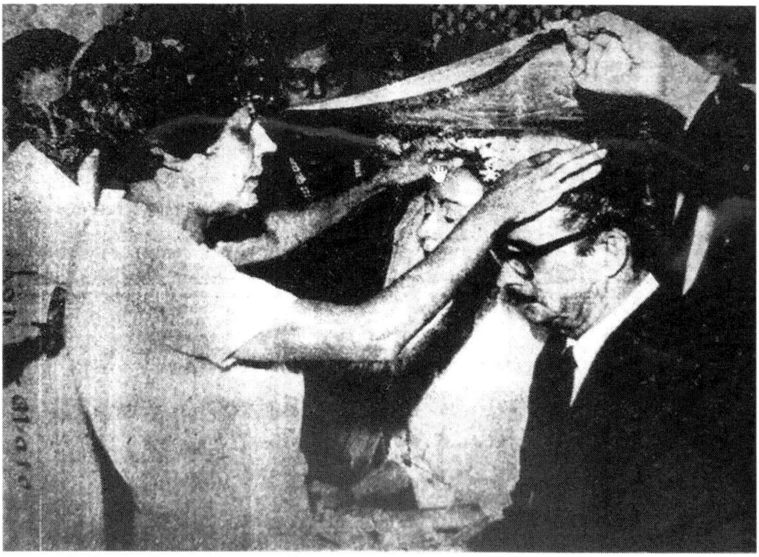

Caboclo Ogum Rompe abençoa casal de noivos durante casamento
Foto de Carlos Roberto
O Jornal do Rio de Janeiro, n. 14632, 11 de junho de 1969

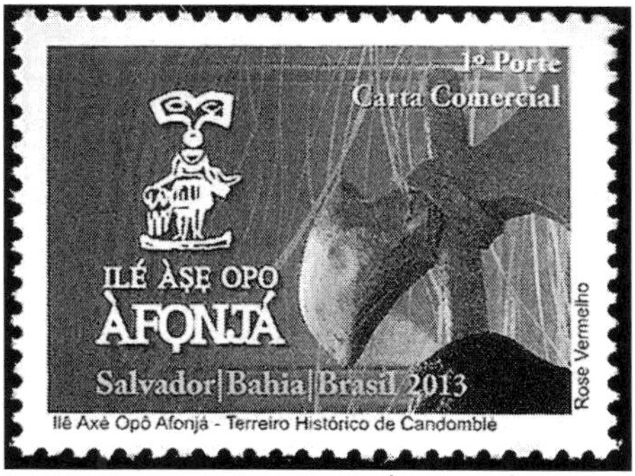

Selo comemorativo do Ilé Àse Opo Àfonjá
Arte de Rose Vermelho

Carimbo comemorativo sobre o Ilé Àse Opo Àfonjá

Ilê Axé Opô Afonjá – Terreiro Histórico de Candomblé
Máximo Postal de emissão Pau Brasilis, Xangô

Quilombo dos Palmares
Cartão Postal

GALERIA DOS ORIXÁS

Xangô
Arte de Aurilda Santos – Máximo Postal de emissão Pau Brasilis

Oxum
Arte de Gama
Cartão Postal Edicard

Oxumaré
Arte de Gama
Cartão Postal Edicard

Ogum
Arte de Gama – Cartão Postal Edicard

Iansã
Arte de Gama – Cartão Postal Edicard

Obá
Arte de Gama
Cartão Postal Edicard

Oxalá – Oxaguiam
Arte de Aurilda Santos – Cartão Postal Pau Brasilis

Oxalá – Oxalufan
Arte de Aurilda Santos – Cartão Postal Pau Brasilis

Exu
Arte de Aurilda Santos – Cartão Postal Pau Brasilis

Omolu
Arte de Aurilda Santos – Cartão Postal Pau Brasilis

Yemanjá
Arte de Aurilda Santos – Cartão Postal Pau Brasilis

Oxóssi
Arte de Aurilda Santos – Cartão Postal Pau Brasilis

Ossain
Arte de Aurilda Santos – Cartão Postal Pau Brasilis

Logunedé
Arte de Aurilda Santos – Cartão Postal Pau Brasilis

Nanã
Arte de Aurilda Santos – Cartão Postal Pau Brasilis

Orunmilá
Arte de Aurilda Santos – Cartão Postal Pau Brasilis

Ibeji – *https://jeffcelophane.wordpress.com*

SOBRE O AUTOR

– Professor do curso de Pós-Graduação em História e Cultura Afro-Brasileira do Centro Universitário Salesiano (UNISAL) entre 2011 e 2015.

– Professor da Escola Técnica Estadual Getúlio Vargas (Centro Estadual de Educação Tecnológica Paula Souza) entre 1989 e 2007.

– Professor da Escola Estadual Wallace Cockrane Simonsen entre 1986 e 1989.

– Professor (aposentado) do Instituto Federal de Educação Tecnológica de São Paulo (IFSP) onde lecionou as disciplinas: Química, Fundamentos da Educação, Psicologia da Educação, História da Ciência e Epistemologia do Ensino.

– Gerente de Educação Básica e dos cursos de Formação de Professores Instituto Federal de Educação Tecnológica de São Paulo (IFSP) em 2009.

– Lecionou como professor emérito na Universidade Cidade de São Paulo e professor adjunto nas Faculdades Oswaldo Cruz, Universidade de Santo Amaro e Universidade de Guarulhos.

– Avaliador da Revista História da Ciência e Ensino: construindo interfaces (PUC-SP) desde 2015.

– Editor da Hermes Editora e Informação Ltda entre 1982 e 1983.

– Coordenador Editorial da Ícone Editora entre 2005 e 2013.

– Pesquisador CNPq.

– Pesquisador do Grupo de Estudos e Pesquisa em Interdisciplinaridade (GEPI) da PUC-SP.

– Mestre em Educação pela Universidade Cidade de São Paulo.

– Master Science in Education Science by City University Los Angeles.

– Doutor em Educação pela PUC-SP.

– Pós-Doutor em Educação pelo GEPI-PUCSP.

– **Autor de livros sobre tecnologia**: *Como fazer perfumes*, *Manual do serralheiro*, *Desenho mecânico e de máqui-*

nas, Manual do ajustador, Matemática industrial, Introdução à física industrial.

– **Autor de livros sobre Educação e Ciências**: *A História da História da Ciência, Temas Especiais de Educação e Ciências, O Ponto de Mutação no Ensino das Ciências, Os Caminhos da Educação e da Ciência no Brasil, Leituras Especiais sobre Ciências e Educação, O olhar de Hórus: uma perspectiva interdisciplinar do ensino da História da Ciência, Química Básica Teórica, Química Básica Experimental, Médicos e Heróis: os caminhos da Medicina brasileira desde a chegada da Família Real até as primeiras décadas da República* e *Personagens da Ciência Brasileira.*

– **Autor de livros sobre Umbanda**: *Umbanda e sua história, Umbanda Brasileira: um século de história, Umbanda: um ensaio de ecletismo, Iniciação à Umbanda, Os Orixás na Umbanda e no Candomblé, Manual do Médium de Umbanda, A construção histórica da literatura umbandista, Antônio Eliezer Leal de Souza: o primeiro escritor da Umbanda, Memórias da Umbanda do Brasil, Você sabe o que é Macumba? Você sabe o que é Exu?, História da Umbanda no Brasil, História da Umbanda no Brasil - Volume 2: A Umbanda nos Jornais do Rio de Janeiro, História da Umbanda no Brasil - Volume 3: Memórias de uma religião, História da Umbanda no Brasil - Volume 4: Registros históricos, História da Umbanda no Brasil - Volume 5: Documentos históricos, História da Umbanda no Brasil - Volume 6: Registros históricos periódicos, História da Umbanda no Brasil – Volume 7: Macumbas e perseguições religiosas, História da Umbanda no Brasil – Volume 8: Retratos e memórias, História da Umbanda no Brasil – Volume 9: Notícias Históricas da Macumba, Feitiçaria, Macumba e Umbanda: entre o Século XIX e o Século XX, Retratos e Registros Históricos da Umbanda - Volumes 1* e *2, Feiticeiros e feitiçaria no Segundo Império do Brasil, O Jornal Aruanda e a Umbanda em Revista: Os baluartes Pai Jamil Rachid e Pai Demétrio Domingues, Manual de Umbanda para iniciantes, A Tenda Espírita Mirim: os baluartes Caboclo Mirim e Benjamim Figueiredo, Aspectos históricos da Umbanda e da Macumba: Sistemas religiosos Afro-Ameríndios-Brasileiros, O*

Clarim da Aruanda, Sistemas religiosos afro-ameríndio-brasileiros, O Capitão Pessoa e a Tenda Espírita São Jerônimo, Novo Manual do médium de Umbanda.

– Membro da Escola Superior de Guerra.

– Mestre Maçon *Past Master*.

– Médium do Templo de Umbanda Ogum Beira-Mar, dirigido por Edison Cardoso de Oliveira, entre 1981 e 1989.

– Vice-Presidente da Federação Umbandista do Grande ABC entre 1985 e 1989.

– Membro do Conselho Consultivo do Superior Órgão de Umbanda do Estado de São Paulo entre 1981 e 1989.

– Relator do Fórum de Debates: *A Umbanda e a Constituinte*, realizado na Assembleia Legislativa de São Paulo, em 1988.

– Colunista do Jornal *Notícias Populares*, em 1989, escrevendo aos domingos sobre a história e os ritos da Umbanda.

– Pesquisou a Umbanda e os cultos afro-brasileiros em diversos terreiros, visitando várias vezes a Tenda Nossa Senhora da Piedade e a Cabana de Pai Antônio onde conviveu com Zélia de Moraes e Zilméia de Moraes.

– Dirigiu o Templo da Confraria da Estrela Dourada do Caboclo Sete Lanças entre 1993 e 1999.

– Colunista do *Jornal de Umbanda Sagrada* entre 2008 e 2009.

– Colunista do Jornal *Aldeia de Caboclos* desde 2013.

– Sacerdote do Templo Cristão Umbanda do Brasil.

– Ministro religioso da Casa de Cultura Umbanda do Brasil.

– Padre (Bento de Núrsia) da Igreja Católica Joanita.

– Sacerdote de Orunmilá-Ifá (Babáláwò *Ifasoya Ifadaisi Agbole Obemo*), iniciado pelo Babáláwò Ifatoki Adekunle Aderonmu Ògúnjimi (Babalaw*o Ifasoya Ifadaisi Agbole Obemo*).

– Iniciado na Umbanda Tradicional por Pai Ronaldo Linares.

– Iniciado na Raiz de Guiné (*Hanamatan Ramayane*) por Mestre Yatyçara.

– Iniciado na Kimbanda das Almas (*Babá Egúngún Inú Aféfe*) por Tata Kalunga.

Diamantino Fernandes Trindade

UMBANDA, MACUMBA E CULTOS AFRO-BRASILEIROS

ISBN 978-65-5727-004-2

Este novo trabalho do historiador Diamantino Fernandes Trindade percorre vários caminhos ainda desconhecidos dos cultos afro-brasileiros, retratados em importantes periódicos brasileiros do final do século 19 e do século 20, situando, sem interferências, os leitores e pesquisadores na vivência diária dos terreiros, dos centros e tendas da época. A tarefa de alguns médiuns curadores, como Padre Donizetti e Nhá Chica, é ressaltada desta vez, bem como a de outros importantes médiuns do cenário espiritualista brasileiro, a exemplo de Pai Roberio de Ogum, Joãozinho da Goméia, Tia Neiva e Tata Tancredo da Silva Pinto. A perseguição religiosa dos dias atuais não é algo novo, como se poderá constatar nos artigos apresentados nesta obra. Em livros anteriores, as matérias ficaram concentradas aos periódicos do eixo Rio-São Paulo. Agora, são abordados também artigos de outros estados brasileiros, além de um de jornal lusitano. O autor faz também uma análise de cinco livros dos conceituados autores: Óscar Ribas, André Drooges, Leopoldo Bettiol, Yvonne Maggie Alves Velho e Abguar Bastos. E um capítulo especial é reservado às baluartes do candomblé baiano: Olga do Alaketu, Mãe Senhora, Mãe Menininha do Gantois e Mãe Stella de Oxóssi. Mais um primoroso trabalho que se junta à série de "resgate da memória da religião umbandista".

Diamantino Fernandes Trindade

CAPITÃO PESSOA E A TENDA ESPÍRITA SÃO JERÔNIMO

ISBN 978-65-5727-003-5

Mais uma obra vem a lume contribuindo para o resgate da memória da Umbanda. Desta vez, o pesquisador Diamantino Fernandes Trindade nos brinda com o percurso de um importante baluarte dessa religião umbandista: Capitão José Álvares Pessoa. Conhecedor profundo de todos os ramos do espiritualismo e das ciências ocultas, Capitão Pessoa, como era chamado por aqueles que se formaram sob sua orientação na Tenda Espírita São Jerônimo, uma das sete casas-irmãs da Tenda Espírita Nossa Senhora da Piedade, fundada pelo Caboclo das Sete Encruzilhadas. Nessa casa, que ele dirigiu por mais de 30 anos, criou um sistema de trabalho que, sem esquecer a contribuição africana e sem enveredar pela senda do puro orientalismo, procurava alcançar o equilíbrio necessário à Umbanda. Além de substanciais e emocionantes discursos, escreveu inúmeras matérias para jornais e revistas. Possuía uma mediunidade brilhante, e também o dom da pintura, em cujos quadros chegou a retratar os orixás. Participou de diversas exposições. Algumas de suas telas foram divulgadas na antiga revista carioca *O Cruzeiro* e são compartilhadas com o leitor, ao final desta obra.

Capitão Pessoa era um fervoroso devoto de Xangô e de São Jerônimo. Desfrutava da amizade do Grão-Mestre da Umbanda Esotérica, W. W. da Matta e Silva.

HISTÓRIA DA UMBANDA NO BRASIL - VOL. 10
foi confeccionado em impressão digital, em julho de 2021
CONHECIMENTO EDITORIAL LTDA
(19) 3451-5440 — conhecimento@edconhecimento.com.br
Impresso em Luxcream 70g – StoraEnso